DK PROFESSIONAL

Marketing

LEVI'S

PROFESSIONAL

Marketing

PETER HINGSTON

DORLING KINDERSLEY

Dorling Kindersley

Projektbetreuung Mark Wallace
Bildredaktion Jamie Hanson
DTP-Design Julian Dams
Herstellung Michelle Thomas

Cheflektorat Adèle Hayward
Leitung Cheflekrorat Stephanie Jackson
Leitung Bildlektorat Nigel Duffield

Produziert für Dorling Kindersley
von Grant Laing Partnership, London

Chefredaktion Jane Laing
Projektbetreuung Jane Simmonds
Projektbetreuung Bild Christine Lacey
Bildrecherche Jo Walton

Die Deutsche Bibliothek – CIP-Einheitsaufnahme

Ein Titeldatensatz für diese Publikation ist bei
Der Deutschen Bibliothek erhältlich.

Titel der englischen Originalausgabe:
Effective Marketing

Übersetzung Eva Boltenhagen
Redaktion Janette Schroeder
Satz schroeder & partner

ISBN 3-8310-0213-4

Printed in Slovakia

Besuchen Sie uns im Internet
www.dk.com

Inhalt

EINLEITUNG

Marketing beschreibt einen komplexen Prozess: die Identifizierung eines Zielmarktes, die Definition der Bedürfnisse dieses Marktes und die Organisation effizienter Instrumente, um dieses Ziel zu erreichen. Der individuelle Zuschnitt der unterschiedlichsten Marketing-Maßnahmen ist für jeden Betrieb, ob Einzelfirma oder mittelständisch, ob Neugründung oder Traditionsunternehmen, von ganz zentraler Bedeutung. Dabei trifft es sich gut, dass die Marketing-Techniken leicht erlernbar sind und die Umsetzung einer Marketing-Strategie eine spannende Sache ist. Vielleicht werden nicht all Ihre ambitionierten Marketing-Ideen realisierbar und die Erfolge manchmal nicht sofort messbar sein, doch langfristig werden sie Ihre Auftragslage und Ihre Umsätze steigern helfen.

Das vorliegende Buch gibt einen leicht verständlichen Einblick in den gesamten Marketing-Prozess, von den Grundlagen der Marktanalyse über die Preisgestaltung und den Vertrieb – zwei Bereiche, die oft schwer zu vereinen sind – bis hin

zur Image-Gestaltung. Analysiert werden nicht nur verschiedene Werbetechniken, sondern auch die PR-Arbeit und die Produktpromotion. Außerdem lernen Sie, wie man Umsatzzahlen analysiert und mit Marktveränderungen und Konkurrenzsituationen umgeht. Im fünften Kapitel finden Sie einen Leitfaden zu juristischen Fragen, die im Zusammenhang mit dem Thema Marketing auftreten, ein Glossar der wichtigsten Fachbegriffe sowie eine Liste nützlicher Adressen und Publikationen.

Dieses Buch eignet sich für Freiberufler, Einzelunternehmer, aber auch für kleine und mittelständische Betriebe sowie Partnergesellschaften und GmbHs aus Dienstleistung und produzierendem Gewerbe. Egal, ob Sie ein bereits etabliertes Unternehmen führen oder Existenzgründer sind: Wenn Sie nur die Hälfte von dem beherzigen, was Sie in diesem Ratgeber erfahren, werden Sie den meisten Ihrer Konkurrenten ein Stück voraus sein.

Wer ein Unternehmen gründen will oder mit der Führung eines Unternehmens betraut ist, sollte sich vor wichtigen Entscheidungen zusätzlichen professionellen Rat einholen, etwa bei einem Unternehmens- oder Steuerberater seines Vertrauens.

ENTWICKELN der Strategie

Marketing beinhaltet das virtuose Zusammenspiel zahlreicher, gezielt auf das Unternehmen abgestimmter Aktivitäten. Die solide Marktanalyse bildet dabei den Grundstein des Erfolgs. Wird sie sorgfältig durchgeführt, erhält man bereits realistische und sachdienliche Hinweise in Bezug auf die künftige Preisgestaltung, die idealen Vertriebsformen und die richtige Darstellung des Unternehmens. Anhand dieser Parameter kann dann der Marketing-Plan erstellt werden.

MARKTANALYSE

Zur Marktforschung gehört das Sammeln und Auswerten sämtlicher für ein Unternehmen relevanter Informationen. Noch bevor man ein neues Unternehmen auf die Beine stellt, wird einem die Analyse des Marktes zeigen, ob eine Geschäftsidee überhaupt realisierbar ist. Ein bereits bestehendes Unternehmen kann mithilfe von Marktforschungsdaten seine Umsätze optimieren, neue Expansionsbereiche erforschen oder gefährliche Konkurrenz ausmachen. Marktforschung besteht im Grunde aus drei Bereichen: Marktanalyse, Konkurrenzbeobachtung und Projektbewertung. Die Marktanalyse wird im folgenden Kapitel behandelt, die Konkurrenzbeobachtung ab Seite 18 und die Bewertung der Marktchanchen ab Seite 24.

Neue Technologien, gesellschaftliche und politische Veränderungen und die Entwicklung neuer Märkte bieten Chancen, aber auch Risiken. Jede Rezession und jeder Boom schaffen neue Gegebenheiten, die für ein Unternehmen förderlich, aber auch ungünstig sein können.

Die Marktforschung ist das geeignete Instrument, um Veränderungen des Marktes zu beobachten und neue Möglichkeiten zu entdecken. Auf den ersten Blick scheint sie im Tagesgeschäft eines Unternehmens keine große Rolle zu spielen, weshalb sie häufig ganz unten auf der Prioritätenliste steht. Doch wer nur ein wenig Zeit für die Marktanalyse investiert, etwa um festzustellen, wie die Kunden das Unternehmen bewerten oder was die Konkurrenz plant, kann seine Umsätze eventuell erheblich steigern.

Die wichtigsten Marketing-Konzepte

Bevor man mit der Marktforschung beginnt, sollte man sich zunächst einige Marketing-Konzepte vergegenwärtigen. Diese von Fachleuten entwickelten Konzepte sind sicherlich nicht für alle von gleichem Nutzen, bieten jedoch interessante Denkanstöße und Hinweise zur Analyse der im Zuge der Marktforschung gesammelten Daten.

MARKTSEGMENTIERUNG

Bei der Marktsegmentierung wird der gesamte Markt in viele kleinere Marktsegmente untergliedert. Je ein Marktsegment besteht aus einer

FALLSTUDIE: Mit der Analyse des Marktes beginnen

HANS P., ein erfahrener Bootsbauer, hat sich in seinem Betrieb mit zwei Mitarbeitern auf die Herstellung leichter, schneller Glasfaserboote spezialisiert. Er wollte seine Angebotspalette erweitern und informierte sich zunächst im Internet und in verschiedenen aktuellen Segel- und Jachtzeitschriften darüber, ob es überhaupt eine Marktlücke für seinen neuen Bootstyp gab. Er besprach die Idee auch mit Kunden, die selbst erfahrene Segler waren und von denen er den Eindruck hatte, dass sie seine Ideen vertraulich behandelten. Auf internationalen Bootsmessen besuchte Hans P. die Stände seiner größten Konkurrenten und versuchte so viel wie irgend möglich über deren zukünftige Pläne zu erfahren, bevor er an die Umsetzung seines Vorhabens ging.

DER MARKTFORSCHUNGSPROZESS

Beginnen Sie zunächst damit, allgemeine Informationen über den betreffenden Markt einzuholen.	Im Internet und in Bibliotheken lassen sich veröffentlichte Marktforschungsergebnisse finden.
Anschließend erfolgt – vom Schreibtisch aus – eine Vertiefung der spezifischen Marktinformation.	Verbraucherinformationen oder Informationen berufsständischer Vereinigungen sind ebenso nützlich.
Finden Sie die Namen der wichtigsten potenziellen Mitbewerber auf dem Markt heraus.	Stärken und Schwächen der Konkurrenz analysieren.
Nehmen Sie direkten Kontakt zur Branche auf.	Handels- und Gewerbeverbände und Branchenkenner befragen; Messen und Ausstellungen besuchen.
Geben Sie, wenn nötig, eine Marktstudie in Auftrag, um Details und noch offene Fragen zu klären oder andere Marktforschungsergebnisse zu bestätigen.	Führen Sie selbst Kundenbefragungen durch.
Ziehen Sie jetzt Ihre Schlüsse, die die Grundlage für Ihre weitere Marketing-Planung bilden.	

Gruppe von Käufern mit ähnlichen Bedürfnissen. So erhält man eine wesentlich klarere Vorstellung vom dem tatsächlichen Kundenkreis. In Gründungsphasen sind Kapitalmittel, Personal und Zeit häufig so begrenzt, dass man sich auf den Marktbereich konzentrieren muss, der die besten Absatzmöglichkeiten bietet.

Der Inhaber eines Fachgeschäfts geht vielleicht davon aus, dass jeder Einwohner im Umkreis zu seinem potenziellen Kundenkreis zählt. Der tatsächliche Absatzmarkt ist jedoch meist viel kleiner und umfasst z. B. nur Personen einer bestimmten Alters- oder Einkommensklasse, die in unmittelbarer Nähe des Ladens wohnen oder arbeiten. Ein Importeur von Schutzhandschuhen für die Industrie wird zunächst zahlreiche Unternehmen ausmachen, deren Mitarbeiter diese speziellen Handschuhe tragen sollten. Betrachtet man jedoch diese Unternehmen im Einzelnen, wird man feststellen, dass in einigen Betrieben von den vorgeschriebenen Handschuhen kaum Gebrauch gemacht wird und der Verschleiß gering ist, dass sich die Arbeiter in anderen Betrieben die Handschuhe selbst kaufen müssen oder dass der potenzielle Kunde zu einem Konzern gehört, der Schutzhandschuhe anderswo in großen Mengen einkauft. Der Markt ist also wesentlich kleiner, als im ersten Analyseschritt angenommen.

Eine Marktlücke finden und ausfüllen ist der Schlüssel zum Erfolg.

Wer als Kunde tatsächlich in Frage kommt, ist von grundsätzlicher Bedeutung. Oft ist auch relevant, wo die mögliche Klientel lebt, arbeitet oder ihre Freizeit verbringt. Ohne diese Informationen ist die Markting-Strategie zu ungenau, um effizient sein zu können. Die Marktsegmentierung spielt eine besonders wichtige Rolle, wenn man ein neues Projekt lancieren will. Dabei versucht man die Marktlücke ausfindig zu machen, in der Bedarf für das neue Produkt besteht, die genügend Platz bietet und die noch nicht von der Konkurrenz besetzt ist. Nur durch die umfassende Marktanalyse lassen sich die Grenzen eines Marktsegments abstecken.

Zu Marktforschungszwecken werden die Konsumenten oft nach gesellschaftlichen und wirtschaftlichen Faktoren oder nach Wohnort und Postleitzahl verschiedenen Gruppen zugeordnet. Dieser Klassifizierung liegt die Annahme zugrunde, dass Menschen, die in einer bestimmten Gegend leben, einen ähnlichen Beruf ausüben und über ein ähnliches Einkommen verfügen, auch vergleichbare Lebens- und Konsumgewohnheiten besitzen.

Kleine Betriebe sind flexibler und reaktionsschneller als die größere Konkurrenz.

Die häufigsten Fehler bei der Marktforschung

1. Man spricht mit allen – nur nicht mit den potenziellen Kunden.
2. Warnsignale werden übersehen, weil man zu sehr vom Erfolg überzeugt ist.
3. Nie suggestiv fragen. Die Antworten sollen ausschließlich die Einstellung der Befragten wiedergeben.
4. Oft ist nicht bekannt, dass 20 Prozent der Kunden nicht selten 80 Prozent des Umsatzes ausmachen.
5. Die Annahme, dass man allein deshalb wettbewerbsfähig ist, weil man die Preise niedriger angesetzt hat.
6. Oft wird unterschätzt, wie lang es dauert, bis man einen Markt erobert und sich etabliert (es dauert Jahre, nicht Monate).
7. Die Stärke und die mögliche Reaktion der Konkurrenz werden nicht erkannt.

Marketing-Mix

Der ideale Marketing-Mix besteht aus:

- **P**rodukt oder Dienstleistung
- **F**irmenstandort bzw. Vertrieb
- **P**reis
- **W**erbung

Soll ein Unternehmen Bestand haben, müssen alle vier Faktoren berücksichtigt werden. Der Erfolg hängt von der ausgewogenen Mischung ab. Auf keinen Fall sollte man sich zu sehr auf einen einzigen Faktor konzentrieren.

Zyklus des Marktes

Ein Gründer muss wissen, ob der Zielmarkt boomt, zurückgeht, stabil ist oder von einem anderen Markt abhängt, der einem raschen Wandel unterliegt. Märkte bauen sich meist langsam auf, expandieren dann schnell, um sich auf einem bestimmten Niveau einzupendeln oder manchmal auch wieder einzubrechen. Die Zeitspanne dieser Zyklen ist je nach Markt unterschiedlich. Betriebe, die ein neues Produkt oder eine Dienstleistung in der ersten Expansionsphase des Markts anbieten, fahren oft besser als solche, die erst später einsteigen, tragen aber auch ein höheres Risiko.

Lebenszyklus eines Produktes

Ebenso wie Märkte besitzen auch Produkte eigene Lebenszyklen. Gewöhnlich heißt es, dass die Lebensdauer eines Produktes begrenzt ist und sich in drei Phasen einteilen lässt: Wachstum, Reife und Niedergang. Das sagt jedoch nichts darüber aus, wie lange jede Phase dauert. Einige Produkte haben eine kurze Lebensdauer, andere verkaufen sich über Jahrzehnte unverändert gut. Manche erleben vor dem Niedergang einen Imagewandel oder ein Revival und verkaufen sich dann wieder wie neu.

Zum Zeitpunkt der Produkteinführung, wenn viel Geld und Zeit investiert werden muss, sind die meisten Produkte noch nicht profitabel. In der Reifephase sollten sie jedoch nicht mehr so kostenintensiv sein und Gewinne abwerfen.

DEN MARKT SYSTEMATISCH ERFORSCHEN *Eine gründliche Marktforschung stützt sich auf zahlreiche Informationsquellen, angefangen bei Web Sites im Internet, über Veröffentlichungen in den Print-Medien, der Recherche in Bibliotheksbeständen bis hin zur Datenerhebung per Fragebogen.*

Der Zeitpunkt, zu dem die Reifephase überschritten wird, ist nur schwer auszumachen. Nicht selten merkt man es erst am Umsatzrückgang, ein Zeichen dafür, dass das Produkt jetzt überholt ist. Inzwischen sollte man neue Produkte entwickelt haben. Die rückläufige Phase kann aber immer noch Gewinne abwerfen und sich sogar über mehrere Jahre hinziehen.

Gewissenhafte Analyse des Marktes

Der erste Teil des Marktforschungsprozesses besteht in der Marktanalyse. Sie liefert ein genaues Bild vom Markt, von den nationalen und lokalen Trends und von den Bedürfnissen der Kunden. Unter Markt versteht man Personen oder Unternehmen, die als Kunden in Frage kommen. Die internationale Lage ist von Bedeutung, wenn man Ware exportiert (S. 47–50).

GESAMTÜBERBLICK VERSCHAFFEN

Zum ersten Schritt einer Marktanalyse gehört die Beobachtung der landesweiten Situation. Zu vielen Industriezweigen gibt es umfassende Marktstudien, die man in öffentlichen Bibliotheken einsehen kann. Das Internet ist ebenfalls eine reiche Informationsquelle – ein Tipp sind die Web Sites der Regierungsbehörden und der Industrie- und Handelsverbände. Weitere Informationen können Sie in Fachzeitschriften sowie auf Messen und Ausstellungen einholen. In Büchereien lassen sich die Namen der entsprechenden Fachzeitschriften und Fachverbände sowie Messetermine erfragen.

TRENDS ERKENNEN

Es empfiehlt sich, regelmäßig den Wirtschaftsteil der Tageszeitungen, Handelsblätter und Magazine zu studieren. Nützliche Informationen kann man sich kopieren oder ausschneiden und archivieren. So kann man verfolgen, wie sich Trends entwickeln. Man sollte jedoch vorsichtig sein, wenn ein Thema durch die Medien hochgespielt wird. Meist schießen dann infolge der Presseberichte dutzende von Firmen aus dem Boden, die allerdings nur geringe Chancen haben, da der Markt nicht groß genug ist und der Bedarf (sofern er existierte) nicht lange anhält. In solchen Fällen verlässt man sich am besten auf seine eigene Marktforschung.

Auch wenn Ihr Unternehmen keinen landesweiten Markt benötigt: Nationale Trends können sich auch auf lokaler Ebene auswirken. Beobachten Sie, in welcher Phase des Lebenszyklus sich Ihr Markt befindet. Vielleicht wird gerade an einem Gesetzesentwurf gearbeitet, der sich nachhaltig auf Ihre Pläne auswirkt. Im Zweifel lassen sich konkrete Informationen beim zuständigen Handels- oder Gewerbeverband erfragen.

FORSCHUNG VOR ORT

Hat man sich ein Bild vom nationalen Marktgeschehen und den aktuellen Trends verschafft, holt man branchenrelevante Informationen auf lokaler Ebene ein. Die beste Informationsquelle dazu ist die Branche selbst. Unterhalten Sie sich mit den Vertretern Ihrer möglichen Lieferanten – sie liefern nützliche Informationen. Fragen Sie sie nach Produkten, die sich langfristig gut verkaufen und nach den aktuellen Hits. Wenn Sie ein neues Unternehmen gründen wollen, wenden Sie sich an Ihre Handwerks- oder Industrie- und Handelskammer und fragen Sie an, ob man Sie mit einem Unternehmen aus Ihrer Branche, aber aus einer anderen Region (Konkurrenz) in Kontakt bringen kann.

DER ZIELMARKT

Als Nächstes untersucht man den Zielmarkt, konkret: die potenziellen Kunden. Am besten definiert man diesen Kundenkreis möglichst genau: Welche Bedürfnisse haben diese Menschen und welchen Nutzen haben sie von Ihrem Produkt oder Ihrer Dienstleistung? Die meisten von ihnen leben momentan gut, ohne Ihre Dienste in Anspruch zu nehmen – warum sollten sie es daher in Zukunft tun? Besteht im Umkreis Ihres Unternehmens überhaupt ein ausreichendes Kundenpotenzial?

Bereits jetzt sollte man sich klar darüber sein, ob der zukünftige Kundenstamm aus Firmenkunden besteht oder ob man direkt an Endverbraucher herantritt oder beides. Unternehmen als Abnehmer verfügen gewöhnlich über größere Budgets und stellen andere Anforderungen – etwa exakte Terminvorgaben für Dienstleistungen oder spezielle Verpackungen. Viele erwarten, dass man ihnen Kredit gewährt, während ein Privatkunde gewöhnlich sofort zahlt, was sich deutlich auf den Cash-Flow auswirkt.

DAS SPART ZEIT

Testen Sie Ihren Fragebogen, um festzustellen, wie lange die Auswertung dauert. Um Zeit zu sparen, können Sie die offenen Fragen begrenzen und mit Ja/Nein-Kästchen arbeiten, die sich schneller auswerten lassen. Manchmal kann man auch einen Fragebogen für mehrere Personen benutzen, wenn man ein entsprechendes Layout gefunden hat.

PRODUKT- ODER MARKTORIENTIERT?

Früher waren Betriebe eher produktorientiert. Sie konzentrierten sich nur auf ihre Produkte oder Dienstleistungen und erwarteten, dass die Kunden das kauften, was sie anboten.

Man wusste nur wenig über seine Kunden und hielt sie manchmal sogar auf Distanz. Auf Veränderungen wurde mehrheitlich reagiert, statt sie im Vorfeld zu erkennen und entsprechend zu agieren. Heute sind Unternehmen vorwiegend marktorientiert, aktiv und verkaufen, was der Kunde will. Das ist die erfolgreichere Strategie, die man erreicht, indem man sich mehr Gedanken über den Markt macht und entsprechende Analysen anstellt, anstatt sich lediglich auf Produkte oder Dienstleistungen zu konzentrieren.

Besteht Ihr Zielmarkt aus Firmenkunden, sollten Sie sich eine Liste von möglichst allen Betrieben anlegen, die sich für Ihr Produkt oder Ihre Dienstleistung interessieren könnten. Versuchen Sie den richtigen Ansprechpartner in der jeweiligen Firma ausfindig zu machen. Kontaktieren Sie ihn und fragen Sie ihn nach seiner Meinung zu Ihrem Angebot.

Ist Ihr Zielmarkt jedoch auf Privatkunden beschränkt, ist es schwieriger, festzustellen, wer Ihnen was abkaufen wird. In diesem Fall holt man sich am besten Rat und Information bei Branchenkennern (die keine direkte Konkurrenz darstellen). Im nächsten Schritt spricht man die potenziellen Kunden direkt an, was mittels einer Fragebogenaktion geschehen kann.

Kundenbefragung per Fragebogen

Eine Fragebogenaktion ist das ideale Mittel, um sich ein umfassendes Bild von den Bedürfnissen, Ansichten und Gewohnheiten der potenziellen Kundschaft zu machen. Dabei sollten Sie die folgenden fünf Regeln beachten:

1. **In der Kürze liegt die Würze** Was wollen Sie tatsächlich wissen? Konzentrieren Sie sich auf die wichtigsten Fragen und vermeiden Sie Überflüssiges. Fünf bis zehn Fragen reichen. Multiple-Choice-Verfahren oder Ja/Nein-Antworten sind leicher zu beantworten und schneller auszuwerten.
2. **Keine Fangfragen** Wenn Sie sich z. B. mit dem Gedanken tragen, einen Verkaufsstand zu erwerben, können Sie die Haushalte in der Umgebung befragen, um festzustellen, ob sich ein derartiges Geschäft rentiert. Eine Frage wie »Kaufen Sie derzeit in einem fahrbaren Geschäft ein?«, wäre sinnvoll. Die Frage »Würden Sie etwas von einem mobilen Händler kaufen, wenn die Ware billiger wäre als in dem Geschäft am Ort?«, bringt dagegen nicht viel, weil sie ein »Ja« impliziert. Man ist leicht versucht, derartige Fragen zu stellen. Außerdem sollte man emotionale oder übertriebene Fragen vermeiden. Oft geben Befragte aus reiner Höflichkeit die Antwort, von der sie meinen, dass Sie sie gerne hören würden.
3. **Offene Fragen vermeiden** Der Zweck eines Fragebogens besteht darin, gezielte Fragen zu stellen, damit man aus den Antworten entsprechende Rückschlüsse ziehen kann. Offene Fragen, wie etwa »Finden Sie Verkaufswagen gut?«, können zu langen Diskussionen führen. Andererseits bieten sie aber den Vorteil, dass in der Antwort vielleicht wichtige Fakten auftauchen, die man selbst übersehen hat. Idealerweise beginnt man mit Fragen, die eindeutig zu beantworten sind, und stellt nur zum Schluss eine offene Frage.

UMFRAGEN

Wenn Sie einen Fragebogen zusammengestellt haben, können Sie mit der Befragung Ihrer potenziellen Kunden beginnen. Wollen Sie die Personen direkt befragen (nicht telefonisch oder per Post), wählen Sie dazu einen Ort, an dem sich Ihre Zielgruppe vorwiegend aufhält.

4 **DIE RICHTIGEN BEFRAGEN** Egal, ob Sie eine Befragung an der Haustür, eine telefonische Umfrage oder eine Umfrage auf der Straße durchführen, es hat nur Sinn, Leute anzusprechen, von denen Sie glauben, dass sie Ihr Produkt oder Ihre Dienstleistung auch nutzen (etwa eine bestimmte Altersgruppe). Es macht wenig Sinn, jemanden zu befragen, der als Kunde nicht in Frage kommt. Wenn man Fragebögen per Post verschickt, sollte man einen frankierten Rückumschlag beilegen und einen Anreiz anbieten, der dazu veranlasst, den Fragebogen auch auszufüllen und zurückzusenden. Für eine Straßenumfrage sollte man einen Ort wählen, der von einer großen Zahl potenzieller Kunden frequentiert wird. Will man etwa die Absatzchancen für Kinderbekleidung untersuchen, sollte man die Befragung an einem Ort durchführen, der von vielen Eltern fequentiert wird.

5 **GENÜGEND INTERVIEWS FÜHREN** Je mehr Personen man befragt, desto aussagekräfiger

FRAGEBOGEN ERSTELLEN

Ein Fragebogen muss gründlich durchdacht sein, damit man ausreichend nützliche Informationen in der richtigen Form bekommt, mit anderen Worten Daten, die man zu Marktforschungszwecken verwenden kann.

Befragungen sollten anonym durchgeführt werden; Angaben zu Alter und Geschlecht können jedoch hilfreich sein. Am besten testet man den fertigen Fragebogen zuerst mithilfe von Freunden, um festzustellen, ob Fragen missverständlich oder doppeldeutig sind.

SCHLECHTER FRAGEBOGEN

Der Fragebogen stammt von einer Zeitung, die lokale Einzelhändler mit dem Ziel befragte, ihr Anzeigenaufkommen zu steigern. Da einige der Fragen unklar gestellt wurden, waren auch die Ergebnisse nicht aufschlussreich.

Zwei Fragen werden gleichzeitig gestellt, von denen eine offen ist. Nicht gefragt wird, wie oft das Geschäft inseriert.

Zwei Fragen in einer, was zu missverständlichen Antworten führt

Diese Frage ist ungenau. Sind hier Auslagen im Schaufenster gemeint, Auslagen im Geschäft selbst oder Werbeträger?

Diese Frage ist zwar etwas indiskret und wird sicher nicht von jedem beantwortet, liefert den Anzeigenverkäufern des Verlags aber nützliche Informationen.

FRAGEBOGEN FÜR EINZELHÄNDLER

F1 Was halten Sie von Anzeigenwerbung und wo inserieren Sie? ....

F2 Lassen Sie Kleinanzeigen oder Großanzeigen schalten? ....

F3 Welchen Stellenwert hat Werbung für Sie? ....

F4 Was unternehmen Sie, um sich gegen die Konkurrenz der großen Kaufhäuser zu behaupten? ....

das Ergebnis. Man sollte mindestens 50 bis 100 Interviews führen. Man kann für jedes Interview einen Fragebogen benutzen oder die Antworten mehrerer Personen auf einem Bogen notieren.

AUSWERTUNG DER INTERVIEWS

Hat man genug repräsentative Daten gesammelt, erfolgt die Auswertung. Es empfiehlt sich, die Daten in Prozentangaben umzurechnen, wobei man aber nicht davon ausgehen sollte, dass die Ergebnisse absolut verlässlich und stabil sind. Die Daten, die man aus einer Befragung erhält, sind ein wichtiger Bestandteil der Marktanalyse. Man sollte bei der Analyse so objektiv wie möglich vorgehen, das heißt, nicht nach Antworten suchen, die das eigene Projekt unterstützen. Wenn der Fragebogen offene Fragen beinhaltete, sollte man die Antworten auf nützliche Themen und Hinweise durchforsten – manchmal führen sie einen in eine Richtung, die man vorher nicht bedacht hatte.

Schon die Einführung verspricht dem Leser Vorteile.

In dieser Frage wird klar angegeben, was mit »regelmäßig« gemeint ist.

Durch diese Frage erhält man eine genaue Liste der Konkurrenz.

Diese Frage und die nächste liefern genaue Angaben, wie viel Prozent der Befragten welche Werbeart verwenden.

Durch diese offene Frage können die Werbekunden die Aspekte nennen, die ihnen am meisten am Herzen liegen.

Diese Frage gibt Aufschluss über die Motivation des Werbekunden.

FRAGEBOGEN FÜR EINZELHÄNDLER

Vielen Dank, dass Sie sich die Zeit nehmen, diesen kurzen Fragebogen auszufüllen! Damit unterstützen Sie uns dabei, Ihnen einen Service zu bieten, der genau auf Ihre Anforderungen zugeschnitten ist.

F1 Inserieren Sie regelmäßig (einmal im Monat)? ☐ J ☐ N

F2 In welchen Zeitungen oder Zeitschriften inserieren Sie? ....

....

....

....

....

F3 Werben Sie mit Kleinanzeigen? ☐ J ☐ N

F4 Werben Sie mit Großanzeigen? ☐ J ☐ N

F5 Welche Inhalte wollen Sie mit Ihren Inseraten transportieren? ....

....

....

....

F6 Ist Anzeigenwerbung ein geeignetes Mittel, um sich gegen große Konkurrenten zu behaupten? ☐ J ☐ N

GUT FORMULIERTER FRAGEBOGEN

Dieser Fragebogen ist die verbesserte Version des linken Beispiels. Hier sind die Fragen klar formuliert und stark eingegrenzt. Die Antworten lassen sich daher einfacher und schneller auswerten.

Was macht die Konkurrenz?

Die genaue Beobachtung bestehender und künftiger Mitbewerber ist ein wichtiger Bestandteil der Marktforschung und kann existenziell wichtige Informationen liefern. Für Gründer ist die Konkurrenzbeobachtung besonders hilfreich, da die Mitbewerber das machen, was man selbst geplant hat. Durch Konkurrenzbeobachtung kann man feststellen, ob ihre Methoden Erfolg haben und wo Schwächen liegen. Sobald das Unternehmen steht, muss man über die Mitbewerber Bescheid wissen, denn sie könnten z. B. versuchen, sich mit Dumpingpreisen gegen die neue Konkurrenz zur Wehr zu setzen.

Wenn man sich selbstständig machen will, wird man unweigerlich mit Mitbewerbern zu tun haben. Man sollte sich daher Überblick über die Konkurrenzbetriebe verschaffen und sich ein Bild von ihrer Tätigkeit und der möglichen Reaktion auf Newcomer machen.

Wer und wo sind Ihre Konkurrenten?

Um das herauszufinden, gibt es ein paar einfache Methoden, die je nach Größe des Markts, auf den man zustrebt, variieren.

Lokale Mitbewerber

Wenn Ihr Unternehmen den lokalen Markt zum Ziel hat, stehen Ihnen folgende Nachforschungsmöglichkeiten zur Auswahl:

- **Verzeichnisse** Gelbe Seiten oder Branchenverzeichnisse; hier findet man so gut wie jeden ortsansässigen Betrieb. Anschließend überprüft man jeden relevanten Eintrag noch einmal genauer.
- **Ortskenntnisse** Wenn Sie sich im Einzelhandel selbstständig machen wollen, sollten Sie die Straßen in der Nähe Ihres geplanten Firmensitzes abgehen und sich Namen und Anschrift von Konkurrenzgeschäften

Fallstudie: Ein neuer Konkurrent taucht auf

Ann B. und Lou S. geben ein Modemagazin heraus, das bereits erfolgreich Fuß gefasst hat. Eines Tages informiert sie einer ihrer Werbekunden, dass er ein Anzeigenangebot von einer neuen Zeitschrift erhalten hatte, die als Konkurrenzprodukt zu Anns und Lous Blatt auf den Markt kommen soll. Später schickte ihnen ein anderer Anzeigenkunde einen Brief, den er von den Herausgebern des neuen Magazins erhalten hatte und in dem diese das Erscheinen ihres Blatts ankündigten. So hatten sie erste Informationen über die neue Konkurrenz. Sie sammelten Presseinformationen und Mediadaten, denen Aufmachung, Erscheinungsdatum und Anzeigenpreise des neuen Magazins zu entnehmen waren. Sie optimierten daraufhin die Aufmachung ihrer Zeitschrift (Erhöhung der Seitenzahl, Hochglanz-Cover) und zogen das Erscheinungsdatum der kommenden Ausgabe so weit vor, dass ihr Blatt knapp vor der Neuerscheinung auf den Markt kommen konnte. Außerdem kümmerten sie sich intensiv um ihre Anzeigenkunden, damit diese ihnen auch in Zukunft treu blieben.

COMPUTERMESSE
Eine internationale Messe wie diese Software-Messe in London eignet sich hervorragend zu Marktfortschungszwecken, wenn man mit seinem Produkt auf den Exportmarkt möchte. Hier kann man sich einen Überblick über neue Trends verschaffen und Konkurrenzfirmen unter die Lupe nehmen.

notieren. Suchen Sie dabei gleich nach einem für Sie geeigneten Standort, am besten mit viel Publikumsverkehr. Sie können auch ortskundige Consulting-Firmen befragen, ob derzeit andere Leute mit der gleichen Projektidee nach geeigneten Räumlichkeiten suchen.

- **LIEFERANTEN BEFRAGEN** Erkundigen Sie sich bei den Vertretern Ihrer zukünftigen Lieferanten, welche anderen Betriebe sie in Ihrem Einzugsgebiet beliefern. Bedenken Sie jedoch: Wenn Vertreter Ihnen allzu bereitwillig Auskunft geben, werden sie vermutlich der Konkurrenz genauso bereitwillig von Ihren Plänen erzählen.
- **KUNDEN BEFRAGEN** Fragen Sie, wenn möglich, einige Ihrer potenziellen Kunden, bei wem sie derzeit einkaufen. (Man könnte z. B. eine entsprechende Frage in den Fragebogen aufnehmen. Siehe S. 15–17.) Manchmal erfährt man dabei Namen von Firmen, die man nie als Konkurrenz angesehen hätte. Einen Hersteller von Freizeit- und Sportbekleidung wird es überraschen, wenn er auf diese Weise erfährt, dass viele seiner solventen Kunden ihre Sportjacken gerne an günstigen Marktständen einkaufen.

REGIONALE UND NATIONALE MITBEWERBER

Zielt Ihr neues Projekt auf den regionalen oder nationalen Markt ab, müssen Sie andere Informationsquellen anzapfen:

- **MESSEN UND AUSSTELLUNGEN** Besuchen Sie Fachmessen und Ausstellungen. Sprechen Sie dabei mit möglichst vielen Leuten. Machen Sie sich Notizen. Hier sind Ihre Mitbewerber am verletzlichsten – ihre Ware ist ausgestellt und jeder kann sie besichtigen,

Sie auch. Aufgrund des harten Wettberwerbs ergreifen allerdings einige Händler Verteidigungsmaßnahmen: So liegen etwa die Preislisten nicht aus oder die neuesten Produkte sind noch nicht ausgestellt bzw. liegen nur als Modell vor.

- **FACHPRESSE** Studieren Sie die relevanten Fachzeitschriften und Verbraucherinformationen und wenden Sie sich direkt an die jeweilige Redaktion. Die Mitarbeiter sind meist gut informiert und unterhalten sich auch gerne ein paar Minuten mit Ihnen am Telefon. Notieren Sie sich ein paar Fragen, die Sie stellen möchten, aber gehen Sie davon aus, dass man Sie nach Namen und Grund Ihres Anrufs fragen wird. Vielleicht möchte der eine oder andere Redakteur auch mehr über Ihr Projekt wissen – es könnte ja einen Artikel wert sein.
- **BIBLIOTHEKEN** Sehen Sie in öffentlichen Bibliotheken die entsprechenden Branchenverzeichnisse ein. Es gibt so viele Verzeichnisse, dass diese wiederum in Listen zusammengefasst sind. In manchen Firmenverzeichnissen sind die Namen der Einkäufer und anderer leitender Angestellter angegeben. Einige enthalten Pläne von den Haupteinkaufsstraßen und Einkaufszentren. Da die Verzeichnisse jährlich aktualisiert werden, sollte man nach der aktuellsten Ausgabe fragen.
- **INTERNET** Auch im Internet kann man sich auf die Suche nach Mitbewerbern begeben. Sie werden viele Web Sites vorfinden. Wenn Sie ein Online-Business gründen wollen, sollten Sie den Internet-Markt detailliert durchforsten; andernfalls genügen die wichtigsten zehn bis 20 Einträge.

Die Konkurrenz schläft nicht – auch wenn Sie bereits fest im Sattel sitzen.

NEUE MITBEWERBER ERKENNEN

Wenn man bereits im Geschäft ist, kennt man in der Regel die Konkurrenz. Allerdings sollte man immer ein Auge auf mögliche neue Mitbewerber haben, die entweder als Neugründungen auftauchen oder sich als bereits eingeführte Unternehmen plötzlich auf Ihr Terrain wagen. Wenn man rechtzeitig von den Plänen der Konkurrenz erfährt, kann man ihnen den Markteintritt erschweren.

Wie erfährt man also möglichst früh von neuen Konkurrenten? Hervorragende Informationsquellen sind Insider-Informationen und Gerüchte, da das neue Unternehmen ab einem gewissen Stadium mit Kunden und Lieferanten sprechen muss. Fachzeitschriften und Handelsblätter sind ebenfalls recht aufschlussreich, besonders die Stellenanzeigen. Häufig muss ein neues Unternehmen noch vor dem Start entsprechende Fachkräfte einstellen.

Als Einzelhändler sollte man sofort zum Telefon greifen, wenn ein Ladengeschäft in der Nähe frei wird, und den Makler darüber ausfragen (gewöhnlich wird er nur Informationen preisgeben, wenn man selbst Interesse an dem Laden bekundet). Ein Produktionsunternehmen hingegen sollte auf Messen ein Auge auf eventuelle neue Konkurrenz haben und in der Fachpresse auf Inserate neuer Firmen achten. Manchmal teilen einem auch treue Kunden mit, dass sie Angebote von einem neuen Konkurrenzbetrieb erhalten haben.

KONKURRENZLOS?

Wenn man eine interessante Geschäftsidee hat und derzeit keine Konkurrenzunternehmen ausmachen kann, verleitet dies leicht zur Annahme, man wäre der Erste auf dem Markt. In diesem Fall (der übrigens häufiger vorkommt) kann die Tatsache, dass kein Mitbewerber vorhanden ist, auch bedeuten, dass es überhaupt keinen Markt für ein derartiges Projekt gibt.

Existiert tatsächlich eine rentable Marktlücke, haben sie höchstwahrscheinlich auch schon andere entdeckt und arbeiten an entsprechenden Konkurrenzprojekten. Mithilfe der oben beschriebenen Nachforschungswege kann man sich jedoch rechtzeitig über ihren aktuellen Stand informieren.

Informationen über Mitbewerber sammeln

Hat man ein Konkurrenzunternehmen ausgemacht, gibt es mehrere Möglichkeiten, wie man mehr über seinen Mitbewerber erfährt:

- **Unmittelbare Beobachtung** Warum nicht? Stellen Sie sich mit dem Auto vor den Firmensitz des Konkurrenzbetriebs und beobachten Sie Personen und Fahrzeuge, die hier ein- und ausgehen bzw. -fahren. Man sollte das zu verschiedenen Zeiten und an verschiedenen Tagen tun. Dabei erfährt man viel über die Auslastung des Betriebs. Wenn LKWs be- und entladen werden, kann man die Namen der Lieferanten und Kunden herausfinden.
- **Jahresabschluss** Ist der Konkurrenzbetrieb eine Kapitalgesellschaft, muss sie einen Jahresbericht veröffentlichen, den jedermann gegen eine geringe Gebühr erwerben kann. Mehr Informationen dazu erhält man etwa bei den Handelskammern (siehe S. 184).
- **Dienstleistung in Anspruch nehmen** Ist der Konkurrent im Dienstleistungssektor tätig, testet man am besten sein Angebot. Unter Umständen kann man Freunde anrufen lassen, die sich nach den Preisen und Terminen erkundigen (daraus lassen sich Schlüsse auf die Auslastung des Betriebs ziehen).
- **Muster testen** Handelt es sich beim Mitbewerber um ein Produktionsunternehmen, kann man Muster kaufen, mieten oder ausleihen und prüfen. Wie verhält es sich im Vergleich zum eigenen Produkt? Achten Sie auch auf eingetragene Patente, Muster oder andere Schutzrechte.
- **Schriftliche Informationen** Beschaffen Sie sich auf alle Fälle Werbebroschüren und Preislisten der Konkurrenz. Man kann sie schriftlich oder telefonisch anfordern.
- **Inserate** Fotokopieren oder schneiden Sie sich die Werbeanzeigen der Konkurrenz aus. Sie enthalten nicht nur Angaben zum Produkt oder zur Dienstleistung, sondern häufig auch zu den Preisen. Darüber hinaus geben sie Aufschluss darüber, wie sich Ihre Konkurrenz vermarktet, das heißt, an welche Kunden sie sich wendet, welche Eigenschaften ihres Produkts oder ihrer Dienstleistung sie heraushebt, welches Image sie vermittelt und welche speziellen Kaufanreize sie bietet (etwa besonders günstige Finanzierungsbedingungen oder kurze Lieferzeiten).

Das spart Zeit

Kaufen Sie sich Aktien von großen Konkurrenzunternehmen. Das ist eine bequeme Beobachtungsmethode, denn als Aktionär bekommt man den Jahresabschluss und andere wichtige Informationen zugesandt. Die Daten sind dann zwar schon älter, aber immer noch nützlich. Außerdem kündigt der Vorstand gewöhnlich die zukünftigen Pläne an.

- **Zeitungsartikel** Durchsuchen Sie in einer Bibliothek Zeitungen und Fachzeitschriften nach Artikeln über Ihre Mitbewerber und kopieren Sie sie.
- **Kunden** Wenn möglich, unterhalten Sie sich mit Kunden Ihrer Mitbewerber; das kann ausgesprochen aufschlussreich sein.
- **Internet** Schauen Sie sich auch die Web Site eines Konkurrenzunternehmens an.

Legen Sie über jeden Ihrer Mitbewerber eine Akte oder einen Ordner an. Sammeln Sie darin die Informationen – Verkaufsprospekte, Anzeigen, Preislisten, Presseveröffentlichungen – und behalten Sie so den Überblick. Auch die Ergebnisse von Kundengesprächen und Ihrer ganz persönlichen Beobachtungen und Eindrücke sowie Gesprächsnotizen haben hier ihren Platz. Natürlich haben solche Konkurrenzberichte nur dann einen Sinn, wenn Sie immer wieder aktualisiert werden.

Von der Konkurrenz lernen

Auch wenn man Informationen über alle in Frage kommenden Mitbewerber einholen muss, sollte man sich auf den Marktführer konzentrieren, denn der ist in den meisten Fällen schon lange auf dem Markt tätig und einem deshalb auch in vielen Dingen voraus. Dieses Unternehmen hat seine Produkte oder Dienstleistungen bereits optimiert, Fehler gemacht, sich in Sackgassen verrannt, daraus gelernt und neue Wege der Unternehmensführung und Marketing-Techniken gefunden.

Die Situation einschätzen

Wer genügend Informationen über die Konkurrenz sammelt, erhält auch einen guten Marktüberblick und kann die eigene Position besser einschätzen. Wenn man in einem

KONKURRENZDATEN

Diese Checkliste bietet einen Überblick über die wichtigsten Daten Ihrer Konkurrenten. Erfassen Sie wenigstens alle größeren Konkurrenzbetriebe und idealerweise sämtliche Mitbewerber. Füllen Sie so viele Punkte wie möglich aus und ergänzen Sie wichtige Einzelheiten.

Namen des Verkaufsleiters und des Marketing-Leiters aufführen.

Bei Kapitalgesellschaften Einzelheiten aus dem Jahresabschluss angeben.

Ausführliche Beschreibung ihrer Tätigkeit.

Nur Produkte und Dienstleistungen aufführen, die den eigenen ähnlich sind.

Festhalten, wo die Konkurrenz Werbeanzeigen schaltet und was sie hervorhebt.

Welche Anreize, Skonti, Rabatte, Finanzierungsbedingungen und Garantien werden gewährt?

KONKURRENZ-CHECKLISTE

Firmenname ....

Firmensitz ....

Telefon .... Fax ....

E-Mail .... Internet ....

Rechtsform ....

Gehört das Unternehmen einem Konzern an? ....

Aufnahme der Geschäftstätigkeit (Jahr) ....

Name und Sitz anderer Zweigstellen/Tochtergesellschaften ....

Namen der Firmeninhaber/Geschäftsführer/Vorstand ....

Namen anderer leitender Mitarbeiter ....

Wichtige Details aus dem Jahresabschluss

....

Welche Tätigkeit übt die Firma aus? ....

Beschreibung der Produkte/Dienstleistungen ....

Besondere Eigenschaften der Produkte/Dienstleistungen ....

Was kosten sie? ....

Welche Aspekte werden in den Werbebroschüren betont? ....

Welche Aspekte werden auf der Web Site betont? ....

Welche Art von Werbung betreibt die Firma? ....

Welche verkaufsfördernden Maßnahmen werden ergriffen? ....

Mit welchen Verkaufsmethoden arbeitet die Firma? ....

Analyse der Stärken und Schwächen ....

Beste Möglichkeiten, um mit der Firma konkurrieren zu können

....

besonders hart umkämpften Markt tätig ist oder sich von einem Konkurrenzunternehmen bedroht fühlt, sollte man regelmäßig seine Nachforschungen aktualisieren, um die Stärken und Schwächen der Mitbewerber analysieren und so die Konkurrenz besser einschätzen zu können. Sehr hilfreich ist dabei die Aufstellung einer Checkliste; ein Beispiel dafür sehen Sie auf der linken Seite.

Bei der Überlegung, wie man mit seinem Produkt oder seiner Dienstleistung auf den Markt kommen will, sollte man sich die Frage stellen, ob es den Markt erweitern wird (was häufig bei neuen Produkten oder Dienstleistungen der Fall ist) oder ob es zu Lasten der bestehenden Mitbewerber geht, denen man damit Marktanteile wegnimmt. Wenn Sie der Ansicht sind, dass Sie mit Ihrem Angebot den Markt vergrößern, werden Sie erwarten, dass Kunden, die noch nicht auf Konkurrenzprodukte zurückgegriffen haben, sich jetzt an Sie wenden. Doch warum sollten sie das plötzlich tun? Versuchen Sie dagegen auf einem bereits bestehenden Markt Fuß zu fassen, sollten Sie überlegen, wie Sie der Konkurrenz die Kunden streitig machen wollen.

Mit Widerstand rechnen

Wenn Sie ein neues Unternehmen gründen, müssen Sie damit rechnen, dass die bereits bestehenden Betriebe Sie angreifen – kaum einer wird Ihnen freundlich die Tür aufhalten. Folgende Methoden sind besonders beliebt:

- Dumpingpreise, um den Newcomer in einen Preiskampf zu verwickeln
- Abwerben der besten Mitarbeiter
- Sabotieren der Lieferquellen
- Kritik am neuen Unternehmen vor gemeinsamen Kunden und in der Fachpresse
- Kunden abwerben
- Rechtliche Schritte gegen Sie unternehmen.

Die Heftigkeit des Angriffs seitens der Konkurrenz ist schwer vorherzusagen. Die meisten etablierten Firmen reagieren mit einer gewissen Feindseligkeit auf den Newcomer, da sie Angst haben, Kunden zu verlieren. Manche reagieren übertrieben, andere wiederum tun gar nichts – vermutlich, weil sie schlicht die Gefahr unterschätzen.

Sollte Ihr junges Unternehmen angegriffen werden, haben Sie kaum Chancen, es sei denn, Sie verfügen über enorme finanzielle Mittel. Eine gute Überlebensstrategie besteht darin, sich so bescheiden wie möglich zu geben, damit Sie ein größerer, etablierter Konkurrent gar nicht als Bedrohung wahrnimmt – zumindest so lange nicht, bis Sie selbst fest im Sattel sitzen.

Die Auseinandersetzung mit der Konkurrenz gehört zum Geschäft; weitere Informationen darüber, wie man mit den unterschiedlichen Konkurrenten umgehen kann, finden Sie auf den Seiten 171–175.

MARKTCHANCEN ABSCHÄTZEN

Ganz gleich, ob man Marktforschung zum Zwecke einer Neugründung oder zur Markteinschätzung eines bereits bestehenden Unternehmens betrieben hat – Unmengen von zum Teil widersprüchlichen Daten, die die Marktforschung ergeben hat, müssen analysiert werden. Dabei empfiehlt sich eine gründliche Methodik, um die entscheidende Frage beantworten zu können: »Will jemand mein Produkt oder meine Dienstleistung kaufen?« Führt man diese Analyse nicht objektiv, nach rein sachlichen Gesichtspunkten durch, lässt man sich bei seinen Entscheidungen häufig zu sehr von subjektiven Gefühlen leiten.

Die Machbarkeit eines Projekts lässt sich am besten bewerten, wenn man es vier Prüfungen unter vier Gesichtspunkten unterzieht:

1. Prüfung durch die Kapitalgeber
2. Prüfung durch die Marktforschung
3. Prüfung durch den Markt
4. Eigene Risikoabwägung

Bevor man ein Projekt als machbar und rentabel bezeichnen kann, muss es alle vier Prüfungen bestehen.

Prüfung durch die Kapitalgeber

Ein Kapitalgeber investiert nur dann in ein Projekt, wenn es Gewinne verspricht. Die Prüfung, der ein Kapitalgeber ein kleines, junges Unternehmen unterzieht, vermittelt einen wichtigen Einblick in dessen finanzielle Solidität. Auch wenn Sie das Projekt selbst finanzieren, sollten Sie diesen Test durchführen – denn schließlich steht hier Ihr Geld auf dem Spiel. Ein Kapitalgeber bewertet die Geschäftsidee unter folgenden Aspekten:

- Projektmanagement
- Markteinstieg
- Gewinnspanne
- Lebenserwartung des Projekts

PROJEKTMANAGEMENT

Besitzen die Inhaber der Firma genügend Know-how und Erfahrung? Beide Begriffe beziehen sich hier auf Marketing, Vertrieb, Finanzen und Verwaltung sowie Branchenkenntnis und Fachwissen. Bei einem kleinen Unternehmen ist dieses Wissen häufig auf ein bis zwei Personen begrenzt. Kapitalgeber ziehen jedoch in der Regel ein Team vor. Ein Team hat folgende Vorteile: Die Mitarbeiter ergänzen sich gut in ihren jeweiligen Fähigkeiten, während ein Einzelkämpfer immer gewisse Schwächen aufweist. Wird ein Mitarbeiter krank, ist die Wahrscheinlichkeit, dass das Projekt weiterläuft, bei einem Team größer. Außerdem umfasst ein Team mehrere Personen, und nicht nur eine, die in das Unternehmen investieren können.

INSIDER-TIPP

Wenn Sie sich mit Ihrem neuen Projekt auf unbekanntes Terrain wagen (sei es geografisch, fachlich oder hinsichtlich des Maktes), sollten Sie die Marktforschung und -analyse besonders gründlich betreiben. Man begibt sich schnell auf Glatteis, da viele Unbekannte vor einem liegen.

FALLSTUDIE: Ein Test-Marketing durchführen

NACH MONATELANGEN Vorbereitungen konnten Sabine M. und Gabi D. endlich ihre neue Bio-Parfümserie testen. Sie hatten bereits Zielgruppentests durchgeführt, wollten aber noch ein umfassenderes Feedback, bevor sie sich in die Produktion stürzen. In Kaufhäusern wollten sie zunächst eine Produktvorführung organisieren. Dies war jedoch wegen der anderen Kosmetiklieferanten nicht möglich, und so mieteten die beiden Frauen in einem großen Einkaufszentrum den Verkaufswagen eines Händlers und boten ihre Produkte dort probeweise an. So stellten sie schnell fest, welche Parfüms gut ankamen, welche sie besser streichen sollten und zu welchem Preis sie sich verkaufen ließen. Außerdem entdeckten sie, dass über 80 Prozent der Kunden die Parfüms zu Geschenkzwecken erstanden und daher die Verpackung noch deutlich verbessert werden musste.

MARKTEINSTIEG

Kapitalgebern ist es gar nicht unlieb, wenn dem jungen Unternehmen der Einstieg in den Markt nicht leicht gemacht wird. Das klingt zunächst widersprüchlich, doch der Grund ist plausibel: Sobald das Unternehmen seine Tätigkeit aufnimmt und nach außen hin sofort Erfolg hat, werden Nachahmer ermutigt. Diese Nachahmer verwässern den potenziellen Markt und erhöhen das Risiko eines Preiskampfes. Daher ist es von großem Vorteil, wenn eine Geschäftsidee nicht so leicht von anderen zu kopieren ist. Es gibt eine Reihe von Schranken, die Nachahmer abschrecken, so etwa:

- besondere Fähigkeiten oder Know-how
- Patentschutz
- Lizenzen (wenn ein Projekt unter der Lizenz eines ausländischen Unternehmens, das auf seinem Gebiet Marktführer ist, durchgeführt wird, stoppt die Lizenz jedwede Konkurrenz)
- Verträge mit großen potenziellen Kunden.

Achtung: Hohe Anfangsinvestitionskosten stellen nicht notwendigerweise eine Schranke für Nachahmer dar!

GEWINNSPANNE

Kapitalgeber halten Ausschau nach möglichst hohen Gewinnspannen. Das bedeutet, dass das Unternehmen über einen soliden Cash-Flow sowie genügend Mittel für zukünftige Projekte verfügen und auch dann noch überlebensfähig sein sollte, wenn die Gewinne durch unvorhergesehene Ereignisse angenagt werden. Was jedoch eine »hohe« oder »niedrige« Marge ist, hängt von mehreren Faktoren ab. Siehe dazu Preisgestaltung (S. 30–39).

LEBENSERWARTUNG EINES PROJEKTS

In der Planungsphase wird der Lebenserwartung eines Projekts keine große Bedeutung beigemessen, da kleine Firmen oft mehr Wert auf kurzfristige Ergebnisse legen. Hohe Lebenserwartung bedeutet, dass ein Projekt nach seinem Start etliche Jahre ohne große Veränderungen oder zusätzliche Investitionen wettbewerbsfähig und rentabel bleibt. Das rechtfertigt die Anfangsinvestitionen zur Ankurbelung des Projekts. So werden Geschäftsideen, die aus einem Modetrend heraus entstehen, »abgewürgt«, ebenso Projekte, die auf Faktoren beruhen, die sich der Kontrolle entziehen wie Kursschwankungen.

Prüfung durch die Marktforschung

Ein Marktforscher sucht die Antwort auf drei klar definierte Fragen:

- Ist das Projekt durchführbar? (Wenn ja, von welchen Annahmen wird ausgegangen und was sind die Ziele des Unternehmens?)
- Welche Form soll das Projekt annehmen, um den Marktanforderungen zu entsprechen?
- Gibt es klar erkennbare Trends?

Für eine objektive Auswertung der im Zuge einer Marktforschung gesammelten riesigen Datenmenge sollte man die wichtigsten Punkte zusammenfassen. Auf diese Weise lässt sich die Information besser verarbeiten und ist leichter zu überblicken.

DURCHFÜHRBARKEIT

Jeder Unternehmer ist von dem Erfolg seiner Geschäftsidee überzeugt. Daher bedarf es des rationalen Auges eines Marktforschers, um sie zu prüfen. Erfolg ist schwer vorauszusagen, da der Markt unkalkulierbar reagieren kann. So können potenzielle Auftraggeber begeistert von einem Projekt sein, aber dann nicht einsteigen.

Je mehr Marktforschung hinsichtlich des Projektes man jedoch betreibt, desto wahrscheinlicher wird man vernünftige Ergebnisse erhalten. Bei einem neuen, nicht innovativen Projekt lassen sich die Erfolgschancen leichter einschätzen, da mit steigendem Innovationscharakter die Bewertung allein mithilfe von Marktforschungsergebnissen schwierig wird. In diesem Fall kann ein Test-Marketing nötig sein.

EINZELFAKTOREN

Selbst wenn die Marktanalyse gute Erfolgschancen ergibt, müssen oftmals noch zahlreiche Details geklärt werden. Dazu ist zusätzlicher Forschungsaufwand nötig. So kann das Konzept zum Beispiel durchführbar sein, doch der vorgeschlagene Firmenname fand keine große Resonanz oder die Marktanalyse hat ergeben, dass das Unternehmen an einem ganz bestimmten Standort angesiedelt sein muss oder dass der Erfolg von einem langfristigen Vertrag mit einem bestimmten Großkunden abhängt.

TRENDANALYSE

TRENDSEKTOR	EIGENSCHAFTEN	WICHTIGE MERKMALE
BRANCHE	Bezieht sich auf statistische Informationen über die eigene Branche	Die Information ist zwar älter, sollte aber langfristig jeden Trend anzeigen.
WIRTSCHAFT	Bezieht sich auf statistische Informationen zur lokalen oder nationalen Wirtschaftslage	Ein Schlüsseltrend, auf den man in diesem Sektor achten muss, sind Veränderungen in der Kaufkraft der Klientel.
TECHNOLOGIE	Bezieht sich auf Fortschritte bei Ausrüstung, Software usw. sowie auf komplette Neuentwicklungen	Die Auswirkungen dieser Trends schwanken von einem revolutionsartigen Effekt bis hin zu einem langfristigen Wandel.
KONKURRENZ	Bezieht sich auf Preis-, Produkt- oder Taktikveränderungen seitens der Konkurrenz	Jede Tätigkeitssteigerung seitens der Konkurrenz kann für das eigene Geschäft schlecht sein.
ABSATZ	Bezieht sich auf die Analyse der eigenen Verkaufstrends nach Aufnahme der Geschäftstätigkeit	Langfristig festgehaltene Umsatzzahlen gehören mit zu den besten Trendindikatoren.
WETTER	Bezieht sich auf saisonale Schwankungen und auf langfristige Veränderungen (z.B. globale Erwärmung)	Wetter- und Klimaschwankungen wirken sich z.B. auf Tourismus-, Sport-, Freizeitunternehmen aus.

Diese Einzelheiten entscheiden über Erfolg und Misserfolg eines Unternehmens.

TRENDS

Niemand kann die Zukunft vorhersehen. Je weiter wir versuchen vorauszuschauen, desto schwieriger wird es. Ein kleines Unternehmen hat schon Probleme, auch nur ein Jahr vorauszublicken, und dennoch lohnt sich der Aufwand, es zu versuchen. Die Marktforschung bietet dazu den Schlüssel. Wichtige Trends, auf die man achten sollte, sind auf der linken Seite angegeben.

Das Test-Marketing liegt zwischen der »genialen« Geschäftsidee und ihrer tatsächlichen Umsetzung.

Prüfung durch den Markt

Beim Test-Marketing platziert man sein Produkt oder seine Dienstleistung versuchsweise in kleinem Umfang auf dem Markt und wartet die Reaktion ab, bevor man gänzlich in das Projekt einsteigt. Es ist nicht immer nötig oder durchführbar, kann aber sehr hilfreich sein, vor allem, wenn die Marktforschungsergebnisse nicht ausreichend waren oder die Investitionskosten derart hoch sind, dass man zuerst ein positives Feedback vom Markt haben möchte, bevor man weiter investiert. Ein Test-Marketing kann nützliche und wertvolle Aufschlüsse über Produkte oder Dienstleistungen vermitteln, birgt aber auch die Gefahr, dass man sich an die Konkurrenz verrät.

Test-Marketing wird nicht nur bei neuen Produkten oder Dienstleistungen angewandt, sondern eignet sich auch hervorragend, wenn man sich mit dem Gedanken trägt, ein bestehendes Produkt zu verändern – sei es durch eine neue Verpackung, ein neues Preisgefüge, eine Ladenrenovierung oder ein komplett neues Image. Test-Marketing ist daher in großen, aber auch kleinen Betrieben eine gängige Praxis und kann mit verschiedensten Methoden durchgeführt werden.

WERBUNG

Das ist für Unternehmen, die nicht im Einzelhandel tätig sind, die einfachste Methode, eine Marktreaktion zu testen. Man bietet Produkte oder Dienstleistungen über Werbeanzeigen oder Probier-Aktionen an und wartet die Reaktionen ab. Die Werbung darf allerdings nicht irreführend sein, sondern sollte beim Kunden lediglich das Bedürfnis nach mehr Information wecken. Der Nachteil dieser Methode ist, dass man nur dann ausreichend Feedback bekommt, wenn die Interessenten sich direkt an einen wenden können. Die Werbeaktion muss daher einen Anreiz zur Reaktion besitzen, sonst kann es vorkommen, dass man nur Schweigen erntet, aus dem man kaum Rückschlüsse ziehen kann.

MUSTER

Wenn man Handelsware herstellt, kann man potenziellen Kunden Warenmuster vorführen oder das Produkt auf einer Messe ausstellen und Aufträge annehmen, bevor man voll in die Produktion einsteigt. Diese Praxis ist in der Mode- und Geschenkartikelbranche verbreitet, wo die Käufer mehrere Monate vor der Auslieferung ordern. Oft ist es auch nützlich, einem potenziellen Großkunden ein Muster probeweise zur Verfügung zu stellen. Auf diese Weise kann er es kostenlos testen und man selbst erhält Informationen, wie sich das Produkt verhält.

RUNDSCHREIBEN (MAILINGS)

Man kann auch mit einem Mailing über neue Produkte oder Dienstleistungen informieren, eventuell mit Rückantwort. Mailings können sehr effizient sein, vor allem, wenn sie an Unternehmen gerichtet und an eine bestimmte Person adressiert sind (Direct Mailing). Man sollte Rundschreiben daher nicht nach dem Zufallsprinzip verschicken, sondern sich zunächst eine Mailing-Liste mit entsprechenden Adressen (siehe S. 55) anlegen. Auf landesweiter Ebene kann man solche Mailing-Listen erwerben; auf regionaler Ebene stellt man sie am besten selbst aus bestehenden Kontakten, Verzeichnissen und Marktforschungsergebnissen zusammen. Jedes Schreiben sollte persönlich adressiert, mit Datum versehen und unterzeichnet sein. Bei Briefen an Verbraucher empfiehlt es sich, einen frankierten Rückumschlag beizulegen. Je zielgerichteter das Schreiben, desto besser wird die Antwort ausfallen. Manchmal ist es nötig, noch einmal telefonisch nachzuhaken, um die entsprechenden Informationen zu erhalten.

ZIELGRUPPEN

Unternehmen, die an die Öffentlichkeit verkaufen, wenden sich gerne an Zielgruppen. Sie laden dazu einen ausgewählten Personenkreis aus dem Zielmarkt zu einer Veranstaltung ein, bei der sie Prototypen eines Produkts oder einer Verpackung vorführen oder eine neue Dienstleistung präsentieren. Gewöhnlich werden dann gezielte, aber auch offene Fragen gestellt. So kommt es zu einer Diskussion, die meist von einem Moderator geführt wird, damit eine dominante Person nicht alle anderen Anwesenden beeinflussen kann. Die Antworten werden festgehalten, auch auf Video, und später analysiert. Damit will man den einzelnen Mitgliedern einer solchen Zielgruppe die Möglichkeit geben, ihre persönliche Meinung zum Produkt oder zur Dienstleistung zu äußern – ein Gruppenkonsens ist nicht erwünscht. Die Testpersonen werden gewöhnlich nicht bezahlt. Eine derartige Zielgruppenveranstaltung kann man selbst organisieren oder von einer Fachfirma durchführen lassen. Letzteres ist professioneller und hat den Vorteil, dass man selbst weniger emotional beteiligt ist, kostet dafür aber auch mehr.

FLUGBLÄTTER (FLYER)

Flugblätter sind weniger persönlich als Rundschreiben und wenden sich an ein größeres Publikum. Flyer mit einer Beschreibung des Produkts oder der Dienstleistung sowie der Kontaktadresse können über die Briefkästen an die Haushalte verteilt werden. Man kann sie aber auch direkt an ortsansässige Kunden schicken. Ein weiteres Umfeld erreicht man, wenn man die Flugblätter in Zeitungen oder Zeitschriften als lose Beilage verteilen lässt.

MESSEN UND AUSSTELLUNGEN

Durch einen Messestand auf einer Fachmesse kann man ebenfalls die Marktreaktion testen. Diese Methode ist besonders effizient, da man hier ein direktes Feedback von den potenziellen Kunden erhält. Das hilft einem wiederum, letzte Korrekturen an seinem Produkt oder seiner Dienstleistung vorzunehmen, die Preise zu korrigieren – oder einfach nur festzustellen, dass keine ausreichende Nachfrage besteht. Der Nachteil einer Messepräsentation besteht darin,

FLUGBLÄTTER VERTEILEN

Flugblätter an Haushalte verteilen zu lassen, ist eine gute Methode, um sein Produkt oder seine Dienstleistung in einem begrenzten Gebiet bekannt zu machen. Per Beilage in einer Zeitung deckt man ein größeres Einzugsgebiet ab.

dass man sein Projekt publik macht, was Konkurrenten auf den Plan rufen kann. Zu Messepräsentationen siehe auch die Seiten 153–157.

Pilotstudie

Ein Produkt oder eine Dienstleistung kann zunächst einem Probelauf in einem kleineren Gebiet unterzogen werden. Zu diesem Pilotprojekt gehört auch eine entsprechende, auf dieses beschränkte Gebiet zugeschnitte Werbekampagne. Verläuft die Pilotstudie erfolgreich, hat man mehr Mut, das Projekt landesweit auszudehnen.

Halten Sie sich für den Fall der Fälle immer einen »Fluchtweg« offen.

Eigene Risikoabwägung

An dieser Stelle sollte man sich Gedanken darüber machen, wie sich das neue Projekt auf das eigene Leben oder auf andere, bereits bestehende Unternehmungen auswirken kann. Jedes neue Projekt bringt Veränderungen mit sich, die unmittelbare Folgen für den Unternehmer, aber auch seine Mitarbeiter haben können.

Lebensrhytmus

Sie sollten wissen, dass ein neues Projekt Ihr Privat- und Geschäftsleben komplett verändern kann. Wägen Sie Ihre Belastungsbereitschaft ab, bevor Sie sich durch Kredite, Leasing-Raten, Personalkosten und andere Investitionen in Schulden stürzen. Stellten Sie sich folgende Fragen: »Wo will ich in fünf Jahren stehen?«, »Hilft mir das neue Projekt dabei?« und »Will ich all die damit verbundenen Probleme?« Erstellen Sie eine Pro-und-Kontra-Liste. Schreiben Sie Aspekte, die für das Projekt sprechen, auf die linke Seite und die, die dagegen sprechen, auf die rechte.

Solditätsprüfung

Ein neues, größeres Projekt kann unvorhergesehene Probleme aufwerfen und sogar große Unternehmen standen schon kurz vor dem Ende, als ein Großprojekt Schwierigkeiten bereitete. Man sollte sich unbedingt die Zeit nehmen, ein »Worst-Case«-Szenario auszuarbeiten, und sich ausrechnen, mit welchen Auswirkungen im schlimmsten Fall gerechnet werden muss.

Wenn ein neues unternehmerisches Projekt Probleme bereitet, braucht es vor allem zwei Dinge: Zeit und Geld. Ein bereits bestehendes Unternehmen kann diese beiden wertvollen Güter unter Umständen nicht in ausreichendem Umfang aufwenden und ist damit in seiner Existenz bedroht.

Andererseits kann ein neues Projekt zu einem wahren Boom führen oder ungenutzte Kapazitäten in der Firma ausfüllen. Es kann sich sogar so weit entwickeln, dass das ursprüngliche Kerngeschäft des Unternehmens zugunsten des neuen Projekts zurückgeschraubt wird und dieses nun die Führung übernimmt – eine derartige Wandlung macht häufig den Unternehmenserfolg aus.

Bewertung der Prüfungsergebnisse

Falls Ihr Projekt alle Prüfungen (Prüfung durch die Kapitalgeber, Prüfung durch die Marktforschung, Prüfung durch den Markt und Abwägung des eigenen Risikos) mit Bravour bestanden hat, ist das ein gutes Zeichen, aber noch keine Garantie für einen wirtschaftlichen Erfolg. In der Regel durchlaufen neue Projekte einige Prüfungen reibungslos, andere zufriedenstellend und nur bei einer fallen sie durch – damit ist in den meisten Fällen zu rechnen. Wenn ein Projekt eine der Prüfungen nicht besteht, ist dies ein Indikator dafür, dass man es noch einmal überarbeiten muss. Kann es soweit angepasst werden, dass es alle Prüfungen gleichermaßen besteht, dann steht einer Weiterführung nichts im Weg. Falls die Anpassung nicht gelingt, sollte man das Projekt aufgeben.

Preisgestaltung

Preise senden wichtige Marketing-Signale aus. Sie festigen die Position Ihrer Produkte am Markt und tragen zum Image Ihrer Firma bei. Die Preise müssen stimmen – sind sie zu hoch, leidet der Absatz, sind sie zu niedrig, leidet Ihr Gewinn. Auch lassen sich bereits ausgezeichnete Preise kaum nachträglich korrigieren, falls man sich verkalkuliert hat. Mit zunehmender Erfahrung werden Sie Ihre Preise aber immer präziser berechnen können. Allerdings muss jedes Unternehmen seine Preise regelmäßig überprüfen, da steigende Kosten und Inflationsrate die Nettogewinne schmälern.

Bei der Preisgestaltung muss man sich zunächst über die Kostenstruktur im Klaren sein. Sie ist das Schlüsselelement für die Preiskalkulation. Zwei Kostenarten sind hier ausschlaggebend:

- **Fixkosten** (Gemeinkosten) sind die Betriebsausgaben, die unabhängig vom Geschäftsumfang konstant bleiben wie etwa Mieten, Kreditraten, Versicherungsbeiträge sowie die meisten Löhne und Gehälter.
- **Variable Kosten** oder auch direkte Kosten sind die Ausgaben, die je nach Geschäftsumfang schwanken wie etwa die Kosten für Rohstoffe.

Preise, die man für seine Güter und Dienstleistungen ansetzt, müssen die Fixkosten und die variablen Kosten decken und darüber hinaus noch Raum für einen Überschuss, also den Gewinn lassen. Ohne Gewinn kann kein Unternehmen bestehen. Bei der Deckung der Fixkosten macht es einen großen Unterschied, ob man ein Stück oder 100 Stück im Jahr oder eine Dienstleistung für einen Tag oder für 100 Tage verkauft, da alle Fixkosten mit diesem Umsatz gedeckt werden müssen. Ob man jetzt die Fixkosten durch eins, 100 oder eine andere Zahl teilt, wirkt sich in starkem Maß auf den Endpreis aus. Also ist bei der Umsatzprognose Vorsicht geboten.

> Flexibilität und Ideenreichtum sind bei der Preisgestaltung gefragt.

Fixkosten müssen immer auf ein Minimum begrenzt werden, da sie sonst schnell ausufern und so die Rentabilität eines Betriebs gefährden (siehe dazu S. 37–39). Die Unternehmen achten gewöhnlich mehr auf ihre variablen Kosten. Wenn beispielsweise ein Lieferant die Preise erhöht, merken Sie als Unternehmer das sofort

FALLSTUDIE: Wettbewerbsfähige Preise kalkulieren

Maria B. überlegte, welchen Preis sie für ihre Consulting-Tätigkeit verlangen sollte. Zunächst berechnete sie die Betriebskosten ihres Büros inklusive des Gehalts für die Sekretärin und einem vernünftigen Eigengehalt. Damit kam sie auf einen Tagessatz, der unter den Sätzen anderer Consulting-Unternehmen lag und keinen Spielraum für Rückstellungen ließ. Die Jungunternehmerin befürchtete zudem, dass die Kunden aufgrund ihres günstigen Tagessatzes meinen könnten, ihre Arbeit wäre schlechter als die der Konkurrenz. Da sie aber über ausgezeichnete Qualifikationen und Erfahrung verfügte, so folgerte sie, könne sie einen ähnlichen Satz wie die Konkurrenz verrechnen – und stellte in der Praxis fest, dass dies für ihre Kunden durchaus akzeptabel war.

DAS SPART GELD

Berechnen Sie Ihre Preise nie in der Annahme, dass Ihre Produktion stets ausgelastet ist – das ist unwahrscheinlich. Selbstständige müssen einen entsprechenden Stundensatz kalkulieren – es sollte mindestens ein Betrag sein, den Sie einem anderen für die gleiche Arbeit zahlen müssten.

und können die Erhöhung eventuell anfechten oder sich einen neuen Lieferanten suchen.

GEWINNSPANNE UND AUFSCHLAG

Der Aufschlag ist der Betrag, der auf den Herstellungs- bzw. Anschaffungspreis zur Erzielung des Verkaufspreises aufgeschlagen wird:

$$\text{Aufschlag (\%)} = \frac{(\text{Verkaufspreis} - \text{Herstellungspreis}) \times 100}{\text{Herstellungspreipreis}}$$

Die Gewinnspanne (Marge) ist der Gewinn, den man mit dem Verkauf des Produktes erzielt:

$$\text{Gewinnspanne (\%)} = \frac{(\text{Verkaufspreis} - \text{Herstellungspreis}) \times 100}{\text{Verkaufspreis}}$$

Aufschläge und Gewinnspannen schwanken je nach Branche und je nachdem, an welchem Punkt der Vertriebskette man sich befindet. Mit den branchenüblichen Sätzen muss man sich vertraut machen – entweder über persönliche Kontakte oder über Informationen von Handelskammern, Innungen oder Fachverbänden.

VERTRIEBSWEGE UND PREISE

Der Vertriebsweg für ein Produkt kann einen großen Unterschied in der Preisgestaltung bewirken. Wird das Produkt direkt an den Endverbraucher verkauft oder liefert man es an Groß- bzw. Einzelhändler aus? Jede Branche hat hier ihre eigene Methode und man muss die Aufschläge kennen, die an den jeweiligen Stufen der Vertriebskette üblich sind, um einen wettbewerbsfähigen Preis kalkulieren zu können. Manche Gründer vertreiben anfangs nur ungern über Groß- oder Einzelhändler, da sie fürchten auf diese Weise zu viel von ihrem Gesamtgewinn zu verlieren. Andererseits verlangt der Direktabsatz viel Zeit und Werbeaufwand, was nicht billig ist. Manchmal ist es daher günstiger, indirekt über Groß- und Einzelhändler zu verkaufen, die bereits ihre Abnehmer haben.

EINFACHE PREISKALKULATION FÜR GROSS- UND EINZELHÄNDLER

Eine einfache Art der Preiskalkulation für Groß- oder Einzelhandelszwecke bietet die folgende Formel:

Verkaufspreis pro Stück = Nettoeinstandspreis + Aufschlag + MwSt.

Wenn man einen Artikel zu einem Nettopreis von 4,65 Euro (also ohne MwSt.) einkauft und der branchenübliche Aufschlag 85 Prozent beträgt, kommt man auf folgenden Verkaufspreis:

(€ 4,65 + 85 %) = € 8,60

Wer umsatzsteuerpflichtig ist, muss auf diese Summe noch die Mehrwertsteuer aufschlagen. Darüber hinaus sollte man die folgenden Punkte berücksichtigen:

- Es empfiehlt sich, den Preis auf eine verkaufspsychologisch günstige Zahl auf- oder abzurunden (z. B. € 8,99 statt € 9,10).
- Die Preise in etwa auf dem gleichen Niveau wie die Konkurrenz halten.
- Die Cash-Flow-Prognosen müssen die Aufschläge im Verhältnis zwischen Umsatzzahlen und Lager- bzw. Rohstoffpreisen widerspiegeln. Arbeiten Sie zum Beispiel mit einem Aufschlag von 100 Prozent, sollten Ihre Lager- bzw. Rohstoffzahlen etwa die Hälfte der Absatzzahlen betragen; ansonsten wird Ihr Posten für die Lagerhaltung mit der Zeit zu hoch oder zu niedrig.

EINFACHE PREISKALKULATION FÜR HERSTELLER

Eine einfache Methode zur Preiskalkulation für Hersteller ist folgende:

Verkaufspreis pro Stück = (Rohstoffkosten + Fertigungslohnkosten + Gemeinkostenanteil) + Aufschlag + MwSt. (falls mehrwertsteuerpflichtig)

Die einzelnen Variablen dieser Formel berechnen sich wie folgt:

■ **ROHSTOFFKOSTEN** sollten pro Stück berechnet werden. Kalkulieren Sie aber auch einen gewissen Ausschuss ein.

■ **FERTIGUNGSLOHNKOSTEN** sind die Kosten, die Mitarbeiter bei der Fertigung des Produkts verursachen. Bei den Personalkosten müssen sämtliche Lohnnebenkosten berücksichtig werden. Selbstständige dürfen ihre Arbeitszeit nicht zu billig ansetzen. Wer später Mitarbeiter einstellen will, muss sonst die Preise erhöhen oder eine Gewinnschmälerung zur Deckung der gestiegenen Kosten hinnehmen.

Kalkulieren Sie Ihre Preise so, dass Sie den höchstmöglichen Gewinn erzielen.

■ **AUFSCHLAG** Setzen Sie den branchenüblichen Aufschlag in die Formel ein. Den Endpreis können Sie nötigenfalls noch etwas korrigieren. Der Aufschlag muss einen kleinen Überschuss (ungefähr fünf bis zehn Prozent) für Rückstellungen beinhalten, zum Beispiel für zukünftige Geschäftsausweitung, neue Produktentwicklungen oder Reserven für Notfälle.

■ **MEHRWERTSTEUER** Sie muss aufgeschlagen werden, wenn Ihr Unternehmen umsatzsteuerpflichtig ist oder Ihr Produkt der Mehrwertsteuer unterliegt.

■ **GEMEINKOSTENANTEIL** Damit sind die Gemeinkosten (Fixkosten) des Betriebs gemeint, die die Produktion tragen muss. Den Gemeinkostenanteil pro Stück berechnet man mit Hilfe der folgenden Formel:

$$\text{Gemeinkostenanteil} = \frac{\text{Gesamtgemeinkosten}}{\text{Gesamtproduktion}}$$

Achtung: Bei dieser einfachen Berechnungsform wird davon ausgegangen, dass jedes produzierte Stück auch verkauft wird.

FALLSTUDIE: Stückpreisberechnung

EVA B. stellt Kinderbekleidung her. Die Rohstoffkosten betragen 20 Euro pro Stück (inklusive Materialabfall), die Arbeitszeit pro Stück beträgt eine Stunde. In einer 40-Stunden-Woche fertigt sie also etwa 35 Stück (das lässt noch Luft für Ausfallzeit, Buchhaltung usw.). Die Arbeitskosten belaufen sich auf 400 Euro – der Betrag, den ein Angestellter für diese Arbeit kosten würde sowie ein Drittel Zuschlag für bezahlten Urlaub, Krankenstand usw. Die Lohnfertigungskosten liegen damit bei:

$$\frac{€\ 400 + €\ 133{,}67}{35} = €\ 15{,}24 \text{ pro Stück}$$

Wenn man von jährlichen Gesamtfixkosten in Höhe von 16 000 Euro ausgeht und die Jahresproduktion bei 1680 Stück liegt (bei 48 Arbeitswochen), beträgt der Gemeinkostenanteil:

$$\frac{€\ 16\,000}{1680} = €\ 9{,}52 \text{ pro Stück}$$

Nun kommt ein Aufschlag von zehn Prozent dazu. Der Verkaufspreis berechnet sich wie folgt:

$$(€\ 20 + €\ 15{,}24 + €\ 9{,}52) + 10\,\% = €\ 49{,}24$$

Dies ergibt den Nettoverkaufspreis. Je nach Wettbewerbssituation und Marktlage kann Eva B. nun etwas teurer oder billiger verkaufen.

EINFACHE PREISKALKULATION FÜR DIENSTLEISTUNGEN

Preise für Dienstleistungen werden meist auf der Basis von Stundensatz plus Materialkosten kalkuliert. Oft spricht man auch von »Gebühren plus Ausgaben«. Dienstleistungsbetriebe geben meist Angebote oder Kostenvoranschläge ab (siehe S. 34).

BERECHNUNG DES STUNDENSATZES

$$\text{Stundensatz (+ MwSt.)} = \frac{\text{(Gesamtgemeinkosten inkl. Löhne) + Aufschlag}}{\text{geschätzte Gesamtstundenzahl}}$$

Sie müssen die branchenüblichen Stundensätze kennen. Wenn Sie Mitarbeiter beschäftigen, müssen Sie neben den Gemeinkosten nicht nur Löhne und Gehälter ansetzen, sondern auch Ausfallzeit und Gewinn berücksichtigen. Bei der Gesamtstundenzahl geht man davon aus, dass alle Beteiligten 75 Prozent pro Arbeitswoche Ertrag bringend tätig sind. 75 Prozent effektive Tätigkeit bedeutet, dass man von einer 40-Stunden-Woche nur 30 Stunden effektiv berechnen kann, die Mitarbeiter aber für 40 Stunden bezahlen muss. Die restlichen zehn Stunden fallen für Akquisition, Büroarbeit usw. an. Den Stundensatz, den Sie mit dieser Formel berechnen, nehmen Sie in Ihre Cash-Flow-Prognose auf. Sehen diese Zahlen gut aus und kommen Sie dabei auf einen branchenüblichen Stundensatz, haben Sie bereits eine gute Basis. Andernfalls müssen Sie überlegen, welche Korrekturen Sie noch vornehmen können.

MATERIAL Materialaufwand wird oft zum Anschaffungswert berechnet. Damit lässt man jedoch die Zeit, die man benötigt, das Material zu besorgen, außer Acht. Viele Betriebe verrechnen daher das Material zum Einzelhandelspreis – das lässt Spielraum, wenn es ab Fabrik oder im Großhandel bezogen wurde.

FALLSTUDIE: Stundenlohnberechnung

PETER S. UND GEORG F. betreiben gemeinsam eine Kfz-Werkstatt. Ihre Gemeinkosten belaufen sich auf jährlich 50 000 Euro; ihre Arbeitswoche umfasst etwa 50 Stunden. Davon entfallen 40 Stunden auf Ertrag bringende Arbeit, der Rest auf Verwaltung und Organisation. Sie machen vier Wochen Urlaub im Jahr und genehmigen sich pro Person jährlich Privatentnahmen von 30 000 Euro. Bei angenommenen zehn Prozent Aufschlag ergibt sich folgende Rechnung:

$$\frac{(€\ 50\,000 + €\ 30\,000 + €\ 30\,000)}{2 \times (40 \text{ Stunden} \times 48 \text{ Wochen})} + 10\ \% = €\ 31{,}51 + \text{MwSt.}$$

Der Stundenlohn hängt davon ab, ob sie tatsächlich auf 40 Stunden Ertrag bringende Arbeit pro Woche ohne Ausfallzeit kommen. Andererseits verdienen sie auch noch an den Ersatzteilen mit.

FALLSTUDIE: Verschiedene Kalkulationsmöglichkeiten

CAROLINE W. will sich als Grafikerin selbstständig machen. Sie beabsichtigt, von zu Hause aus zu arbeiten und ihre Kunden nur zur Akquisition und zu Projektbesprechungen zu besuchen. Sie rechnet sich daher einen Mindeststundensatz aus, den sie ansetzen muss, um auf ein entsprechendes »Gehalt« zu kommen und ihre Fixkosten zu decken. Dabei muss sie auch ihre Fahrzeiten, die Zeit für Akquisition und Verwaltung berücksichtigen. Material will sie zum Einkaufspreis berechnen. Manche Aufträge wird sie nach Stundensatz abrechnen können, bei anderen muss sie ein Pauschalhonorar nennen. Schwer ist es, im Voraus die Zeit abzuschätzen, die für einen Auftrag benötigt wird. Daher wird sie zunächst eine Stundenübersicht anlegen und nach Fertigstellung jedes Auftrags ausrechnen, auf welchen Stundensatz sie jeweils gekommen ist.

Kostenvoranschlag und Angebot

Dienstleistungsbetriebe, die nach individuell zu definierenden Anforderungen fertigen, schicken ihren Kunden gewöhnlich einen Kostenvoranschlag. Nimmt der Kunde die Konditionen des Kostenvoranschlags an, bildet er die Vertragsgrundlage. Hat der Aussteller die Gewähr für die Verbindlichkeit des Kostenvoranschlags übernommen, wird er Vertragsbestandteil, sodass die Vergütung nur in der vereinbarten Höhe zu entrichten ist. Meist ist ein Kostenvoranschlag jedoch unverbindlich. Der tatsächlich berechnete Preis darf jedoch nicht mehr als zehn Prozent über dem des Kostenvoranschlags liegen.

Manchmal muss für jeden Kunden ein extra Angebot erstellt werden, je nachdem, welche Leistung angeboten wird oder wie zahlungskräftig der Kunde ist. Man sollte jedoch vor jedem Angebot prüfen, ob man einem Kunden schon früher Angebote unterbreitet hat, damit man nicht zu weit vom alten Preis abweicht.

Angebot

Wenn häufig Angebote abgegeben werden, empfiehlt sich eine Standardvorlage, in der nur noch wesentliche Einzelheiten ergänzt werden müssen. Ein Angebot muss das Ausstellungsdatum und eine Gültigkeitsdauer enthalten. Deutlich hervorgehen muss, was das Angebot umfasst sowie die Zahlungsbedingungen.

Präzise Mengenangaben und detaillierte Produktbeschreibung

Die Gültigkeitsdauer des Angebots ist mit aufgeführt.

Die Zahlungsbedingungen werden deutlich genannt.

Secure Grilles

Hochstraße 27
38122 Braunschweig
Tel.: 05 31/76 54 32 01

Frau S. Nienhaus
Lederwaren & Accessoires GmbH
Industrieparkstr. 28
D-30559 Hannover

21. Juni 2001

ANGEBOT ÜBER FENSTERGITTER

Sehr geehrte Frau Nienhaus,

vielen Dank, dass Sie sich gestern Zeit für meinen Besuch in Ihrem Hause genommen haben. Ich freue mich Ihnen nun ein Angebot für die Lieferung und Installation von Sicherheitsgittern für Ihre Fenster zu unterbreiten.

Menge	Vier Fenster, alle auf der Rückseite der Firmengebäude
Beschreibung	Stahlgitternetz entsprechend dem Ihnen überlassenen Muster. Die Gitter werden mit Einweg-Sicherheitsschrauben an den Fenstereinfassungen angebracht.
Preis	€ 1246,00 zzgl. MwSt.; Angebot gilt 30 Tage
Zahlung	Zahlbar innerhalb 30 Tagen nach Rechnungsdatum
Garantie	Wir übernehmen eine zwölfmonatige Garantie für die Arbeitsleistung und das Material.

Für Rückfragen stehe ich Ihnen gerne zur Verfügung und freue mich in dieser Angelegenheit bald von Ihnen zu hören.

Mit freundlichen Grüßen
Paul Wilhelmsen
Sales Manager

Gesellschafter: P. Wilhelmsen, J. Schmidt

Varianten der Preiskalkulation

Die vorgestellten Formeln zur Preiskalkulation entsprechen der Addition von Istkosten und Zuschlag, da sie auf Ihren Kosten zuzüglich der Gewinnspanne basieren. Diese Berechnungsmethoden sind einfach in der Anwendung und können die Grundlage für Ihre gesamte Preiskalkulation bilden. Wenn Ihre Preise unter diesen Grundpreisen liegen, wissen Sie damit, dass Sie vermutlich mit Verlust arbeiten, und wenn Ihre Preise darüber liegen, machen Sie voraussichtlich gute Gewinne.

Die meisten Betriebe können ihre Preise auf diese Weise kalkulieren. Bei anderen kommen jedoch kompliziertere Faktoren ins Spiel, etwa Wettbewerbseffekte oder die Marktnachfrage, die sich auf ihre Preise auswirken.

Rückwärtskalkulation

Diese Umkehrung der Addition von Istkosten und Zuschlag findet Anwendung, wenn man ein Produkt oder eine Dienstleistung an einen Großkunden liefert, der einem die Preise diktiert. Als Hersteller muss man dann den Weg zurückverfolgen und sehen, ob man den vorgegebenen Preis einhalten kann. Dazu beginnt man mit der einfachen Istkosten-plus-Zuschlag-Kalkulation und variiert die einzelnen Faktoren, um festzustellen, ob man den vom Kunden gesetzten Preis einhalten kann und selbst noch einen Gewinn erwirtschaftet. Ist das Preislimit niedriger als der günstigste Preis, den Sie anbieten können, sind entweder Ihre Kosten zu hoch (siehe S. 37) oder der niedrige Preis des Kunden ist eine Finte (siehe S. 157–159) oder man kommt einfach nicht ins Geschäft, weil die Preisvorstellungen des Kunden unrealistisch sind.

Marktpreiskalkulation

Bei dieser Berechnungsmethode sollen die Preise die Marktbedingungen widerspiegeln. Man setzt sie auf einem Niveau an, das der Markt hergibt. Diese Methode ist in vielen Branchen verbreitet. Werden die Preise im Vergleich zu den Marktpreisen niedrig angesetzt, hofft man über steigende Umsätze einen jährlichen Gewinn zu erzielen. Setzt man die Preise dagegen hoch an, kann es sein, dass man weniger verkauft, aber dennoch den gleichen Gewinn erzielt.

Es ist nicht immer einfach, den goldenen Mittelweg zu finden, da das Interesse der Käufer nachlässt, je höher der Preis liegt. Der Marktpreis lässt sich ermitteln, indem man die Preise der Konkurrenz unter die Lupe nimmt (sie bilden ja den Marktpreis) und genau analysiert, warum der Kunde bereit ist einen bestimmten Betrag für ein bestimmtes Produkt oder eine bestimmte Dienstleistung auszugeben. Trotzdem müssen Sie in jedem Fall noch eine Selbstkosten-plus-Zuschlag-Kalkulation durchführen, um sicherzustellen, dass Sie auch einen vernünftigen Gewinn erzielen.

Wenn es keinen Konkurrenten gibt, der mit ähnlichen Produkten oder Dienstleistungen einen Marktpreis bestimmt, ist es schwieriger,

Das A und O der Preisgestaltung

- ✓ Machen Sie realistische Preise.
- ✓ Berücksichtigen Sie unbedingt all Ihre Kosten in der Preiskalkulation.
- ✓ Berechnen Sie unbedingt den tatsächlichen Wert Ihrer Arbeitszeit.
- ✓ Vergleichen Sie die tatsächlichen Kosten, die für die Arbeit anfallen, mit Ihrem Preis.
- ✓ Reagieren Sie schnell und umsichtig auf eine Preisänderung der Konkurrenz.

- ✗ Passen Sie Ihre Preise der Inflation an.
- ✗ Die Preise müssen in Ihren Verkaufsunterlagen deutlich erkennbar sein.
- ✗ Setzen Sie Ihre Preise nicht zu niedrig an, nur um einen Auftrag zu bekommen.
- ✗ Gewähren Sie nicht zu großzügig Nachlässe.
- ✗ Es ist ein Irrtum, zu glauben, dass der Kunde nur am Preis interessiert ist.

abzuschätzen, was der Kunde zu zahlen bereit ist. Da Wettbewerb die Preise generell drückt, kann man, wenn man keine direkte Konkurrenz, dafür aber ein hochwertiges Produkt hat, die Preise anfangs hoch ansetzen und später bei Bedarf reduzieren. Vergleichen Sie für Ihre Preisgestaltung dazu die unten stehende Tabelle. Manchmal ist auch ein Test-Marketing nötig (siehe S. 27–29).

HÖCHSTPREISE

Eine Ware zu Höchstpreisen anzubieten ist nur dann möglich, wenn die Nachfrage weit über das Angebot hinausgeht und das Produkt so exklusiv ist, dass es nicht leicht kopiert werden kann. Wenn man allerdings als einziger Anbieter mit einem derart hochpreisigen Produkt auf dem Markt ist, dauert es meist nicht lange, bis ein Konkurrent auftaucht, der versucht mit einem ähnlichen Produkt oder einer vergleichbaren Dienstleistung, die vielleicht sogar besser ist oder einfach nur mit höherem Werbeaufwand vermarktet wird, die Preise zu unterbieten.

Erkundigen Sie sich bei privaten Stellenvermittlungen über die Sätze für Dienstleistungen.

DIE RICHTIGEN SIGNALE SENDEN

Die Deckung der eigenen Kosten spielt zwar bei der Preisgestaltung eine wichtige Rolle (die man auch nie außer Acht lassen sollte), aber es gibt noch eine Reihe anderer Faktoren, die man berücksichtigen muss. So kann zum Beispiel der Verkaufspreis ein bedeutendes Image-Signal an die Kunden aussenden. Wenn es keine anderen Indikatoren gibt, wird der Kunde die Qualität eines Produkts oder einer Dienstleistung nach ihrem Preis beurteilen. Hat er dann die Wahl, denkt er nicht selten, dass das teurere Produkt oder die teurere Dienstleistung die bessere sein muss. Ebenso kauft der Kunde eventuell auch kein Produkt, das ihm zu billig erscheint, weil er denkt, dass hier irgendwo ein Haken versteckt sein muss.

Auch sollte man bedenken, dass es psychologische Preisschranken gibt wie etwa 5 Euro, 10 Euro, 100 Euro, 500 Euro oder 1000 Euro. Es empfiehlt sich daher, seine Preise knapp unter diesen Obergrenzen anzusiedeln.

DIE RICHTIGE STRATEGIE FÜR EINE MARKTGERECHTE PREISGESTALTUNG

EIGENSCHAFTEN EINES PRODUKTS ODER EINER DIENSTLEISTUNG	MÖGLICHE STRATEGIE
NICHT INNOVATIV, LEICHT NACHZUMACHEN, MIT WENIGEN WETTBEWERBSVORTEILEN	■ Langsam mit wenig Werbung auf den Markt vordringen, um mögliche Konkurrenten nicht aufzuschrecken. ■ Niedrige Preise ansetzen, die nicht zu unterbieten sind.
INNOVATIV, ABER LEICHT NACHZUMACHEN	■ Mit Billigpreisen und viel Werbung möglichst schnell auf den Markt vordringen und versuchen ihn zu beherrschen. ■ Mit hohen Preisen in den Markt vordringen und versuchen mit viel Werbung schnelle Umsätze zu machen. Eventuell muss man später die Preise senken, wenn Mitbewerber versuchen ebenfalls auf dem Markt Fuß zu fassen.
INNOVATIV UND NICHT LEICHT NACHZUMACHEN	■ In dieser Idealsituation kann man hohe Preise ansetzen und entweder den Markt mit geringem Werbeaufwand nur oberflächlich abschöpfen oder mit einem größeren Werbebudget tiefer einsteigen.

Preisbindungen sind allgemein verboten. Eine Ausnahme gilt nur für Verlagserzeugnisse wie Bücher, Zeitungen und Zeitschriften.

Peisgestaltung und Lebenszyklus

In welchem Stadium seines Lebenszyklus sich ein Produkt befindet (siehe S. 12–13) kann sich auf seinen Preis auswirken. In der Wachstumsphase ist der Preis meist eine strategische Frage, wobei man zur Lancierung eines Produkts günstige Einführungspreise gewähren kann. Während der Reifephase bleibt der Preis relativ konstant und steigt nur proportional zur Inflationsrate. In der rückläufigen Phase, die sich über Jahre hinziehen kann, reduziert man den Preis allmählich, um die Lager zu leeren.

Differenzierte Preisgestaltung

Hierbei setzt man je nach Zielgruppe verschiedene Preise an z. B. Studenten- und Seniorentarife. Manchmal sind Sonderpreise dauerhaft gültig oder es gibt nur an bestimmten Tagen oder Wochen Sonderkonditionen. Die Nachlässe können auch nur kurzfristig gewährt werden, etwa um ein Produkt zu lancieren, einen Auftrag einzuholen oder sich gegen Konkurrenz zu wehren. Die differenzierte Preisgestaltung ist in Branchen, die schnell Waren umsetzen wie etwa im Einzelhandel, sehr wirkungsvoll. Man muss dabei allerdings darauf achten, dass man seine Kunden mit dieser Preispolitik nicht vor den Kopf stößt. Es sollte also immer einen guten Grund geben, weswegen man die Preise ändert oder einer bestimmten Kundengruppe günstigere Preise gewährt als anderen.

Kalkulation einer Produktreihe

Wenn man eine Produkt- oder Dienstleistungspalette anbietet, ist man oft versucht für jedes Produkt oder jede Dienstleistung den gleichen Aufschlag zu berechnen. Das macht zwar die Rechnung einfacher, ist aber nicht empfehlenswert, denn jedes Produkt und jede Dienstleistung benötigt einen individuell kalkulierten Preis, damit es richtig auf dem Markt platziert werden kann und maximale Rentabilität erzielt.

Das spart Geld

Sie sparen Bankgebühren für Firmenschecks (und damit Fixkosten), wenn Sie nach Möglichkeit mit Ihrer eigenen Kreditkarte bezahlen. Die Firmenausgaben, die dann auf Ihrer monatlichen Kreditkartenabrechnung erscheinen, begleichen Sie mit einem einzigen Firmenscheck.

Die Kosten niedrig halten

Man sollte stets darauf bedacht sein, seine Kosten (variable Kosten und Fixkosten) so niedrig wie möglich zu halten – nicht nur um ein Höchstmaß an Gewinn zu erzielen und im Notfall die Preise senken zu können, sondern auch aus gutem Geschäftssinn heraus.

Was kosten grössere Investitionen tatsächlich?

Man muss nicht nur seine Fixkosten im Auge behalten, sondern sich auch alle größeren Investitionen genau überlegen. Manchmal sind Investitionen ins Unternehmen einfach nötig, aber man kann die jeweiligen Kosten dabei auf ein Minimum begrenzen.

Eine Investition, die teuer, aber auch günstig kommen kann, ist ein Auto. Wenn Sie einmal die Listenpreise für Neuwagen studieren, werden Sie feststellen, dass diese Zahlen mit den tatsächlichen Kosten, die das Auto verursacht, nichts zu tun haben. Die tatsächlichen Kosten sind aufwändig zu berechnen. Wenn Sie das Auto bar bezahlen, müssen Sie bei den Kosten den Zinsverlust berücksichtigen (denn Sie hätten diese Summe ja Gewinn bringend anlegen können) sowie den Wertverlust und die laufenden Betriebskosten abzüglich steuerlicher Abschreibungen. Optieren Sie hingegen für eine Finanzierung, müssen Sie Ihre Kalkulation entsprechend anpassen – neben der Kapitalsumme sind jetzt auch Zinsen fällig. Je nachdem, welche Art von Unternehmen Sie besitzen und zu welchem Anteil der Wagen privat und geschäftlich genutzt werden soll, wird die Sache etwas komplizierter. Bei einer Kapitalgesellschaft gilt das zur Verfügung stellen eines Firmenwagens als geldwerter Vorteil und wird entsprechend besteuert. Sind Sie hingegen als Personengesellschaft oder als Einzelkaufmann tätig, wird der Anteil der privaten Nutzung auf unterschiedliche Art ermittelt und kontiert.

Autos haben eine vergleichbare Lebensdauer, so wird ein Wagen für 40 000 Euro nach zehn Jahren kaum mehr wert sein als einer, der die Hälfte gekostet hat. Das bedeutet, dass das teurere Auto in dieser Zeit fast doppelt so viel an Wert verliert. Selbst über einen kürzeren Zeitraum ist der Wertverlust eines teureren Autos höher, wobei er vor allem in den ersten Jahren am größten ist. Wertverlust stellt hier, in Form von Abschreibung, einen effektiven Kostenfaktor für Sie dar. Leasing ist eine Finanzierungsalternative. Bei der Versteuerung des geldwerten Vorteils oder Privatnutzung wird auch hier der Bruttolistenpreis herangezogen. LKWs können, da keine private Nutzung unterstellt wird, voll als Firmenfahrzeuge geltend gemacht und daher ganz in den Aufwand genommen werden. Bei größeren Investitionen sollten Sie die steuerlichen Abschreibungsmöglichkeiten und den Wertverlust bedenken – wird die teure Neuinvestition eventuell bald durch neue Technologien abgelöst?

Optimieren Sie Ihren Gewinn

Das Ziel jeder Preisgestaltung besteht in der Gewinnmaximierung. Es gibt drei Möglichkeiten zur Steigerung der Betriebsgewinne:

- Kostensenkung
- Preiserhöhung
- Umsatzsteigerung

Eine Steigerung von nur einem Prozent in allen drei Bereichen (also die Kosten um ein Prozent senken sowie Preise und Umsatz jeweils um ein Prozent erhöhen) kann sich sehr stark auf den Gesamtgewinn auswirken. Rechnen Sie das nur einmal mit Ihren eigenen Zahlen durch – Sie werden feststellen, dass Ihr Gewinn weit über drei Prozent wächst, falls Ihre Rentabilität zur Zeit niedrig sein sollte.

EIN NEUER FIRMENWAGEN
Ein Mercedes stellt eine größere Betriebsausgabe dar – vergleichen Sie alle Finanzierungsmöglichkeiten und ziehen Sie auch Leasing in Betracht, bevor sie sich festlegen.

Checkliste zur Senkung von Fixkosten und anderen Ausgaben

Diese Checkliste ist eine praktische Hilfe. Gehen Sie sie in aller Ruhe Punkt für Punkt durch und überlegen Sie, an welcher Stelle Sie Ihre Fixkosten kürzen können. Zu Ihrer Motivation sei erwähnt, dass 100 eingesparte Euro praktisch 100 Euro Gewinn ohne großen Mehraufwand bedeuten.

Werbung und Promotion ☐

Überprüfen Sie, ob der durch Ihre Werbung erzielte Mehrumsatz Ihre Werbekosten deckt. Vielleicht können Sie sich stattdessen mehr auf Promotion und PR-Arbeit konzentrieren – damit erzielen Sie wahrscheinlich bessere Resultate und das zu einem günstigeren Preis.

Geschäftsräume ☐

Miete oder Pacht können den größten Anteil Ihrer Fixkosten ausmachen. Nutzen Sie Ihre Räumlichkeiten überhaupt aus? Könnten Sie auch in kleineren Räumlichkeiten arbeiten? Wenn Sie mit Ihrem Unternehmen gut etabliert sind, könnte sich Kauf statt Miete lohnen. Kauf ist eine Investition (wenn der Preis stimmt), Miete nur eine ständige Ausgabe. Rechnen Sie sich einmal durch, was Sie mit Ihren Mietzahlungen an Hypotheken abzahlen könnten.

Finanzen ☐

Überprüfen Sie Ihre Kredite. Großer Lagerbestand ist meist ein Grund für Verschuldung. In Deutschland gibt es staatliche Wirtschaftsförderungsprogramme durch ERP-Darlehen (European Recovery Program), nicht nur für Existenzgründer. Günstiger kann man Geld nicht leihen.

Heizung und Strom ☐

Betrachten Sie die Heizungs- und Stromrechnungen vom letzten Jahr. Achten Sie auch in Ihren Betriebsräumen auf Energie sparende Isolierung. Ziehen Sie den Einsatz von Energiesparmaßnahmen wie etwa Wärmedämmung, Zeitschaltuhren und Thermostaten zur Kostenreduzierung in Betracht.

Versicherungen ☐

Überprüfen Sie, ob Sie über- oder unterversichert sind, und erkundigen Sie sich nach den Beitragssätzen anderer Versicherer. Wenden Sie sich dabei an Versicherungsgesellschaften, die auf Ihre Branche spezialisiert sind, da diese das Risiko besser einschätzen und damit meist günstigere Prämien anbieten können.

Telefon ☐

Kontrollieren Sie Ihre Telefonrechnungen – sie sind meist höher als nötig. Vielleicht lassen sich manche Telefonate per E-Mail oder Fax kostengünstiger erledigen. Vielleicht wäre der Wechsel zu einer privaten Telefongesellschaft günstiger. Reduzieren Sie Mobilfunkgespräche.

Einkauf ☐

Prüfen Sie Ihre Einkaufspolitik. Vielleicht sollten Sie größere Erwerbe besser persönlich absegnen. Wenn Sie diese Aufgabe delegieren, setzen Sie Richtlinien und preisliche Obergrenzen. Mitarbeiter denken nicht immer unternehmerisch und kostenbewusst.

Personal ☐

Überprüfen Sie Ihren Personalbedarf. Löhne und Gehälter machen den Löwenanteil der Fixkosten aus. Stellen Sie Mitarbeiter nur ein, wenn es unbedingt nötig ist, und investieren Sie lieber in Automatisierung. Eliminieren Sie unnötige Arbeiten und vereinfachen Sie Arbeitsabläufe. Manchmal ist es besser, man hat nur einen hochkarätigen Mitarbeiter, der weniger Anleitung benötigt, als mehrere schlecht qualifizierte. Versuchen Sie die Produktivität durch Kontrollen, präzise Arbeitsablaufbeschreibungen, Schulung und Anreize zu steigern.

Geschäftsreisen ☐

Überprüfen Sie Ihre Reisekosten, wenn Sie oder Ihre Mitarbeiter Flugzeug, Zug oder Hotel benutzen. Vergleichen Sie Reise- oder Hotelpreise – meist sind Einsparungen drin.

Fuhrpark ☐

Überlegen Sie ganz genau, wenn Sie Ihre Fahrzeuge erneuern oder zusätzliche anschaffen wollen. Wie sollen sie finanziert werden – die Kosten können hier sehr unterschiedlich sein, vor allem, wenn die Wartung mit einbezogen wird. Holen Sie sich fachlichen Rat, etwa von Ihrem Steuerberater.

VERTRIEBSWEGE AUFBAUEN

Vertrieb – der Weg des Produkts zum Verbraucher – ist ein wichtiges Glied in der Kette des Marketing-Prozesses. Ist das Vertriebssystem fehlerhaft oder unzureichend, setzt man unter Umständen nicht die nötigen Mengen um. Die besten Vertriebswege ausfindig zu machen ist eine Herausforderung, der sich jeder Hersteller, Importeur oder Großhändler kontinuierlich stellen muss. Vertrieb ist auch für Unternehmen im Dienstleistungssektor wichtig, die ein greifbares Produkt wie etwa Software verkaufen. Auch das System des Franchising wird in diesem Kapitel behandelt.

Den perfekten Vertriebsweg gibt es nicht. Hersteller schrecken oft vor dem Aufschlag der Groß- und Einzelhändler zurück und Großhändler beschweren sich über fehlerhafte oder verspätete Lieferungen der Hersteller und die langen Zahlungsziele, die sich Einzelhändler herausnehmen. Einige kleine Hersteller und Importeure fühlen sich daher versucht ihre Produkte direkt zu vertreiben, doch das kann sehr teuer werden. Man kann parallel mit verschiedenen Vertriebstechniken arbeiten oder je nach Land und Absatzmarkt unterschiedliche Methoden anwenden. Auf Seite 41 finden Sie eine Übersicht über die verschiedenen Vertriebsmöglichkeiten.

> *Testen Sie verschiedene Vertriebswege, bis Sie den geeigneten finden.*

GEWINNSPANNEN

Je nach Vertriebsart können die Gewinnspannen deutlich schwanken, angefangen bei den einfachen fünf bis 15 Prozent eines Vermittlers (Importeur oder Großhändler), bis hin zu weit höheren Margen, wenn direkt verkauft wird. Die Vertriebsarten mit den höheren Spannen beinhal-

FALLSTUDIE: Verschiedene Vertriebsmöglichkeiten testen

P. MAIER hat eine innovative Alarmanlage für PKWs erfunden und eine Musterserie entwickelt. Die Frage war nun, wie die Erfindung zu vermarkten ist. Zuerst bot Herr Maier die Warnanlage einer großen KFZ-Zubehörkette an, die jedoch ablehnte. Daraufhin wollte er sie mithilfe von Werbeanzeigen in Autozeitschriften über Postversand vertreiben. Er buchte kleine Farbanzeigen in zwei Publikationen. Die Anzeigen waren professionell aufgemacht. Außerdem erschien ein redaktioneller Beitrag über Autoalarmanlagen, in dem das System von Herrn Maier vorgestellt und positiv bewertet wurde. Die Resonanz war jedoch enttäuschend und Herr Maier musste einsehen, dass sich eine innovative Diebstahlwarnanlage trotz vernünftiger Preise so nicht verkaufen ließ. Wahrscheinlich gehören Alarmsysteme und Wegfahrsperren schon zur Grundausstattung vieler PKWs. Zehn Monate später erhielt Herr Maier über seine Homepage die Anfrage eines Autoherstellers aus Fernost. Der war schließlich bereit seine Erfindung in einige Modellreihen einzubauen.

Die wichtigsten Vertriebsarten im Überblick

Vertriebsart	Anlaufkosten	Potenzielle Marktabdeckung	Aufwand für die Verwaltung	Mögliche Gewinnspannen	Dabei zu berücksichtigen
Vertrieb an den Einzelhandel	Niedrig	Hoch	Niedrig	Niedrig	Ein passender Weg für die meisten Hersteller
Business-to-Business-Vertrieb (nicht an Einzelhändler)	Niedrig bis mittel	Hoch	Niedrig	Variabel	Direktvertrieb eignet sich für Teilehersteller oder Lieferanten von Ausrüstungsgütern oder Systemen für andere Unternehmen.
Vertrieb über das Internet	Niedrig bis mittel	Möglichst weltweit	Mittel	Hoch	Vertriebsmethode des E-Business. Als Ergänzung zu anderen Vertriebsarten geeignet.
Export	Mittel	International	Mittel	Niedrig	Eignet sich nur für Unternehmen mit international interessanten Produkten, die die hohen Exportkosten tragen können.
Direktvertrieb	Mittel bis hoch	Möglichst hoch	Mittel bis hoch	Hoch	Ein Sonderweg; nur für Produkte geeignet, die die breite Masse ansprechen.
Vertrieb über Versandhandel oder Direktversand	Mittel bis hoch	Möglichst hoch	Mittel bis hoch	Hoch	Der Zwischenhändler wird ausgeschaltet, doch der Weg zum Erfolg ist nicht leicht und kostspielig.
Franchising	Hoch	Mittel bis hoch	Hoch	Mittel	Sehr beliebte Methode, erfordert aber viel Kapital und ein erfahrenes Management-Team.

ten unweigerlich auch höhere Fixkosten, sodass die tatsächliche Rentabilität der verschiedenen Methoden oftmals gleich hoch liegt. Man sollte daher bei der Wahl des Vertriebswegs weit mehr in Betracht ziehen als lediglich die Gewinnspanne. Der optimale Vertriebsweg ist gewöhnlich der, der Ihnen eine vernünftige Gütermenge zu einer vernünftigen Marge abnehmen kann und zudem verlässlich ist.

Nach Alternativen suchen

Wenn man sich keinen eigenen Vertriebsweg aufbauen möchte, kann man eine Kooperation mit einem anderen Unternehmen eingehen. Vielleicht wenden Sie sich an eine Firma mit einem großen Vertriebsbereich, die an einen ähnlichen Kundenkreis wie Sie verkauft, deren Produkte aber nicht in Konkurrenz zu den Ihren stehen. Oder man klinkt sich etwa am Versandkatalog eines anderen Herstellers ein oder beteiligt sich mit einem Flugblatt an seinen Mailings. Diese Methoden sind natürlich nicht immer anwendbar, aber durchaus eine Überlegung wert. Erscheint kein Vertriebsweg auf Anhieb optimal, sollte man ihn einfach nach dem Motto »Top oder Flop« testen. Auch wenn man mit einer Vertriebsart beginnt, kann man dennoch andere testen oder mehrere Arten miteinander kombinieren.

Interessenkonflikte vermeiden

Wenn Sie mit mehreren Vertriebswegen arbeiten, müssen Sie sicherstellen, dass Sie durch eine neue Vertriebsart nicht Ihre alten Kunden verlieren. Wenn Sie etwa an den Einzelhandel verkaufen und plötzlich auch mit Katalogver-

Handelsvertreter

Firmen, die sich kein eigenes Vertriebspersonal leisten können, greifen auf Vertreter zurück, die die Ware gegen Provision verkaufen. Als selbstständige Kaufleute vertreten sie meist mehrere, nicht miteinander konkurrierende Produkte. Sie akquirieren Aufträge; für Lieferung, Rechnungslegung und Inkasso ist der Hersteller zuständig.
Einen guten Vertreter zu finden ist nicht immer leicht. Die Arbeit kann aufreibend sein, lange Autofahrten und Papierkrieg inbegriffen. Gemessen am Aufwand scheinen die zehn bis 15 Prozent Provision, die ein Vertreter an den Produkten einer kleinen Firma verdient, oft sehr wenig. Manchmal liefern die von ihnen vertretenen Unternehmen die bestellte Ware nicht oder bleiben die Provision schuldig.

Vertreter müssen über gute Kontakte und Erfahrung verfügen und sollten nicht zu viele Produkte führen, sodass sie sich um Ihres nicht mehr ausreichend kümmern können. Gewähren Sie Vertretern Ihre volle Unterstützung (so als ob sie Mitinhaber Ihres Unternehmens wären) und überwachen Sie ihre Arbeit sorgfältig. Die Provision wird gewöhnlich auf den Nettoumsatz (abzüglich Rabatte und Skonti) gezahlt und ist bei Rechnungsstellung fällig (und nicht erst, wenn der Kunde zahlt). All diese Einzelheiten müssen in einem schriftlichen Vertrag festgehalten werden, der auch die folgenden Punkte enthalten sollte:

- **Provision** Wie hoch soll die Provision sein, wie setzt sie sich im Einzelnen zusammen und wann ist sie fällig?
- **Vertriebsraum** Hier wird festgelegt, in welchem geografischen Gebiet der Vertreter tätig wird. Außerdem ist zu klären, ob er nur für die von ihm eingeholten Aufträge Provision erhält oder ob er für jeden Auftrag aus diesem Gebiet Provisionsansprüche hat.
- **Befugnisse** Die Befugnisse müssen klar festgelegt werden. Darf der Vertreter selbstständig Preise oder Lieferfristen aushandeln? (Abschluss- oder Vermittlungsvertreter)
- **Kündigungsfristen** Die Kündigungsfristen für eine Vertragsauflösung müssen für beide Seiten festgelegt werden. Jeder Arbeitsvertrag kann im Prinzip gekündigt werden, allerdings unter Einhaltung bestimmter Regeln (siehe dazu § 626 BGB).

sand arbeiten, könnten die Einzelhändler Kunden verlieren und als Folge ihre Aufträge kürzen oder streichen. Eine Lösung dafür wäre etwa, im Katalog etwas andere Produkte anzubieten, oder wenn die Produkte im Katalog mit denen im Einzelhandel identisch sein müssen, dafür zu sorgen, dass die Produkte im Katalog zu einem ähnlichen Preis wie im Einzelhandel verkauft werden, zuzüglich Verpackungs- und Portokosten.

Je schneller sich ein Produkt verkauft, desto besser.

Ein weiterer Interessenkonflikt kann auftreten, wenn man an eine Firma verkauft und plötzlich ein Konkurrenzunternehmen auch beliefert werden möchte. In manchen Branchen ist es üblich, dass ein Lieferant an jeden Abnehmer verkauft, unabhängig davon, ob die Kunden untereinander im Wettbewerb stehen oder nicht. In anderen Branchen muss die Klientel exklusiver behandelt werden.

Wann immer Sie eine Aktion planen, die Ihre derzeitigen Kunden verunsichern oder sogar abschrecken könnte, sollten Sie auf alle Fälle die möglichen Konsequenzen in Betracht ziehen.

Verkauf an den Einzelhandel

Wenn Sie ein Produkt haben, das sich für den Verkauf über den Einzelhandel eignet, können Sie sich direkt an den Einzelhandel oder an einen Großhändler wenden. Letzteres ist inzwischen weniger verbreitet, da es immer weniger Großhändler gibt, weil sich die meisten Einzelhändler der günstigeren Konditionen wegen direkt beim Hersteller eindecken.

Worauf achtet ein guter Einzelhandelseinkäufer? Er will vor allem einen Artikel, der sich über einen längeren Zeitraum gut und möglichst schnell verkauft. Das bedeutet, das Produkt muss attraktiv sein, einen großen potenziellen Markt und einen angemessenen Preis haben und vor allem etwas bieten, das es von den Konkurrenzprodukten unterscheidet. Das Produkt muss außerdem den gesetzlichen Vorschriften entsprechen, sollte ansprechend verpackt und leicht in der Handhabung sein sowie von guter Qualität. Aus der Sicht eines Einkäufers muss ein Lieferant verlässlich und in der Lage sein, die Aufträge richtig auszuführen und in der Gesamtmenge pünktlich zu liefern. Teillieferungen oder Lieferverzögerungen sind ausgesprochen unbeliebt.

PROBLEME LÖSEN

Für einen Einkäufer kann der Wareneinkauf von einem noch jungen, kleinen Unternehmen folgende Risiken bergen:

- Kleine Firmen sind unbekannte Größen – ein Einkäufer hat gerne mit bekannten und bewährten Lieferanten zu tun.
- Kleine Lieferanten können meist nur eine begrenzte Produktpalette anbieten.
- Es gibt kein Auslieferungslager in der Nähe der zu beliefernden Geschäfte.

Wie lassen sich diese vielen Hindernisse beseitigen? Nachdem Sie als Newcomer eine unbekannte Größe sind, müssen Sie den Einkäufer von der Qualität Ihrer Produkte und der Professionalität Ihrer Organisation überzeugen. Das kann über Informationsmaterial und Qualifikation erfolgen, drückt sich jedoch vorwiegend über Ihre Produkte aus. Wenn Sie etwa ein bekanntes Unternehmen beliefern, könnten Sie darauf verweisen.

INSIDER-TIPP

Auch Einzelhändler haben mehrere Vertriebsmöglichkeiten, selbst wenn sie sich fast am Ende der Vertriebskette befinden. Sie können unter ihrem Firmennamen oder unter einem anderen weitere Geschäfte eröffnen, eine Ladenkette im Franchising-System betreiben, in ihrem Geschäft ein zweites Geschäft einrichten oder über Vertreter Handel treiben.

Ein Einkäufer wird sich meist nur zusätzliche Mühe mit Ihnen machen, statt mit bewährten Lieferanten, wenn Sie ihm ein außergewöhnliches und für ihn wertvolles Produkt anbieten können. Betonen Sie also die Einzigartigkeit und die herausragenden Eigenschaften Ihres Produkts oder Ihrer Dienstleistung.

Liegt Ihr Firmensitz etwas ungünstig, etwa in einer ländlichen Region ohne ausreichende Infrastruktur, ist das ein weiterer Minuspunkt. Unter Umständen kann man sich über einen ortsansässigen Kontakt oder eine vorübergehende Büroadresse an Einkäufer wenden.

Vertrieb über große Einzelhandelsketten

Einige große Einzelhändler kümmern sich intensiv um ihre kleinen Zulieferer, weil sie wissen, dass dies in ihrem eigenen Interesse liegt, andere wiederum sind nicht so besorgt. Wägen Sie Vor- und Nachteile daher sorgfältig ab, bevor Sie sich auf Geschäfte mit Einzelhandelsketten einlassen. Es mag nicht immer die beste Lösung für Ihre Firma sein, aber manchmal ist es zumindest ein Anfang.

Haben Sie beim ersten Mal keinen Erfolg, versuchen Sie es wieder – Einkäufer wechseln häufig.

Die Geschäftsanbahnung mit einem großen Einzelhändler gestalten Sie am besten so: Machen Sie den Namen des zuständigen Einkäufers ausfindig und schicken Sie ihm ein Warenmuster mit Begleitschreiben. Die Verpackung muss professionell aussehen; das Anschreiben sollte kurz und prägnant sein und wichtige Angaben wie Größen, Farben, Preise (Großhandelspreise, nicht Einzelhandelspreise) und Lieferzeiten enthalten. Erwarten Sie jedoch nicht ohne weiteres eine Antwort.

Melden Sich sich nach einiger Zeit telefonisch beim Einkäufer mit dem Ziel, ein Treffen zu vereinbaren, bei dem Sie Ihre Produkte vorstellen und vielleicht einen ersten Auftrag einholen können. Ein professioneller, seriöser Einkäufer ruft in der Regel zurück – daran lässt sich bereits die Unternehmenskulur erkennen.

Mit etwas Glück empfängt er Sie 15 Minuten, in denen Sie ihn dann überzeugen sollten. Sie müssen pünktlich und perfekt vorbereitet sein. Der Einkäufer verlangt unter Umständen Änderungen am Design oder stellt extrem hohe Ansprüche. Wenn Interesse besteht, wird man eventuell enttäuscht sein, wenn man erfährt, wie wenig der Einkäufer zu zahlen bereit ist. Oft wird die Ware auch nur gegen volles Rückgaberecht bei Nichtverkauf geordert – wird sie nicht verkauft, geht sie gegen Erstattung des vollen Kaufpreises an den Hersteller zurück. Die Frachtkosten trägt natürlich der Lieferant. Beachten Sie dies auch bei Ihrer Kalkulation. Die Großkunden verlangen meist, dass die Ware an einem bestimmten Tag oder in einer bestimmten Woche geliefert wird. Dieser Termin ist unbedingt einzuhalten, da der Einkäufer sonst womöglich den Auftrag annulliert und eine Vertragsstrafe fordert.

Wenn man als Kleinunternehmen mit einem Großkunden arbeitet, stellt dieser einen Großteil des Umsatzes. Das kann einerseits ein gutes, wertvolles Geschäft sein, stellt andererseits aber auch eine Gefahr dar. Zieht nämlich der Großkunde plötzlich seine Aufträge zurück oder zahlt nicht mehr (beides kommt vor), kann ein kleines Unternehmen in Konkurs gehen.

Vertrieb an kleinere Einzelhändler

Kleine Einzelhandelsbetriebe persönlich aufzusuchen ist meist zu aufwändig. Viel nützlicher ist es daher, auf einer Fachmesse einen Stand zu mieten, wo die Einzelhändler vorbeikommen und ihre Order platzieren können. Viele erteilen nur kleine Aufträge, aber dafür erzielt man auch wesentlich bessere Preise als bei Großaufträgen einer Kaufhauskette. Die höheren Preise sind berechtigt, da durch den Versand vieler Kleinaufträge höhere Frachtkosten pro Stück anfallen. Kleinere Einzelhändler sind meist auch bei den Geschäftsbedingungen nicht

INSIDER-TIPP

Um zu vermeiden, dass ein skrupelloser Käufer Ihre Idee klaut und von einem anderen Hersteller billiger nachmachen lässt, erkundigen Sie sich am besten bei Ihrem Handelsverband oder in der Fachpresse, bevor Sie Kontakt zu Einkäufern aufnehmen. In der Branche sind Plagiatoren gewöhnlich bekannt und man warnt Sie rechtzeitig.

so pingelig, haben dafür aber oft eine schlechte Zahlungsmoral, weil ihre Kapitaldecke zu dünn ist. Sollte man Bedenken bezüglich der Kreditwürdigkeit haben, kann man Zahlung über Kreditkarte oder eine Vorauszahlung mittels Pro-forma-Rechnung verlangen.

Ein anderer Punkt sind die Nachbestellungen. Häufig versäumen es kleine Einzelhändler, Sie rechtzeitig anzurufen, wenn die Ware zur Neige geht. Sie sollten daher einen Überblick über die Umsätze haben und sich telefonisch oder persönlich um Folgeaufträge kümmern. Ein Besuch ist oft effektiver, kostet aber Zeit und Geld. Oft bietet es sich an, schon Ware mitzuführen, um den Einzelhändler sofort mit Nachschub versorgen zu können.

Ein Vorteil der Belieferung mehrheitlich kleiner Kunden ist die Risikoverteilung. In Krisenzeiten sind es allerdings gerade die kleinen Einzelhändler, die besonders gefährdet sind.

Business-to-Business-Handel

Wenn Sie Ersatzteile, Bauteile oder Ausrüstung für andere Firmen herstellen oder Rohstoffe bzw. komplette Systeme für Industriebetriebe liefern, werden Sie wahrscheinlich direkt an diese Unternehmen vertreiben. Ein Unternehmen als Kunde unterscheidet sich in vielerlei Hinsicht von einem privaten Verbraucher. Ein Hauptunterschied besteht darin, dass Unternehmen meist über eine wesentlich höhere Kaufkraft verfügen und dass sie zum anderen Kredit haben wollen.

DEN RICHTIGEN ANSATZ FINDEN

Für den Verkauf an Unternehmen, die nicht zum Einzelhandel gehören, geht man wie folgt vor: Man sucht sich zunächst – vom Schreibtisch aus – ein paar geeignete Kunden aus:

- Schauen Sie in den Gelben Seiten oder anderen Branchenverzeichnissen nach.
- Fragen Sie Handels- und Gewerbeverbände, die Listen ihrer Mitglieder herausgeben.
- Machen Sie eine Internet-Recherche (mit entsprechenden Suchbegriffen).

Wenn man potenzielle Kunden ausgemacht hat, kontaktiert man sie und lässt sich den Namen des zuständigen Ansprechpartners geben. Diesen schreibt man dann persönlich an und schickt Produktunterlagen wie Prospekte usw. mit. Bei kleinen, preiswerten Produkten kann man ein Muster beilegen. Eine Woche später sollte man telefonisch nachhaken, mit dem Ziel, ein Treffen zu vereinbaren.

Eignen sich Ihre Rohstoffe oder Produkte nur für eine kleine Anzahl von Unternehmen, müssen Sie etwas anders vorgehen. Als Erstes holen Sie Nachforschungen über die entsprechenden Firmen ein (mit den gleichen Methoden wie bei Konkurrenzbetrieben, siehe S. 21–22). Dadurch erhalten Sie wichtige Hintergrundinformationen, mit deren Hilfe sich Ihr Angebot exakt auf die Bedürfnisse des jeweiligen Kunden zuschneiden lässt. Anschließend können Sie jeden dieser Kunden ganz gezielt anschreiben.

Alternativ dazu kann man einen Stand auf einer entsprechenden Fachmesse anmieten und versuchen das Interesse potenzieller Kunden zu wecken. Es ist höchst unwahrscheinlich, dass die reine Präsenz auf einer Messe gleich genügend Aufträge bringt, aber man gewinnt dabei Profil und erhält nützliches Feed-back. Es empfiehlt sich daher, interessante Kunden vorher anzuschreiben und nach der Messe telefonisch noch mal nachzuhaken.

Gewinnspannen

Die Gewinnspannen schwanken in diesem Geschäft enorm, angefangen bei relativ niedrigen Margen für Bauteile oder Rohstoffe, über mittlere Spannen für Ausrüstungsgüter bis hin zu hohen Gewinnspannen bei kompletten Systemen. Doch auch wenn man seine Gewinnspanne maximieren möchte, sollte man sich zuvor über die branchenüblichen Spielregeln erkundigen.

Die Bezahlung

Ein großes Problem beim Verkauf an Industrieunternehmen besteht darin, dass man sein Geld oft nicht pünktlich erhält. Der gesamte Bereich Zahlungsbedingungen und Zahlungsziel ist heikel. Man sollte einen potenziellen Kunden immer im Vorfeld auf seine Kreditwürdigkeit prüfen und im Zweifelsfall keinen Kredit gewähren.

Wenn die Bankreferenzen eines Kunden in Ordnung sind, er aber trotzdem eine schlechte Zahlungsmoral zeigt, muss man den Zahlungsverzug anmahnen. Das fängt bei einem höflichen Telefonat an und reicht über schriftliche Mahnungen bis hin zu anwaltlichem Rat und einem Gerichtsverfahren.

Lassen Sie kontrollieren, wie viele Besucher Ihre Web Site hat.

So optimieren Sie Ihre Online-Verkäufe

1. Geben Sie bei E-Mails immer Ihre Telefonnummer mit an.
2. Wenn Sie E-Mail-Aufträge erhalten, bestätigen Sie diese so schnell wie möglich.
3. Informieren Sie Ihren Kunden per E-Mail, wenn seine Ware verschickt wird.
4. Geben Sie Ihre Rückgabebedingungen auf Ihrer Homepage bekannt – das Rückgaberecht ist gesetzlich vorgeschrieben.
5. Erfassen Sie die Zahl der Besucher Ihrer Homepage.

Vertrieb über Internet (Online-Vertrieb)

Augenblicklich erleben wir eine Gründerwelle bei reinen E-Commerce-Firmen. Für andere Unternehmen ist der Verkauf über eine Web Site nur ein reines Zusatzgeschäft zu den sonstigen Vertriebsformen. Im Internet werden alle möglichen Güter verkauft, wobei die für kleine Firmen bedeutendsten Bereiche Nischenprodukte und der Vertrieb an Industrieunternehmen sind.

Nicht jedes Produkt eignet sich jedoch für den Online-Vertrieb. Der Internetmarkt boomt zwar, doch jüngste Analysen haben ergeben, dass sich nur bestimmte Produkte gut über das Internet verkaufen lassen wie etwa Bücher, Musik, Software, Tickets und Finanzprodukte. Wenn man als Kleinunternehmer ein innovatives Produkt hat, das dem Kunden ausführlich erklärt werden muss, ist es für das Internet meist ungeeignet.

Wenn Ihre Konkurrenz bereits online verkauft und Sie meinen, dass Sie auch vom Online-Business profitieren können, ist dieser Vertriebsweg einen Versuch wert. Infos zur Homepage-Gestaltung siehe S. 100–104.

Was macht eine gute Homepage aus?

Eine grundlegende Information ist natürlich die komplette Kontaktadresse, also Firmenanschrift, Telefon- und Faxnummer sowie E-Mail-Adresse.

Informieren Sie sich zunächst über die verschiedenen Möglichkeiten des Internet-Handels, das heißt auch über Stärken und Schwächen. Nicht jeder Kunde wird online ordern und daher sollte man ein Formular in die Homepage mit aufnehmen, das man runterladen, ausfüllen und per Post oder Fax als Auftrag an Sie zurückschicken kann. Machen Sie sich auch über die Vor- und Nachteile verschiedener Zahlungsmodalitäten kundig (Kreditkarte, Lastschriftverfahren usw.) und darüber, welche Gebühren für welche Methode verlangt werden, denn auch diese zusätzlichen variablen Kosten müssen bei der Online-Preiskalkulation berücksichtigt werden.

Wenn eine Firma im Online-Geschäft einen Auftrag erhält, agiert sie praktisch wie ein Versandhaus. Genauere Informationen, wie man Versandhandel erfolgreich abwickelt, finden Sie auf den Seiten 52–53.

Zeichnen Sie auf, wie viele Leute Ihre Homepage besuchen – daran erkennen Sie, wie gut sie ist. Als kleines Unternehmen sollte man diese Information jedoch für sich behalten. Wer sich mit dem Erfolg seiner Homepage brüstet, zieht schnell Konkurrenz an, und falls sie keinen großen Erfolg haben sollte, schreckt es womöglich potenzielle Kunden ab.

Export von Produkten und Dienstleistungen

Der Export bildet eine weitere Vertriebsmöglichkeit. Export kann entweder passiv in kleinem Rahmen erfolgen, wo man lediglich Aufträge aus dem Ausland annimmt und ausführt, oder aktiv über ein eigenes Vertriebsnetz im Ausland, das schließlich einen wichtigen Bestandteil des Gesamtumsatzes ausmacht. Exportieren ist ein komplizierter Prozess. Als kleines Unternehmen sollte man sich erst auf den Exportmarkt wagen, wenn man im Heimatland Fuß gefasst hat (und finanziell abgesichert ist) oder einer der Firmeninhaber früher im Exportgeschäft tätig war und über die nötigen Kontakte und Erfahrung verfügt.

Vor- und Nachteile des Exportgeschäfts

Vorteile		Nachteile	
Marktgrösse	Einer der größten Vorteile liegt darin, dass der potenzielle Exportmarkt weit größer ist als der heimatliche Markt.	Hohe Kosten	Auslandsreisen zur Akquisition erfordern Zeit und Geld. Transportkosten und Vertreterprovision schlagen sich auch auf die Preise nieder.
Markteignung	Ihr Produkt oder Ihre Dienstleistung kann sich für bestimmte Exportmärkte besser eignen als für den Markt im eigenen Land.	Fehlende Markteignung	Die kulturellen Unterschiede können so groß sein, dass ein im Heimatland erfolgreiches Produkt in anderen Ländern kaum ankommt.
Diversifizierung	Absatzmärkte in anderen Ländern sind ein Sicherheitsfaktor, wenn es im eigenen Land zu einer Wirtschaftskrise kommt.	Gesetzliche Bestimmungen	Man muss sich unbedingt über örtliche Vorschriften informieren. Es mag Einfuhrbeschränkungen geben oder hohe Zölle.
Währung	Das Wechselkursverhältnis kann von Vorteil sein, wenn Ihre Währung im Vergleich zu der des Exportkunden schwach ist bzw. umgekehrt.	Transport	Setzen Sie sich frühzeitig mit einem Spediteur in Verbindung und erkundigen Sie sich nach den jeweiligen Möglichkeiten.

Wenn man nur passiv im Exportgeschäft tätig sein möchte, muss man sicherstellen, dass man sein Geld bekommt. Dazu schickt man dem Kunden eine Pro-forma-Rechnung (damit der Kunde zahlt, bevor man die Ware absendet) oder lässt bei der Bank ein Akkreditiv eröffnen. Man sollte erst dann Kredit gewähren, wenn man aufgrund jahrelanger Erfahrung mit einer Firma weiß, dass sie immer korrekt bezahlt.

Das aktive Exportgeschäft hingegen ist ein sehr umfangreiches Unterfangen. Im Grund ist es so, als würde man ein neues Unternehmen gründen. Man muss den Zielmarkt gründlich erforschen und sich mit den dortigen Gepflogenheiten vertraut machen (meist weichen die gesetzlichen Bestimmungen von denen im Heimatland ab). Die Unterschiede zwischen den Ländern sind oft erheblich, und selbst wenn man die Sprache beherrscht, heißt das nicht, dass man weiß, wie man dort Geschäfte macht. Manchmal muss das Produkt für den Exportmarkt entsprechend geändert werden. Außerdem ist zu klären, ob man für das betreffende Land eine Einfuhrerlaubnis benötigt, Einfuhrzölle verhängt werden oder eine Ausfuhrerlaubnis aus der Europäischen Union erforderlich ist.

VERTRIEBSMÖGLICHKEITEN INS AUSLAND

Sind die Marktforschungsergebnisse positiv ausgefallen, muss man sich überlegen, wie man auf dem Exportmarkt agieren will. Für Hersteller gibt es eine Reihe von Möglichkeiten:

- **HANDELSVERTRETER** Der Handelsvertreter besucht potenzielle Kunden und nimmt Auf-

WARENVERSAND
Luftfracht ist eine Möglichkeit, Exportgüter zu transportieren. Luftfracht ist zwar teuer und eignet sich daher vor allem für leichte Güter, aber dafür schnell und effizient.

träge auf Provisionsbasis entgegen. Als Hersteller verschickt man die Ware dann an die Kunden und stellt jedem einzelnen eine Rechnung. Für den Zahlungseingang ist man somit selbst verantwortlich. Einen verlässlichen Vertreter zu finden und dafür Sorge zu tragen, dass die Kunden zahlen, sind dabei die größten Herausforderungen. Ist der Vertreter noch für ein anderes Unternehmen aus Ihrem Land tätig, können Sie dieses um Referenzen bitten. Wenn sich Ihr Produkt anfangs nicht so leicht verkaufen lässt und die Provision nicht gerade üppig ausfällt, kann die Begeisterung eines Vertreters nachlassen.

- **VERTRAGSHÄNDLER** Dieser bemüht sich nicht nur aktiv um Aufträge und nimmt sie an, sondern unterhält auch ein Lager mit Ihren Waren. Sie müssen Ihre Ware daher nur an den Vertragshändler (anstatt an die einzelnen Kunden) liefern und lediglich eine einzige Rechnung stellen, was Zeit und Geld spart. Mit einem Vertragshändler zu arbeiten funktioniert meist besser als mit einem Vertreter. Allerdings verlangt der Vertragshändler auch einen beträchtlichen Abschlag und man muss sicherstellen, dass er verlässlich ist und pünktlich zahlt. Einen passenden Vertragshändler kann man über Empfehlungen seines Fachverbands finden. Dennoch sollte man über einen neuen Vertragshändler Referenzen einholen. Dieser sollte nicht nur die Waren verkaufen, sondern auch die Reaktionen von Kunden, ob Anregungen oder Kritik, weiterleiten.
- **DIREKTVERTRIEB** Er kann entweder über einen Messestand im Ausland oder über Besuche bei ausgewählten Kunden erfolgen. Hat man einen Auftrag abgeschlossen, muss man jedem Kunden individuell die Ware liefern und berechnen. Der Direktvertrieb ins Ausland kann sich als kostenintensiv erweisen. Sie könnten jedoch Ihre Auslandsgeschäfte auch allein auf Messen abwickeln.
- **ONLINE-VERTRIEB** Über seine Homepage kann man auch an Exportaufträge gelangen. Kleine Umsätze an Endverbraucher oder Einzelhändler kann man über Kreditkarte abrechnen – damit ist die Zahlung garantiert.
- **KOOPERATIONSPROJEKTE** Eine weitere Möglichkeit besteht in der Zusammenarbeit mit einem im Ausland ansässigen Unternehmen. Etwa indem man der Firma Kontakte vermittelt oder bestimmte Einrichtungen zur Verfügung stellt. Im Gegenzug hilft diese einem in ihrem Land auf die gleiche Weise weiter.
- **LIZENZFERTIGUNG** In diesem Fall erklärt sich ein ausländischer Hersteller bereit Ihre Ware vor Ort herzustellen und zu vertreiben. Sie liefern diesem Unternehmen dann Einzelteile, Spezialwerkzeug oder das gesamte Produkt als Baukastensatz. Oder Sie vergeben lediglich eine Lizenz für das Recht, dass Ihr Produkt vom Vertragspartner gefertigt werden darf. Lizenzfertigung unterliegt gesetzlichen Bestimmungen und bedarf professionellen Rats. Man muss den Partner prüfen (Geschäftserfahrung, finanzielle Lage, Integrität usw.), bevor man sich auf einen Vertrag einlässt.

Suchen Sie erst nach Absatzmöglichkeiten in Ihrer Heimat, bevor Sie über Export nachdenken.

VERTRIEB VON DIENSTLEISTUNGEN INS AUSLAND

Bei einem Dienstleistungsunternehmen hängen die Exportmöglichkeiten von der Branche ab. Manchmal muss zu diesem Zweck im Ausland auch ein Büro oder ein Laden eröffnet werden. Mitarbeiter im Ausland einzustellen und zu führen kann problematisch sein; in diesem Fall empfiehlt sich Franchising (siehe S. 55–57). Manche Dienstleistungen finden auch einen guten Vertriebsweg über eine Homepage.

ZAHLUNGSPROBLEME

Das größte Problem von Exporteuren besteht darin, dass ihre Rechnungen nicht bezahlt werden. Manche Länder sind für eine schlechte Zahlungsmoral berüchtigt, andere wiederum genießen den Ruf extremer Verlässlichkeit. Kleine Umsätze kann man per Kreditkarte oder im Voraus gegen Pro-forma-Rechnung bezahlen lassen. Bei einer Pro-forma-Rechnung muss man darauf achten, dass man nicht für Umtauschgebühren verantwortlich ist. Bei größeren Verkäufen kann man zwar Vorauskasse verlangen, doch dann hat der Käufer keine Sicherheiten. Er wird eher ein Akkreditiv oder Zahlung gegen Dokumente vorziehen. Diese Zahlungsarten werden über die Banken abgewickelt und sind relativ sicher, kosten aber Gebühren.

Wenn Sie Kunden im Ausland Kredit gewähren wollen, holen Sie sich Referenzen ein. Gehen Sie dabei aber genauer vor als bei sonstigen Kunden, lassen Sie eine Bonitätsprüfung vornehmen und gehen Sie kein Risiko ein.

Für den Fall, dass keine Zahlung erfolgt, muss man den normalen Inkassoweg beschreiten – Mahnschreiben, Telefonate und im Zweifelsfall ein Besuch beim Kunden, falls die Höhe des Betrags es rechtfertigt. Manche Kunden meinen nämlich, sie könnten einen ignorieren, weil man ja weit weg ist. Ein Besuch vor Ort hat meist den gewünschten Erfolg.

Direkt-Marketing

Direktvertrieb, Versandhandel oder Direktversand sind Beispiele für Direkt-Marketing. Groß- und Einzelhändler fallen weg; der Hersteller (oder Importeur) verkauft direkt an den Endverbraucher. Im Direkt-Marketing arbeitet man mit Postversand, Telefon, E-Mail, Werbeanzeigen mit Bestellformular und persönlichen Kontakten. Direkt-Marketing kann sowohl für den Handel mit Verbrauchern als auch mit Unternehmen interessant sein. Es wird immer populärer, nicht zuletzt wegen der weiten Verbreitung von Kreditkarten, dem verbesserten

DIREKTVERTRIEB – WIE GEHT DAS?

Bevor man in den Direktvertrieb einsteigt, sollte man wissen, welche Hauptformen es gibt und wie sie funktionieren:

■ **HAUSTÜRVERKAUF** Bei dieser Vertriebsart hinterlässt ein Handelsreisender einen Katalog und kommt ein paar Tage später wieder, in der Hoffnung, einen Auftrag zu erhalten. Ein derartiger Verkäufer muss dabei an zahlreiche Türen klopfen, um von der Provision leben zu können, denn im Schnitt liegt diese lediglich bei 20 Prozent des Verkaufspreises.

■ **VERKAUFSPARTYS** Noch heute wird diese Verkaufsform als Tupper-Party bezeichnet nach dem Unternehmen, das diese Methode zuerst eingeführt hat. Inzwischen ist diese Vertriebsform sehr beliebt; manche Firmen arbeiten ausschließlich darüber. Eine Kundin oder die Verkäuferin selbst lädt Freundinnen und Bekannte (meist handelt es sich um Frauen) zu sich nach Hause ein. Die Verkäuferin präsentiert den Gästen nun im privaten Rahmen ihre Produkte und versucht diese zu Bestellungen anzuregen. Manche der Verkaufsberaterinnen unterhalten ein kleines Warenlager, andere nehmen nur Aufträge entgegen und sammeln das Geld bei Warenübergabe ein. Auf Tupper-Partys zu verkaufen ist nicht schwer. Der Erfolg hängt vielmehr von einer guten Präsentation und einem leicht verkäuflichen Produkt ab.

■ **VERKAUF ÜBER PERSÖNLICHE KONTAKTE** Bei dieser Methode macht der Verkäufer die potenziellen Kunden ausfindig, besucht sie zu Hause und versucht sie zu einer Bestellung anzuregen. Wichtig ist, dass der Verkäufer bzw. die Verkäuferin einen großen Bekanntenkreis hat und bereit ist sie alle zu kontaktieren. Die Liste reicht von Freunden, Bekannten und Verwandten bis hin zu Glaubensgenossen und Clubmitgliedern. Der Nachteil ist, dass nicht alle es schätzen, zu Verkaufszwecken angesprochen zu werden, und der Verkäufer sich damit eventuell unbeliebt machen kann.

Lieferservice des Versandhandels (Lieferung innerhalb von 24 Stunden ist üblich) und natürlich dank des regen Handels über Internet.

DIREKTVERTRIEB

Von Direktvertrieb spricht man, wenn ein Hersteller direkt an den Verbraucher verkauft. Im Gegensatz zum Versandhandel werden die Verkäufe über persönlichen Kontakt abgewickelt. Der Hersteller bedient sich dazu der Mithilfe selbstständiger Verkäufer, die als »BeraterInnen«, »VertreterInnnen«, »ProduktvorführerInnen« oder als »TeilhaberInnen« auftreten. Zu den Produkten, die über diesen Weg vertrieben werden, zählen Bekleidung, Kosmetika, Haushaltswaren, Schmuck, Bücher sowie Diät- oder Nahrungsergänzungsprodukte. Die »Verkaufsveranstaltungen« reichen vom Hausieren bis hin zu so genannten Tupper-Partys.

Direktvertriebsfirmen gedeihen selbst in Krisenzeiten noch gut, wenn andere Unternehmen bereits ums Überleben kämpfen. Sie beschäftigen meist Frauen, die auf selbstständiger Basis von zu Hause aus tätig sind. Diesen Frauen macht das Verkaufen Spaß, sie haben Freude am Produkt, sind meist recht gesellig und kennen daher eine Menge Leute, die als Kunden in Frage kommen.

NETWORK-MARKETING

Manche Direktvertriebsfirmen arbeiten nach einem Schneeballsystem, bei dem ein Verkäufer weitere Verkäufer werben kann und dann an ihren Umsätzen beteiligt wird. Er verkauft die Produkte zunächst an Freunde, Bekannte und Verwandte. Einige dieser befreundeten Kunden werden eventuell versuchen die Produkte ebenfalls in ihrem Bekannten- und Verwandtenkreis zu verkaufen und lassen sich auch als Verkäufer anwerben. Damit ist der Verkäufer, der sie gewonnen hat, automatisch an deren Umsätzen mitbeteiligt. Wenn diese wiederum

VERKAUFSPARTYS
Diese Vertriebsform eignet sich hervorragend für sehr persönliche Artikel wie Unterwäsche und Kosmetika, kann aber auch auf andere Produkte ausgedehnt werden.

neue Verkäufer anwerben, erhalten sie ebenfalls einen Bonus für deren Umsätze, und so breitet sich das Netzwerk immer weiter aus.

IST DER DIREKTVERTRIEB SERIÖS?

Wenn Sie Direktvertrieb als Absatzmöglichkeit für Ihre Produkte in Betracht ziehen, sollten Sie bereits Erfahrung in einer Direktvertriebsorganisation gesammelt haben, damit Sie wissen, was funktioniert und was nicht. Es ist zwar einfach, als Verkäufer bei einer Direktvertriebsorganisation mitzuarbeiten, doch eine solche Organisation von Grund auf aufzubauen ist ein schwieriges Unterfangen. Marktforschung, die Entwicklung und der Test neuer, einzigartiger Produkte, die Ausarbeitung von Vertriebssystemen und die Werbung kosten viel Zeit und Geld. Auch wenn der Verkauf dann über selbstständige Mitarbeiter erfolgt, brauchen Sie zu Beginn doch ein Team, das diese Mitarbeiter anwirbt. Auch sollte man bedenken, dass diese Firmen sich häufig nicht halten können – sei es aufgrund schlechter Produkte, zu hoher Preise oder einer Kapitalunterdeckung in der Anfangsphase, doch wenn das System funktioniert, kann es sehr hohe Gewinne abwerfen.

Früher wurden zahlreichen Direktvertriebsfirmen unmoralische Praktiken vorgeworfen. Heute gehören die meisten großen Firmen Fachverbänden und Wirtschaftsvereinigungen an (siehe S. 184), die sich um korrekte Handelspraktiken und Verbraucherschutz bemühen. Außerdem regelt der Gesetzgeber ihr Vorgehen (siehe S. 181).

Für den Versandhandel eignen sich Produkte, die nicht im Einzelhandel zu bekommen sind.

VERSANDHANDEL

Ein Versandhandel kann unterschiedliche Formen annehmen. Neben den bekannten großen Versandhäusern, die in ihren Katalogen neben Kleidung so gut wie alle Non-food-Artikel anbieten, gibt es auch kleinere Versandunternehmen, die sich auf ein bestimmtes Gebiet wie Bekleidung, Gartenpflege, Küchenartikel, Geschenke, Bücher oder ein spezielles Hobby oder eine Sportart spezialisiert haben. Für Betriebe gibt es zahlreiche Kataloge mit Bürobedarf, Industriebekleidung, Werbegeschenken, Büromöbel und vieles mehr.

Das Internet bietet zahlreichen Firmen die Gelegenheit, ihren Katalog gleich online auszustellen. Interessierte Kunden sehen sich die Web Site an und können ihre Bestellung dann entweder telefonisch oder online über die beigefügten Auftragsformulare aufgeben. Ein Online-Katalog besitzt gegenüber dem herkömmlichen Katalog den Vorteil, dass die Seiten schnell austauschbar sind, mehr potenzielle Kunden erreicht werden und auch die Produktion wesentlich günstiger ist.

Eine weitere beliebte Versandhandelsform ist die Bestellung über eine Anzeige. Dabei platziert der Hersteller lediglich eine Werbeanzeige, die gewöhnlich nur ein bestimmtes Produkt oder eine begrenzte Anzahl von Artikeln anpreist. Diese Methode kann mit dem richtigen Produkt sehr erfolgreich sein – geeignete sind unter anderem Möbel, Mode und einfacher Schmuck.

Im günstigsten Fall bestellen die Kunden entweder direkt auf die Anzeige hin oder sie fordern zusätzliche Informationen an. Diese Methode verlangt allerdings häufig eine recht große (und damit auch teure) Farbdruckanzeige oder eine ganze Anzeigenserie.

DAS SPART GELD

Prüfen Sie alternative Verpackungsmethoden. Was die Verpackungskosten betrifft, so gibt es drei wichtige Aspekte: erstens die Stückkosten, zweitens das Eigengewicht, das dafür verantwortlich sein kann, dass für das Gesamtpaket hohe Portogebühren anfallen, und drittens die Zeit, die das Einpacken der Ware erfordert.

Versandhandel spielt auch in der Ersatzteil- und Zubehörbranche eine wichtige Rolle. Sicher kennen Sie das Bestellformular am Ende eines Terminkalenders, mit dem Sie die Ausgabe für das nächste Jahr ordern können. Auch bei Haushaltsgeräten wie Staubsaugern findet man neben der Gebrauchsanweisung oft auch ein Bestellformular für neue Staubbeutel. Diese Form von Versandhandel macht nicht nur dem Kunden das Leben leichter, sondern bietet auch dem Hersteller ein dauerhaftes Einkommen.

Wenn Sie sich also mit dem Gedanken tragen, Ihre Produkte über den Versandhandel zu vertreiben, müssen Sie überlegen, was Menschen dazu bringt, über Versandhandel zu kaufen. Zudem verkaufen sich bestimmte Produkte besser über Versand als andere. Viele Kunden würden es in den meisten Fällen vorziehen, im Geschäft und nicht über Katalog zu kaufen. Im Laden haben sie die Möglichkeit, die Ware anzufassen, zu prüfen, sie auch mit Konkurrenzartikeln zu vergleichen. Außerdem zahlen sie ungern Porto und Verpackungsgebühren, die entweder extra berechnet oder gleich auf die Preise mit aufgeschlagen werden.

Um mit dem Einzelhandel konkurrieren zu können, brauchen Versandhäuser ein paar gute Gründe, die Kunden dazu veranlassen, auf dem Postweg zu bestellen. Ein guter Grund ist, wenn die angebotenen Produkte nur im Versandhandel erhältlich sind. Das erklärt den Erfolg vieler Spezialkataloge, die oft einzigartige Produkte anbieten. Manchmal haben Firmen neben ihrem Standardsortiment auch noch eine exklusive Produktlinie im Programm. Außerdem findet der Versandhandel viele Kunden auf dem Land. Die Bequemlichkeit des Bestellservice spielt ebenfalls eine Rolle, vor allem bei Bürobedarf. Zudem hat jeder Kunde die Möglichkeit, Ware bei Nichtgefallen zurückzuschicken.

Wenn Sie ein Versandhandelsgeschäft eröffnen wollen, müssen Sie den gesamten Prozess der Auftragsabwicklung optimieren. Sie müssen immer über ausreichende Lagerbestände verfügen, die Aufträge schnell und präzise entgegennehmen und die Waren zügig verschicken. Die ganze Transaktion soll für den Kunden eine positive Erfahrung sein, daher ist es wichtig, dass er die gewünschte Ware pünktlich erhält.

Beim Versandhandel sind zudem juristische Aspekte zu berücksichtigen (siehe S. 178–181).

DIREKTVERSAND

Der Versandhandel ist ein passives Verkaufsgeschäft, bei dem der Hersteller auf einen Auftrag reagiert, den ein Kunde, der eine Anzeige oder eine Homepage gesehen hat, erteilt. Der Direktversand ist, wie der Name schon sagt, eine direktere, aktivere Vertriebsvariante. Hier werden Rundschreiben verschickt, die ein Anschreiben und/oder einen Prospekt enthalten.

Direktversand eignet sich sowohl für den Verkauf an Endverbraucher als auch an Unternehmen. Seine Stärke (und Schwäche) liegt in der Qualität der Adressenliste. Direktversand ist daher vor allem bei einem bestehenden Kunden-

Jedes Blatt muss sorgfältig gefaltet werden, damit es in den Umschlag passt.

MAILINGS VERSCHICKEN

Direktversand kann trotz des hohen Zeitaufwands, den die Vorbereitung erfordert, eine zielgerichtete, relativ günstige Marketing Lösung sein, da die Verkaufsbroschüren direkt an ausgewählte Adressen versandt werden.

stamm ideal, dessen Anschriften und Wünsche bereits erfasst sind.

Ein Direktversandschreiben ist praktisch ein Verkaufsdokument, das an eine Zielperson geschickt wird. Oft soll der Kunde darauf direkt mit Auftragserteilung reagieren; bei komplizierteren Produkten dagegen will man mit dem Anschreiben ein Verkaufsgespräch arrangieren.

Eine Direktversandkampagne kann eine Rücklaufquote von bis zu sechs Prozent erzielen, was im Vergleich zu Anzeigen bereits hoch ist. Durch den zielgerichteten Charakter sollte es außerdem eine sehr kostengünstige Vertriebsform sein. Außerdem bietet der Direktversand weitere Vorteile, etwa, dass man eine fast sofortige Reaktion auf die Anschreiben bekommt, die mengenmäßig erfassbar ist, sowie die Tatsache, dass die Kunden gewöhnlich keinen Kredit erwarten (es sei denn, es handelt sich um besonders teure Produkte).

Der Direktversand kann sowohl als alleinige Vertriebsform als auch in Kombination mit anderen Akquisitions- und Vertriebsformen eingesetzt werden. Alternativ dazu kann man auch mit zusätzlicher Werbung seinen Direktversandumsatz steigern.

ANSCHREIBEN FÜR DEN DIREKTVERSAND
Es zielt nicht darauf ab, sofort ein Produkt zu verkaufen, sondern will das Interesse wecken, einen Termin für ein Verkaufsgespräch zu vereinbaren.

Der Brief ist an eine entscheidungsbefugte Person adressiert.

Im ersten Absatz wird das Unternehmen kurz vorgestellt.

Die langjährige Erfahrung lässt auf Glaubwürdigkeit und Kompetenz schließen.

Im vorletzten Satz wird auf eine Gefahr hingewiesen, die bei Nichthandeln auftreten kann (hier hätte man auch Preise erwähnen können).

Der nächste Schritt (Terminvereinbarung) liegt beim Absender.

Secure Grilles

Hochstraße 27
38122 Braunschweig
Tel.: 05 31/76 54 32 01

Frau S. Nienhaus, Geschäftsführerin
Lederwaren & Accessoires GmbH
Industrieparkstr. 28
D-30559 Hannover

21. Mai 2001

MODERNSTE SICHERHEITSTECHNIK

Sehr geehrte Frau Nienhaus,

hiermit möchten wir Ihnen kurz unser junges Unternehmen vorstellen. Wir sind im Bereich Sicherheitstechnik tätig und bieten ein komplettes Service-Paket, das von der Beratung über die Installation bis hin zur Wartung von mechanischen Schutzvorrichtungen reicht.

Mein Geschäftspartner und ich verfügen jeweils über zwanzig Jahre Erfahrung auf dem Gebiet der Sicherheitstechnik, die wir bei namhaften Unternehmen im Bereich Technik und Management sammeln konnten.

Secure Grilles ist auf Gitter spezialisiert, kann aber auch jede andere mechanische Schutzvorrichtung wie Schlösser, Riegel, Jalousien usw. liefern.

Gerne würde ich Sie hinsichtlich der Schutzvorrichtungen, die in Ihrem Unternehmen benötigt werden, individuell beraten, besonders im Hinblick auf die neuerlich verschärften Versicherungsbedingungen. Ich werde mich in kürze telefonisch bei Ihnen melden, um einen Termin zu vereinbaren.

Mit freundlichen Grüßen
Paul Wilhelmsen
Sales Manager

Gesellschafter: P. Wilhelmsen, J. Schmidt

MAILING-LISTEN

Es gibt drei Methoden, um an eine Mailing-Liste heranzukommen:

- eine eigene Liste zusammenstellen,
- eine Adressenliste kaufen,
- eine Adressenliste mieten.

Wenn Sie beispielsweise mit Ihrem neuen Projekt nebenbei die Produkte eines anderen Unternehmens anpreisen, ist dieses vielleicht bereit Ihnen zumindest einen Teil seiner Adressenliste zur Verfügung zu stellen.

Wenn Sie sich Ihre Mailing-Liste selbst zusammenstellen, benötigen Sie einen Computer mit entsprechender Software. Sie können zum Beispiel Namen und Adressen bereits bestehender Kunden aufnehmen und sie mit neuen ergänzen, die Sie aus den verschiedensten Branchenverzeichnissen herausgesucht haben.

Die Erwerbskosten für fertige Adressenlisten werden häufig nach je 100 oder 1000 Namen berechnet. Ein gängiges Problem dieser fertigen Listen besteht darin, dass sie viele Namen zweimal enthalten oder etliche Anschriften bereits überholt sind. Ein Teil der Adressen, für die man bezahlt, ist somit wertlos.

Da die Erstellung einer guten Mailing-Liste viel Zeit und Mühe beansprucht, ist es heute üblich, eine derartige Liste zu »mieten«. In diesem Fall bekommt man die Liste nie zu Gesicht: Man schickt seine Rundschreiben an eine selbstständige Firma, die dann die Adressen auf die Umschläge klebt. Der Autor der Liste läuft daher nie Gefahr, dass man seine Adressen klaut, und für den Kunden ist Mieten billiger als Kaufen. Mehr Informationen zu mietbaren Adressenlisten finden Sie auf S. 184.

Franchise-Systeme

Franchising, bei dem man einem anderen Unternehmen erlaubt seine Geschäftsidee in vollem Umfang zu kopieren, ist eine effiziente Vertriebsform. Dieses »Ausleihen« der eigenen Unternehmensform und Geschäftsidee erfolgt im Rahmen eines Franchise-Abkommens. Bei diesem Vertrag gestattet der Franchise-Geber (»Franchisor«) dem Franchise-Nehmer (»Franchisee«) seinen Firmennamen und seine Marke zu übernehmen. Der Franchise-Geber unterstützt den Franchise-Nehmer dann bei der Einrichtung und Führung seines Geschäfts. Letzten Endes leitet der Franchise-Nehmer einen Betrieb, der eine genaue Kopie Ihres eigenen darstellt. Dafür muss der Franchise-Nehmer Ihnen eine Anfangsgebühr bezahlen, die recht hoch sein kann, sowie laufende Lizenzgebühren.

Wählt man Franchising zur Ausweitung des eigenen Vertriebs, bietet es den Vorteil, dass man mithilfe des Kapitals, der Motivation und des Engagements des Franchise-Nehmers schnell

WAS SIE EINEM FRANCHISE-NEHMER ANBIETEN SOLLTEN

1. Eine Geschäftsidee, die realisierbar und bereits bewährt ist
2. Die Verwendung des Firmennamens und, wenn nötig, einer Marke
3. Ein Handbuch, in dem die Abläufe klar und ausführlich beschrieben sind
4. Unterstützung in allen kaufmännischen Belangen bei der Gründung, aber auch während der gesamten Vertragszeit
5. Ein eigenes Gebiet, das groß genug ist, um das Unternehmen zu tragen
6. Volle Unterstützung vor, während und nach Aufnahme der Geschäftstätigkeit
7. Kontinuierliche Beratung und Hilfe, vor allem, wenn Probleme auftreten
8. Langfristige Marktforschung, damit das Unternehmen mit Marktveränderungen Schritt halten kann
9. Einen Vertrag, in dem Rechte und Pflichten beider Parteien klar geregelt sind
10. Unterstützung bei der Gestaltung und Platzierung von Werbekampagnen

expandieren kann. Allerdings kann diese Expansion auch teuer werden. Der Gewinn, den ein Franchise-Nehmer erwirtschaften kann, hängt vorwiegend von seinen eigenen Anstrengungen ab; er muss dabei jedoch stets auf Einhaltung der strengen Bestimmungen achten, die im Franchise-Vertrag enthalten sind.

EINEN PILOTBETRIEB EINRICHTEN

Franchising eignet sich vor allem für den Einzelhandel und regional begrenzte Dienstleistungen. Um festzustellen, ob sich Ihre Geschäftsidee auch für Franchising eignet, sollten Sie es zunächst mit einem Pilotprojekt testen, das die folgenden Punkte erfüllen muss:

- **GEWINNSPANNE** Das Geschäft muss hohe Gewinnspannen aufweisen und sehr rentabel sein. Das erfordert in der Regel Höchstpreise, die nötig sind, damit der Franchise-Nehmer selbst genügend Gewinn erwirtschaften und zudem die Lizenzgebühren an den Franchise-Geber zahlen kann.
- **VERBREITUNGSPOTENZIAL** Die Geschäftsidee sollte ein möglichst hohes Verbreitungspotenzial aufweisen. Wenn das Pilotprojekt Erfolg hat, sollten an anderen Standorten möglichst bald ähnliche Geschäfte entstehen.
- **SCHÜTZBARKEIT DER GESCHÄFTSIDEE** Die Geschäftsidee muss gesetzlich oder in anderer Form schützenswert sein, am besten durch Patente, Marken andere Schutzrechte oder geheime Zutaten. Damit macht man es einem Konkurrenten schwerer, das Produkt oder Konzept zu kopieren.

FRANCHISE-UNTERNEHMEN
McDonald's ist das Paradebeispiel für eine erfolgreiche Franchising-Kette. Die hohen Gewinne sind durch das starke Auftreten mit einem eingängigen Namen und die Verwendung gleicher Produkte möglich geworden.

Das sind die grundlegenden Voraussetzungen. Es hat keinen Sinn, Franchising weiter in Betracht zu ziehen, wenn Ihr Pilotprojekt diese Punkte nicht erfüllt.

Sollte sich das Projekt für Franchising eignen, muss man zunächst eine genaue Beschreibung der Geschäftsidee und des eigenen Unternehmens mit allen Abläufen erstellen. Dazu bedarf es meist fachlicher Unterstützung, da hier sämtliche Abläufe, die die Führung des Geschäfts regeln, niedergelegt werden müssen – für den Franchise-Nehmer ist dieses Handbuch gleichzeitig als verbindlicher Leitfaden gedacht. In einem gut geführten Franchise-Unternehmen arbeitet der Franchise-Geber eng mit dem Franchise-Nehmer zusammen. Der Franchise-Geber erhebt eine Gebühr, die wöchentlich oder monatlich oder als Prozentsatz (meist zwei bis 20 Prozent) vom Umsatz fällig wird. Nicht vom Gewinn – was noch mal einen kleinen, aber feinen Unterschied macht!

Rechte und Pflichten beider Parteien müssen in einem Vertrag festgelegt werden, der die Grundlage für die Zusammenarbeit zwischen Franchise-Geber und Franchise-Nehmer bildet.

Einen grösseren Markt abdecken

Eine Franchise-Kette auf die Beine zu stellen ist kein leichtes und außerdem ein kapitalintensives Unterfangen. Sobald das Pilotprojekt erfolgreich steht, muss man den größeren Markt erforschen, etwaige Konkurrenzbetriebe landesweit unter die Lupe nehmen, die nötigen Unterlagen zusammenstellen und über Anzeigen nach Franchise-Interessenten suchen. Damit haben sich bereits erhebliche Anwalts-, Buchhaltungs- und Beratungskosten angesammelt. Zudem muss man Räumlichkeiten für jeden neuen Franchise-Nehmer suchen (es sei denn, es handelt sich um einen mobilen Verkaufsstand oder um einen Telearbeitsplatz) und sie entsprechend ausbilden und einweisen.

Auch die Betreuung der neuen Franchise-Nehmer ist zeitintensiv, da gerade in der Anfangsphase viele Probleme auftreten, vor allem wenn es sich um Anfänger handelt, die zuvor noch nie unternehmerisch tätig waren.

Viele Franchise-Nehmer sind Mitglieder in einem eigenen Fachverband (siehe S. 178–179 und S. 184). Außerdem gibt es diverse Fachzeitschriften und Messen für Franchise-Unternehmen. Einige Banken verfügen auch über eigene Franchising-Abteilungen. Wenn man ernsthaft plant ins Franchising-Geschäft einzusteigen, sollte man die einschlägigen Fachpublikationen lesen, sich mit den Banken beraten und Messen besuchen, um sich mit der Branche vertraut zu machen.

DAS RICHTIGE FIRMENIMAGE

Ein Image ist nicht nur für große Firmen wichtig. Jedes Unternehmen vermittelt, bewusst oder unbewusst, ein Image, das sich ganz unmittelbar auf den Umsatz auswirkt. Das richtige Image aufzubauen ist daher ein weiteres Schlüsselelement jeder Marketing-Strategie. Es durchdringt alle Bereiche des Unternehmens, seiner Produkte und Dienstleistungen, von der Einrichtung der Geschäftsräume über das Verhalten der Mitarbeiter bis hin zur Verpackung der Produkte. Aus diesem Grund sollte man sich möglichst früh Gedanken machen, welches Image man mit seiner Firma vermitteln möchte.

Das Image einer Firma beschreibt so etwas wie die »Persönlichkeit« oder den »Charakter« eines Unternehmens und seiner Produkte oder Dienstleistungen. Es verleiht dem Unternehmen eine Aura, die es von anderen Betrieben, die ähnliche Güter anbieten, unterscheidet. Das Firmenimage hat auch mit dem einzigartigen Verkaufsangebot des Unternehmens zu tun. Ein positives Image verleiht dem Produkt oder der Dienstleistung in den Augen des Kunden einen höheren Wert. Wenn das Image stimmt, ist er mit größerer Warscheinlichkeit bereit bei einer kleinen, noch jungen Firma einzukaufen.

Um zu verstehen, welche Art von Image Unternehmen vermitteln, überlegen Sie einmal, wo Sie hingehen würden, wenn Sie ein preisgünstiges Auto kaufen wollten. Zur Niederlassung eines Händlers in teurer Lage, wo der Showroom mit Teppich ausgelegt ist? Wohl nicht, denn das vermittelt das Image einer Nobelmarke, was bedeutet, dass die Autos hier teuer sind. Sicherlich suchen Sie einen günstigen Pkw eher bei einem Gebrauchtwagenhändler auf dem Land, wo die Fahrzeuge teilweise im Freien stehen. Hier vermuten Sie eher ein bezahlbares Auto zu finden, gleichzeitig nehmen Sie aber auch eine geringere Garantieleistung in Kauf.

Oder wo kaufen Sie am liebsten Ihre Bekleidung und wie unterscheidet sich das Geschäft von anderen? Bevorzugen Sie es der verkehrsgünstigen Lage, der Preise, der Marken, der freundlichen Bedienung oder der Einrichtung wegen oder ist es eine Kombination davon? Bedenken Sie, wie viele Bekleidungsgeschäfte sich oft an einer Straße aneinander reihen und dennoch jeweils einen völlig anderen Eindruck vermitteln und anderes Publikum anziehen.

FALLSTUDIE: Das geeignete Image aufbauen

M. UND P. SIMONIS wollten in der Innenstadt ein Geschäft für Herrenhemden eröffnen. Ihre Zielkundschaft sind männliche Büroangestellte. Das Image sollte die Botschaft »gehobene Preisklasse« vermitteln, denn das Sortiment bestand aus klassischen Hemden namhafter Hersteller und Designerhemden. Die Fassade des Hauses, das Ladenschild und die Inneneinrichtung sollten ein exklusives, maskulines Image vermitteln. Aus diesem Grund entschieden sich die beiden für eine Innenausstattung mit dunklen Holzpaneelen, Holzböden und massiven Ladentischen aus Holz – diese Einrichtung vermittelt das Image eines klassischen, traditionsreichen Herrenausstatters.

Welches Image wollen Sie vermitteln?

Jedes Image setzt sich aus verschiedenen Elementen zusammen, die gemeinsam die richtige Mischung ergeben. Ein wichtiger Faktor ist die Preiskategorie, in der sich Ihr Unternehmen ansiedeln soll. Diese Entscheidung wirkt sich auf die anderen Elemente im Image-Mix aus.

Im Grunde gibt es drei Hauptpreiskategorien, die in der Tabelle unten beschrieben sind. Ein einfaches Rezept wie »Wir siedeln uns im oberen Marktsegment an, denn unsere Kunden haben Geld« oder »Unsere Produkte sind alle preiswert, damit sie sich jeder leisten kann« gibt es nicht. Gewinn bringend kann man in jeder Preiskategorie operieren; das Image eines Unternehmens, das sich im obersten Marktsegment ansiedeln will, sieht allerdings völlig anders aus als das einer Firma, die in der unteren Preiskategorie operiert. Daher müssen Sie schon im Vorfeld wissen, welches Marktsegment Sie anvisieren. Vielleicht wollen Sie ein paar hochpreisige Produkte anbieten und den Rest im Mittelfeld oder in der unteren Preiskategorie laufen lassen. Größere Unternehmen entwickeln meist ein Sortiment, das alle Preiskategorien abdeckt, andere wiederum konzentrieren sich nur auf eine.

Vermitteln Sie das Image, das Ihre zukünftigen Kunden von Ihnen erwarten.

Meist will eine junge Firma ein Image transportieren, das all ihre Produkte und Dienstleistungen repräsentiert. Wenn sie expandiert, mag es sein, dass sie neue Produkte oder Dienstleistungen entwickelt, die ein anderes Image benötigen, weil diese etwa in einer anderen Preiskategorie angesiedelt und für eine andere Zielgruppe bestimmt sind. So muss das Unternehmen ein neues Image für diese Serie aufbauen. Diese Strategie ist gut, vorausgesetzt, dass das neue, zusätzliche Image die Kunden nicht verwirrt. Die beiden Geschäftsbereiche müssen allerdings bei allen Marketing-Aktionen getrennt voneinander behandelt werden.

Verschiedene Image-Faktoren sind nachfolgend aufgeführt. Die Liste ist nicht vollständig, vermittelt aber eine Vorstellung von beliebten Images und wie man sie »rüberbringen« kann.

Die drei Preiskategorien

Preiskategorie	Eigenschaften	Produkte	Dienstleistungen	Kunden
Oberes Marktsegment	■ Exklusiv ■ Prestigeträchtig ■ Luxusartikel	■ Designerstücke ■ Teure Marken ■ Topqualität	■ Kundenorientiert ■ Selektiv ■ Individuell zugeschnitten	■ Anspruchsvolle, kleine Klientel, die sich die hohen Preise leisten kann
Mittleres Marktsegment	■ Gutes Preis-Leistungs-Verhältnis	■ Markenware ■ Eigene Marke ■ Gute Qualität	■ Stark diversifiziert	■ Großer Kundenkreis, aber viele Mitbewerber auf demselben Markt
Unteres Marktsegment	■ Preiswert ■ Discount ■ Massenmarkt	■ Keine Markenware	■ Auf das Nötigste beschränkt	■ Großer Kundenkreis mit geringer Kaufkraft

Firmenname

Ein gutes Instrument zur Vermittlung des beabsichtigten Images bietet der Firmenname, der dieses Image widerspiegeln soll. Das gilt vor allem für kleine Start-up-Unternehmen. Der Firmenname vermittelt Kunden, was man macht, und vielleicht sogar auch, wie oder wie gut man etwas macht (etwa durch Zusätze wie »Schnell-« oder »Express-« usw.).

Wenn Sie nach einem Firmennamen suchen, ist es hilfreich, sich eine Franchising-Fachzeitschrift zu besorgen und zu vergleichen, wie es große Unternehmen in hart umkämpften Märkten machen. Werfen Sie auch einen Blick auf die Konkurrenz und analysieren Sie deren Firmennamen. Es empfiehlt sich, einen Namen zu wählen, der leicht auszusprechen ist, obwohl auch das Gegenargument existiert, dass nämlich ein komplizierter Name viel länger im Gedächtnis haften bleibt, wenn er sich erst mal eingeprägt hat.

Je nach Tätigkeit sind noch weitere Faktoren zu berücksichtigen. Wenn Ihre Kunden vorwiegend über Branchenverzeichnisse auf Sie zukommen, empfiehlt sich ein Firmenname, der im Alphabet ganz vorne steht. Als Exporteur hingegen sollte man darauf achten, keinen Namen zu wählen, der im Zielland vielleicht anstößig oder völlig unverständlich klingt.

Bevor man sich endgültig entscheidet, sollte man den Namen möglichst vielen Leuten präsentieren und sich ihre Reaktion anhören. Der Firmenname wird juristisch kurz als »Firma« bezeichnet. Welche Bestandteile ein Firmenname je nach gewählter Gesellschaftsform enthalten muss, ist gesetzlich geregelt (siehe S. 179 – deutsche Bestimmungen).

Die Wahl des Firmennamens

✓ Überlegen Sie sich einen Namen, der Ihre Tätigkeit zum Ausdruck bringt.

✓ Überlegen Sie sich einen Namen, der das geplante Image reflektiert.

✓ Ziehen Sie Fantasiebegriffe in Erwägung – das macht Ihren Firmennamen einzigartig.

✗ Der Firmenname darf nicht mit einem bereits bestehenden Firmennamen kollidieren.

✗ Der Firmenname darf nicht mit eingetragenen Marken oder Warenzeichen kollidieren.

✗ Wählen Sie keinen Namen, der bereits auf einer Web Site im Internet existiert.

✗ Wählen Sie keinen Namen, den man mit einer bereits bestehenden Firma in Ihrer Gegend oder in Ihrer Branche verwechseln könnte.

Insider-Tipp

Problematisch kann es sein, wenn ein Firmenname, der einst ideal war, plötzlich nicht mehr passt. Die beste Lösung besteht darin, den Namen teilweise oder schrittweise zu ändern, damit die Kunden genug Zeit haben, um sich an den neuen Namen zu gewöhnen.

Günstig

Das Image, günstiger als die Konkurrenz zu sein, ist beliebt, sollte aber nicht den Eindruck von »billig« im Sinne von »minderwertig« erwecken. Termini wie »gut und preiswert« oder »Super Preis-Leistungs-Verhältnis« lassen auf Sonderangebote schließen. Auch der Firmenname kann bereits eine Anspielung auf günstige Preise enthalten. In der Werbung lassen sich Faktoren herausstreichen, die für die niedrigen Preise verantwortlich sind, etwa Fabrikverkauf usw. Auch die Dekoration der Räumlichkeiten und Auslagen sollte in diesem Fall einen schnörkellosen, praktischen Look vermitteln.

Kompetenz und Glaubwürdigkeit

Eigenschaften wie Kompetenz und Glaubwürdigkeit sind besonders relevant, wenn man Erfahrung und Know-how verkauft, egal ob künstlerischer, professioneller oder technischer Art. Hersteller von Hightechgeräten, Designer, Consulting-Firmen und Firmen, die andere

Unternehmen beliefern, sollten immer den Eindruck von Kompetenz erwecken.

Kompetenz lässt sich auf mannigfache Weise vermitteln. Verfügen die Firmeninhaber oder Geschäftsführer über entsprechende Qualifikationen, können sie diese schon im Briefkopf hinter ihrem Namen aufführen. Mitgliedschaft in namhaften Fachverbänden sollte ebenfalls erwähnt werden. Ist ein Unternehmen bereits seit etlichen Jahren im Geschäft, lässt sich Glaubwürdigkeit durch die jahrelange Erfahrung vermitteln. Wenn eine Firma bereits mit hochkarätigen Kunden zu tun hat (wie Regierungsstellen oder bekannte Konzerne), kann man auch diese Tatsache hervorheben. Allerdings sollte man vorher bei den jeweiligen Firmen die Erlaubnis einholen, wenn man ihre Namen so offen erwähnen möchte.

Kompetenz und Glaubwürdigkeit spiegeln sich auch visuell in Prospekten und Broschüren wider – etwa durch Fotos von den repräsentativen Geschäftsgebäuden und -räumen oder von engagierten Mitarbeitern, die darauf während ihrer Arbeit zu sehen sind.

Bequem und praktisch

Bequemlichkeit ist ein Faktor, den man auf vielerlei Weise anbieten kann. Ein Unternehmen kann mit einem günstigen Standort werben (für die Kunden schnell und bequem erreichbar), längere Öffnungszeiten haben, alles »unter einem Dach« vereinen oder einen schnellen Liefer- und Abholservice bieten. Diese Annehmlichkeiten werden meist schon im Namen mit einem Slogan wie »24-Stunden-Service« deutlich. Damit die Botschaft schnell beim Kunden ankommt, sollten Firmenname, Leuchtreklame, Werbeaufschriften usw. groß und auffällig gestaltet sein. Vornehme Zurückhaltung ist hier nicht angebracht.

Der Dienst am Kunden

Das Schlagwort »Der Kunde ist König« wird oft erwähnt, in der Praxis aber nicht immer umgesetzt. Kundenfreundlicher Service sollte jedem Unternehmen am Herzen liegen, da jeder unzufriedene Kunde ein verlorener Kunde ist. In der Praxis lässt sich das durch ein bewusst freundliches Image umsetzen. Unterschriften kann man etwa mit Vor- und Zunamen ausschreiben; auf Werbeanzeigen und Prospekten kann man Fotos von freundlich lächelnden Service-Mitarbeitern abbilden; Geschäftseingang und Verkaufsbereich, ob Büro, Geschäft oder Werkstatt, sollten einladend aussehen (das gilt auch für Fertigungsbereiche, die nicht selten recht vernachlässigt wirken). Auch bei Geschäftsbriefen, Werbetexten und Broschüren sollte man unbedingt auf einen persönlichen und freundlichen Stil achten. Gerade in den Werbeunterlagen sollte man den kundenorientierten Service des Unternehmens herausstreichen, zum Beispiel, indem man den Kunden persönlich anspricht oder einen Mitarbeiter namentlich als Ansprechpartner aufführt und dafür sorgt, dass der Kontakt zu ihm leicht herzustellen ist.

Das etwas andere Angebot

Frisches Gemüse direkt vom Bio-Bauern ist eine Dienstleistung der etwas anderen Art. Bequemer Lieferservice und gute Qualität gehören hier zum Firmenimage.

Auch was man am Telefon sagt und vor allem wie man es sagt, ist entscheidend, ebenso, dass man Anrufe schnell entgegennimmt. Eine kleine Firma, deren Büro nicht immer besetzt ist, braucht einen Anrufbeantworter bzw. eine Rufweiterschaltung zum Handy, denn ein verpasster Anruf kann ein verlorenes Geschäft bedeuten.

Auch Ihre Mitarbeiter sollten stets gewärtig sein, wie wichtig es ist, immer freundlich und hilfsbereit auf die Kunden zuzugehen, damit jeder Besuch zu einem positiven Erlebnis wird.

DAS SPART GELD

Versuchen Sie Ihr Briefpapier am Computer selbst zu gestalten und drucken Sie es auf hochwertigem Papier aus, möglichst in Farbe. So kann man die Kosten für professionell gedrucktes Briefpapier sparen oder hat eine Notlösung, falls sich zum Beispiel Telefonnummern überraschend geändert haben.

DESIGN UND ZEITGEIST

Jedes Unternehmen, das Design und kreative Erfahrung im weitesten Sinne verkauft, muss ein Image vermitteln, das zu seinen Produkten oder Dienstleistungen passt. Ein wichtiger Aspekt bei einem mode- und designorientierten Image ist die Aufmerksamkeit auf die Details sowie das Wahrnehmen und Schaffen neuer Looks. Ein langweiliges, farbloses Image wäre hier fatal. Ein modernes Image dagegen spiegelt aktuelle Trends wider, die allerdings schnell überholt sein können. Ein trendiges Image muss daher wesentlich häufiger erneuert und überarbeitet werden als etwa ein klassisches.

EXKLUSIVITÄT

Was den Kunden von Luxusmarken anzieht, ist auch die Tatsache, dass deren Produkte nicht von jedermann gekauft werden. Exklusivität kann ein passendes Image sein, wenn man hochwertige Produkte und Dienstleistung in kleinen Mengen anbietet (siehe auch Prestige).

INTERNATIONALITÄT

Eine kleine Firma, die exportieren oder die Vertretung eines ausländischen Unternehmens übernehmen möchte, sollte ein internationales Image vermitteln. Zunächst könnte man etwa das eigene Land im Briefkopf und auf anderen Vordrucken aufführen. Hat man Geschäftspartner im Ausland, gebietet es die Höflichkeit, die Ländervorwahl auf den Geschäftsunterlagen anzugeben. Ein Anschreiben, das in die jeweilige Landessprache übersetzt ist, signalisiert ebenfalls Höflichkeit und Interesse, ins Geschäft zu kommen. Wenn man bereits ein Büro oder einen Ansprechpartner im jeweiligen Land besitzt (Vertreter, Vermittler, Importeur usw.), sollte man dessen Adresse ebenfalls im Briefkopf mit aufnehmen.

INTIMITÄT

Manche Nachtlokale, Friseure, Kosmetiksalons, Cocktailbars und Boutiquen möchten den Eindruck von Intimität vermitteln. Gedämpftes Licht, geschmackvolle Einrichtung, gedämpfte Lautstärke und ein allgemeines Gefühl von Geborgenheit können dieses Bild vermitteln.

LANDESWEITE TÄTIGKEIT

Wenn ein Unternehmen landesweit tätig ist, lässt sich das im Firmennamen transportieren. Zusätze wie »National«, »International« oder ein Hinweis auf die Nationalität im Firmennamen sind gesetzlich geregelt (siehe S. 179). Hat eine Firma mehrere Niederlassungen, kann sie diese auf den Geschäftsunterlagen (Briefpapier, Visitenkarten usw.) erwähnen.

PRESTIGE

Prestige ist ein bedeutender Imagefaktor, wenn man Produkte oder Dienstleistungen an große Unternehmen oder an wohlhabende Kundschaft verkaufen möchte. Prestige lässt sich durch einen entsprechenden Firmennamen, aber auch durch ein elegantes Logo, die exklusive Adresse, das edle Briefpapier und die Innenausstattung vermitteln.

PROFESSIONALITÄT

Besonders Dienstleistungsunternehmen müssen einen professionellen Eindruck vermitteln. Das lässt sich relativ einfach durch schnelles Entgegennehmen von Telefonanrufen, rasche Beantwortung etwaiger Anfragen und eine ordentliche Buchhaltung signalisieren. Bei Kundenbesuchen sind ein gepflegtes Äußeres, Pünktlichkeit und ein sachliches, klares Herangehen an Probleme von Vorteil.

QUALITÄT

Ein weiterer Faktor, der häufig zitiert, aber nicht immer erreicht wird. Qualität zählt zu den wichtigsten Imagefaktoren jedes Unternehmens. Je nachdem, in welcher Branche man tätig ist, lässt sich Qualität auf unterschiedliche Weise vermitteln. Hersteller betonen Qualität durch Hinweise auf strenge Qualitätskontrollen und engagierte Mitarbeiter, Einhaltung von DIN-Vorschriften oder EU-Standards. Dienstleistungsunternehmen vermitteln den Eindruck von Qualität über bekannte Markennamen, die sie verwenden oder verkaufen, oder qualitätsbewusste Unternehmen, die sie beliefern. Selbst in Briefpapier oder Werbeprospekten kommt das Gewicht zum Vorschein, das ein Unternehmen auf Qualität legt. Aufmerksamkeit auf kleinste Details trägt ebenfalls zum Qualitätsimage bei. Empfehlungen zufriedener Kunden (mit namentlicher Nennung) sind ebenfalls hilfreich. Die bloße Aussage, dass man um Qualität bemüht ist, beeindruckt kaum einen Kunden.

Erklären Sie jedem Ihrer Mitarbeiter, welches Image Sie vermitteln wollen.

SCHNELLER SERVICE

Manche Unternehmen legen besonderen Wert auf die Betonung, dass sie auf Kundenwünsche schnell reagieren. Typische Beispiele sind Kfz-Werkstätten, die sich auf Reifenwechsel spezialisiert haben, Schuster oder Schlüsseldienste. Dieses Image kommt oft schon im Firmennamen zum Tragen, und auch die Werbung unterstreicht die sofortige Auftragsausführung. In allen schriftlichen Unterlagen – Anschreiben, Prospekte oder Werbung – muss die Telefonnummer deutlich erkennbar sein. Man kann auch die Telefonnummer im Telefonbuch oder in Branchenverzeichnissen zusätzlich besonders deutlich hervorheben lassen. Allerdings sollte dann auch immer jemand im Büro sein, der die Anrufe entgegennehmen kann; falls nötig gibt man eine Mobilfunknummer an.

VERLÄSSLICHKEIT

Verlässlichkeit hat hier zwei Bedeutungen: zum einen die Verlässlichkeit von Maschinen und Geräten und zum anderen die Verlässlichkeit als Geschäftspartner. Die Faktoren, die einen Eindruck von Verlässlichkeit vermitteln, ähneln denen, die auch für Qualität stehen, nur dass in diesem Fall der Zeitfaktor eine wesentliche Rolle spielt. Erst nach geraumer Zeit und entsprechender Erfahrung kann man behaupten verlässlich zu sein. Auch die Erfahrung, dass ein Produkt die versprochene Leistung erbringt, hebt das Vertrauen des Kunden.

UNTERNEHMENSGRÖSSE

Für manche Kunden spielt die Größe des Unternehmens eine wichtige Rolle. Der Faktor Größe kann schon im Briefpapier zum Ausdruck gebracht werden, etwa durch eine Auflistung aller Filialen oder der Zahl der Gesellschafter und Vorstände. In Broschüren kann man zu diesem Zweck die Mitarbeiterzahl, den Jahresumsatz oder die Produktionskapazität erwähnen.

Für einen Wiedererkennungswert sorgen

Es gibt viele Möglichkeiten, um Produkten, Dienstleistungen und allem, was das Unternehmen visuell hervorbringt, einen hohen Wiedererkennungswert zu geben. Ein einheitliches Fimenimage, auch Corporate Identity (CI) genannt, ist ein wichtiges Marketing-Instrument.

LOGOS UND MARKENNAMEN

Das Logo ist ein unverwechselbares Symbol, durch das die Kunden ihr Unternehmen, seine Produkte und Dienstleistungen sofort identifizieren können. Es ist zentraler Bestandteil des Firmenimage und verrät idealerweise bereits etwas über das Unternehmen. Logos mit hohem Wiedererkennungswert haben meist eine lange Tradition oder müssen durch teure Werbekampagnen populär gemacht werden.

Logos sollten von einem Grafiker entworfen werden – selbst gebastelte Logos sehen meist unprofessionell aus. Ein Logo kann einfach aus einem Schriftzug bestehen, der immer mit der gleichen Type und Farbe dargestellt wird, oder ein Zeichen bzw. eine Grafik beinhalten. Wichtig ist, dass man eine klare Vorstellung davon hat, was man mit dem Logo aussagen möchte. Der Grafiker wird einem zunächt einige Vorschläge präsentieren. Steht das Logo fest, sollte es auf all Ihren Produkten auftauchen, aber auch auf Prospekten, Werbeunterlagen, Verpackung usw.

Der Markenname bzw. die Marke ist der Name, unter dem man ein Produkt und seinen Hersteller erkennt. Der Markenname, der auch auf Etiketten und Verpackungen erscheint, muss nicht mit dem Firmennamen identisch sein. Wenn ein Unternehmen verschiedene Produkte herstellt, deckt der Firmenname kaum alle Produkte ab, und so ist die Vermarktung mit hilfe verschiedener Markennamen einfacher.

Bei einem relativ kleinen Kundenstamm (bis zu 100 Personen) wird sich die Mehrheit der Kunden das Logo und die Marke oder die Marken ihrer Firma schnell merken. In diesem Fall sind Logos und Markennamen nützliche Instrumente. Hat man es jedoch mit einem breiten Verbrauchermarkt von vielen 1000 Personen zu tun, wird es länger dauern, bis die Mehrheit Ihr Logo und Ihre Marke erkennt, es sei denn, man hat entsprechend viel Werbung betrieben. Mit steigendem Wiedererkennungswert ist der Markenname ein wertvolles Marketing-Instrument, da viele Menschen gerne Marken kaufen, die ihnen vertraut sind und die sie in der Vergangenheit für gut befunden haben.

MARKENNAMEN
Virgin ist ein erfolgreicher Markenname, der inzwischen weltweit verbreitet ist. Die Farben und der markante Schriftzug tauchen auf so unterschiedlichen Artikeln wie Softdrinks, Flugzeugen und Tonträgern auf.

AUSSENREKLAMEN

Firmenschilder oder Schriftzüge sind in jeder Firma eine praktische Notwendigkeit. Professionell Zeichen zu setzen, auch im übertragenen Sinne, verstärkt das Image eines Unternehmens. Schriftzüge und Schilder müssen leicht lesbar sein und schnell Informationen transportieren.

Ihr Firmenschild kann als Wegweiser Kunden zu Ihrem Firmensitz lotsen. Aufgrund des Schildes weiß der Kunde, dass es Sie gibt, und soll Sie dann auch finden – so sind auch diese Hinweisschilder bereits ein wichtiger Werbeaus-

hang für Ihr Geschäft. Hat man ein Logo, das man auf diesen Schildern anbringen kann, steigt der Erkennungswert. Auch Ihren Unternehmenssitz selbst ziert ein Schild, sei es nun ein Ladenschild, das Firmenschild an einem Industriebetrieb oder an der Eingangstür zu Ihrem Büro. Firmenschilder sind auch perfekte Werbeträger, wenn Sie eine Arbeit an einem anderen Ort ausführen, zum Beispiel als Bauunternehmer auf einer Baustelle oder als Cateringservice auf einer Messe. Firmenschilder können Sie aber auch in Ihrem Firmengebäude, etwa am Eingang zu einem Showroom, und auf Ihren Produkten anbringen.

Nicht nur der Inhalt zählt, auch die Verpackung kann ein Produkt verkaufen.

WERBESLOGANS

Ein Werbeslogan sollte kurz, prägnant und vielseitig verwendbar sein – auf Werbeträgern, Briefpapier, Flugblättern sowie in Rundfunk- und Fernsehwerbungen. Der Slogan vermittelt das einzigartige Verkaufsangebot des Unternehmens und damit auch das Firmenimage. Einen aussagekräftigen Werbeslogan zu finden ist nicht leicht und erfordert gründliche Überlegung.

Auf die Verpackung kommt es an

Design und Herstellung von Verpackungen sind mittlerweile selbst zu einem komplexen Industriezweig geworden. Der Verpackung kommt bei der Imagegestaltung große Bedeutung zu. Auch wenn man dabei in erster Linie an attraktive Verpackungen für den Endverbraucher denkt, spielt die äußere Hülle auch beim Business-to-Business-Handel eine wichtige Rolle. Selbst ein einfacher Schraubenzieher wird inzwischen attraktiv verpackt. Das Design der Verpackung läuft heute oft parallel zur Produktentwicklung, denn schließlich müssen sich ja beide perfekt ergänzen. Unter Umständen sollte man sich an darauf spezialisierte Verpackungsdesigner wenden.

Die Verpackung muss also den potenziellen Kunden ansprechen, sich von den Konkurrenzprodukten im Regal abheben und noch eine Reihe anderer Voraussetzungen erfüllen:

- **AUFFALLEN** Man schätzt, dass der Kunde eines Supermarktes durchschnittlich in einer Sekunde einen Meter Regalfläche von oben nach unten überfliegt. Die Verpackung muss dem Verbraucher also inmitten all der anderen Waren ins Auge stechen und ihn sofort über ihren Inhalt informieren. Was einen Artikel auffällig macht, lässt sich nicht verallgemeinern. Man muss jedoch eine exakte Vorstellung davon haben, wo genau und wie der

Artikel verkauft werden soll. Beim Design von Buchumschlägen ist der Buchrücken besonders wichtig, denn der ist meist das Einzige, was man von einem Buch sieht, wenn es im Regal steht.

- **TRANSPARENZ** Die Verpackung muss die positiven Seiten des Artikels ersichtlich machen. Das lässt sich auf vielerlei Art erreichen, etwa über Sichtfenster. Gerade im Einzelhandel sind Größe und Form der Verpackung sehr wichtig, da die Artikel in die Standardregale passen müssen und der Einzelhändler möglichst viele Produkte in seinem Regal unterbringen will. Einige Artikel werden aufgehängt oder in der Auslage ausgestellt – auch dem muss die Verpackung Rechnung tragen. Auf vielen Artikeln muss ein Strichcode angebracht sein und natürlich muss eine Verpackung ihren Inhalt auch vor grober Behandlung schützen. Wenn Sie an größere Einzelhändler verkaufen, sollten Sie zuerst einen Prototyp Ihrer Verpackung präsentieren und diesen mit ihnen besprechen.
- **CORPORATE IDENTITY** Die Verpackung muss das Image des Unternehmens widerspiegeln und, je nach der Marketing-Strategie, sich entweder in das Image der anderen Firmenprodukte einfügen oder das Produkt davon abheben, weil es einen anderen Zielmarkt hat.
- **GESETZLICHE VORSCHRIFTEN** In manchen Bereichen wie bei Lebensmitteln, Kosmetika und Spielzeug müssen auf der Verpackung gesetzlich vorgeschriebene Angaben zum Inhalt gemacht werden.
- **UMWELTFREUNDLICHKEIT** Verpackungsmüll ist ein erhebliches Umweltproblem geworden. Umweltbewusste Verbraucher verlangen vom Hersteller heute vermehrt biologisch abbaubare, wiederverwendbare oder recycelbare Verpackungen. Solch eine Verpackung kann auch wesentlich zum Firmenimage beitragen. Wenn Sie derartige Verpackungen verwenden, lassen Sie dies auch die Verbraucher wissen!
- **TRANSPORT UND LAGERUNG** Die Verpackung muss die Ware beim Transport und bei der Lagerung schützen. Abmessungen und Form sollten so beschaffen sein, dass sie in Transportcontainer oder auf Europaletten passen.
- **PREIS** Verpackung kann einen Löwenanteil an den Stückkosten eines Artikels ausmachen. Sie sollten also Ihre Möglichkeiten und die Kosten genau prüfen. Vielleicht fällt Ihnen bei dieser Gelegenheit eine neue, besonders originelle Verpackung ein, die vergleichbaren Konkurrenzprodukten überlegen ist.

INSIDER-TIPP

Wenn die ersten Muster Ihrer neuen Verpackung fertig sind, müssen Sie sie zunächst testen. Das geschieht am besten in der Praxis in unmittelbarer Nähe zu Konkurrenzprodukten. Fragen Sie einen Einzelhändler, ob Sie Ihre Prototypen in seine Regale stellen können. Wählen Sie dabei sowohl hohe als auch niedrige Regalpositionen und fragen Sie den Händler dann nach seiner Meinung.

TRADITIONELLE VERPACKUNG
Gläser oder Flaschen als Verpackung für Lebensmittel wie Marmelade oder Getränke haben einen doppelten Vorteil: Man erkennt das Produkt sofort und es ist gut geschützt.

Redesign einer Verpackung

Ihrer Verpackung von Zeit zu Zeit ein neues Design zu verpassen stellt eine kostengünstige Möglichkeit zur Imageverbesserung dar. Die anfänglichen Entwurfs- und Entwicklungskosten sind eine einmalige Ausgabe und das Endergebnis kann jahrelang Bestand haben. Wenn Ihnen das aktuelle Design überholt vorkommt, sollten Sie sich über eine Neugestaltung Gedanken machen. Wenn Sie ohnehin gerade eine neue Produkt- oder Dienstleistungspalette auf den Markt bringen, könnten Sie gleichzeitig auch die Verpackung der bestehenden Produkte neu gestalten, um dem gesamten Sortiment einen neuen Look zu verleihen.

Die Puzzlestücke zusammensetzen

Jede Manifestation nach außen trägt zum Image eines Unternehmens bei – vom Briefpapier (aber auch wie die Briefe geschrieben werden) über die Visitenkarten, Prospekte, Auftragsformulare, Rechnungen, sämtliche Formen der Werbung, Homepage, Firmenname, Adresse, Logo, Markennamen, Werbeslogan, bis hin zur Verpackung, den Räumlichkeiten und ihrer Einrichtung, Firmenschildern, Fuhrpark und der Bekleidung der Mitarbeiter. Das sind alles materielle Faktoren. Die immateriellen Aspekte, wie beispielsweise die Empfangsdame Ihre Besucher begrüßt, wie Telefonanrufe entgegengenommen werden und wie das Verkaufspersonal mit Kunden umgeht, sind ebenfalls von Bedeutung. Ein optimales Firmenimage erzielt man daher erst, wenn man all diese Faktoren zusammenfasst und den Mitarbeitern deutlich gemacht hat, welche Art von Image man vermitteln möchte und aus welchen Gründen.

Es macht durchaus Sinn, Zeit und Mühe zu investieren, um alle Aspekte des Images zu koordinieren. Beständigkeit ist hier das Stichwort. Fängt man mit einer Linie an und wechselt dann die Richtung, stiftet man oft nur Verwirrung. Ein prägnantes, einheitliches Firmenimage erzielt man nicht von heute auf morgen. Eine kleine Firma kann jedoch mit geringem zusätzlichem Aufwand ein ansprechendes, wirkungsvolles Image kreieren. Wenn Sie ein Unternehmen gründen, sollten Sie sich von Anfang an Gedanken zu all diesen Aspekten machen. Aber auch wenn Ihr Unternehmen schon etabliert ist, sollten Sie sich die Zeit nehmen, einmal Ihr Image zu überprüfen. Versuchen Sie herauszufinden, welche Assoziationen Ihr Unternehmen und Ihre Produkte wecken, und reagieren Sie dann entsprechend. Wenn Sie eine Vorstellung von dem Image haben, das Sie vermitteln möchten, können Sie mit vielen kleinen Veränderungen beginnen, die schließlich in der Summe Ihr neues Image erschaffen.

MARKETING-PLAN

Der Marketing-Plan ist die Endstufe der Marktforschung. In diesem Plan legt man fest, welche Ziele man anstrebt und wie man sie erreichen will. Ein solcher Plan ist besonders nützlich, wenn das Unternehmen bereits seine Geschäftstätigkeit aufgenommen hat, da er einen Leitfaden für die gesamte Marketing-Strategie darstellt, angefangen beim Marketing-Budget bis hin zum voraussichtlichen Ergebnis. Ein Marketing-Plan ist daher mehr als reines Marketing – er gibt die Richtung vor, in die sich das Unternehmen bewegt, und beinhaltet auch Umsatzprognosen. Dabei kommen nicht nur Geschäftsbereiche zum Vorschein, die sich nicht so erfolgreich entwickelt haben wie erwartet, sondern auch solche, die man in Zukunft ertragbringender gestalten kann. Die Lancierung eines neuen Projekts erfordert ebenfalls eine gut geplante Marketing-Strategie – mehr Information dazu finden Sie auf den Seiten 73–75.

Unternehmerischer Erfolg hängt in hohem Maße auch von einer vernünftigen Planung ab. Gerade die Inhaber kleiner Firmen meinen oft, auf eine Marketing-Planung verzichten zu können, da sie das Gefühl haben, sämtliche Geschäftsvorgänge zu überblicken. Ein Unternehmen, das nicht oder kaum plant, kann aber meist nur passiv auf Geschehnisse reagieren, anstatt bereits im Vorfeld aktiv zu agieren. Oft fehlt eine konkrete Ausrichtung, oder die Strategien werden ständig geändert. Solche Unternehmen kommen bei plötzlich auftretenden Problemen leicht ins Trudeln und verlieren dann durch Krisenmanagement wertvolle Zeit.

BUSINESS-PLAN ALS GRUNDLAGE

Ein Business-Plan, der gewöhnlich vor Aufnahme der Geschäftstätigkeit aufgestellt wird – meist mit dem Ziel der Kapitalbeschaffung –, konzentriert sich in der Regel auf das erste

FALLSTUDIE: Marketing mit langfristigen Zielen verbinden

H. BAUER UND SEIN PARTNER machten sich mit der Konstruktion und dem Vertrieb von Wintergärten selbstständig. Inzwischen beschäftigt das Unternehmen 20 Mitarbeiter und zahlreiche Vertreter. In der schnellen Wachstumsphase wurde kurzfristig geplant, doch inzwischen war das Unternehmen gut etabliert. Die Geschäftspartner hatten den Eindruck, dass sie nun langfristiger planen sollten. Monatelang diskutierten sie mehrere Möglichkeiten, wie das Unternehmen als solches weiter auszubauen sei: durch Aufnahme eines zusätzlichen Produkts oder die Übernahme eines ähnlichen Betriebs. Jede der beiden Möglichkeiten würde ihre Marketing-Strategie nachhaltig beeinflussen.

Nach weiterer Recherche und Gesprächen mit ihrem Steuerberater kristallisierte sich schließlich die Akquisition eines Konkurrenzbetriebs als beste Maßnahme zur Steigerung des Wachstums heraus. Zu diesem Zweck beschlossen sie, ihre Marketing-Strategie beizubehalten, bis sie einen geeigneten Betrieb gefunden hätten, bauten aber gleichzeitig Rücklagen für den Kauf auf und schmiedeten erste Pläne für eine Marketing-Kampagne nach der Übernahme.

Geschäftsjahr. Er beinhaltet die Bereiche Marktforschung, Werbung und Verkaufsförderung. Dieser Plan legt die anfängliche Ausrichtung des Unternehmens fest. Unternehmensgründer sollten daher eine gründliche Marketing-Strategie ausarbeiten und diese in den Business-Plan aufnehmen.

Ein Marketing-Plan ist also eine genauere, überarbeitete Variante des Business-Plans. Er setzt dort an, wo der Business-Plan aufhört, nämlich nach dem ersten Geschäftsjahr. Man kann mit der Aufstellung eines Marketing-Plans schon nach ein paar Monaten beginnen, sobald man erstes Zahlenmaterial in der Hand hat. Nachdem der Marketing-Plan auf tatsächlichen Betriebsergebnissen beruht, ist er meist exakter und aussagekräftiger als der Business-Plan.

WAS BRINGT DER MARKETING-PLAN?

Es lohnt sich auch finanziell, Zeit für eine präzise Marketing-Planung aufzuwenden, da man dabei die besten Möglichkeiten zur Umsatzsteigerung entdecken kann. Kleine, junge Unternehmen tendieren nämlich häufig dazu, jeder Absatzmöglichkeit nachzugehen, in der Hoffnung, damit kurzfristig große Umsätze zu erzielen. Selbst etablierte Kleinunternehmen, die ihre Marketing-Strategie noch nie formell festgehalten haben, profitieren von einem derartigen Marketing-Plan.

Je gründlicher Ihre Planung, desto besser wird das Ergebnis ausfallen!

Im Gegensatz zum Business-Plan, der sicher eine Reihe von Fachleuten vorgelegt wurde – Bankleuten, Steuerberatern und Unternehmensberatern –, dient der Marketing-Plan allein dazu, sich intern einen Überblick über die Unternehmenssituation zu verschaffen. Es empfiehlt sich jedoch, den Inhalt mit den leitenden Mitarbeitern zu besprechen und ihnen die Richtung mitzuteilen, die man aufgrund der Daten aus dem Marketing-Plan einschlagen will.

Wenn Sie also einen Marketing-Plan erstellt haben, sollten Sie ihn anschließend nicht einfach in die Schublade legen und dort vergessen.

DAS SPART ZEIT

Verkaufen Sie mehr an Ihre bestehende Kundschaft – oft wird vergessen, dass dies der einfachste Weg zur Umsatzsteigerung ist. Neue Kunden zu akquirieren und ihnen seine Produkte oder Dienstleistungen schmackhaft zu machen, erfordert wesentlich mehr Geld und Mühe.

Ebenso wie Ihr Business-Plan sollte er ein Wegweiser sein, den man regelmäßig konsultiert und aktualisiert (mindestens alle paar Monate). So kann man konkret überprüfen, welche Fortschritte das Unternehmen gemacht hat, ob sich die Umsatzprognosen bewahrheiten und ob man auch all Vorhaben umgesetzt hat.

INHALTE DES MARKETING-PLANS

Er sollte folgende Fragen beantworten:

- **WO STEHE ICH?** Der Plan zeigt auf, welche Geschäftsbereiche rentabler sind als andere und damit mehr gefördert werden müssen. Er kann aber auch darauf hinweisen, welche Bereiche nicht oder kaum rentabel waren und damit aufgegeben oder verändert werden sollten. Wenn Sie also etwas ausprobiert haben, das nicht erwartungsgemäß funktionierte, zeigt Ihnen der Plan auf, wo Sie eventuell Fehler gemacht haben.
- **WO WILL ICH HIN?** Dieser Abschnitt umfasst nicht nur potenzielle Gelegenheiten, sondern auch mögliche Gefahren aufgrund von Marktveränderungen, Aktivitäten seitens der Konkurrenz und Ähnliches. Anhand dieser Punkte und der positiven Erfahrungswerte lassen sich jetzt die Ziele für die Zukunft stecken.
- **WIE KOMME ICH DORTHIN?** Der Marketing-Plan kann eine gezielte Marketing-Strategie enthalten, die über einen bestimmten Zeitraum hinaus angelegt ist.

ELEMENTE DES MARKETING-PLANS

ABSCHNITT	INHALT	KOMMENTAR
TEIL 1: VORANGEGANGES JAHR	Ein kurzer Abriss des Vorjahrs mit den wichtigsten Ereignissen (Erfolge und Misserfolge)	■ Überlegen Sie, wie sich die Trends des Vorjahrs in Zukunft weiterentwickeln werden.
TEIL 2: ZIELE	Ein Ziel oder mehrere Ziele setzen (Umsatz, Verkaufszahlen, Kundenzahl usw. oder greifbare Marketing-Ziele wie die Eröffnung einer weiteren Filiale)	■ Formulieren Sie Ihre Ziele knapp. ■ Seien Sie bescheiden in der Zielsetzung – die Ziele müssen erreichbar sein, um motivierend zu wirken. ■ Schreiben Sie sich Ihre Ziele auf.
TEIL 3: PRODUKT/ DIENSTLEISTUNG	Kurze Zusammenfassung der aktuellen Geschäftstätigkeit und eine Beschreibung der Produkte/Dienstleistungen	■ Wenn man etwas niederschreibt, ist man objektiver und kann auch Problembereiche in Betracht ziehen.
TEIL 4: LANCIERUNG DES NEUEN PRODUKTS	Wie weit ist das Projekt gediehen? Wann soll es auf den Markt kommen? Wie soll die Kampagne aussehen?	■ Führen Sie so viele Einzelheiten wie möglich auf, und fügen Sie gegebenenfalls auch einen Zeitplan ein.
TEIL 5: MARKTFORSCHUNG	Kurze Zusammenfassung der wichtigsten Daten der jüngsten Marktinformation	■ Gehen Sie auf Marktprognosen für Ihre Branche ein und auf die Situation Ihrer Kunden und Konkurrenten.
TEIL 6: PREISGESTALTUNG	Zusammenfassung der letzten Preiskalkulation	■ Nehmen Sie gleichzeitig auch die Preise Ihrer Konkurrenz mit auf.
TEIL 7: ABSATZPLAN	Genauere Ausführung, wie der Absatz erfolgen soll, um die oben genannten Ziele zu erreichen	■ Prüfen Sie Ihre Vertriebsstruktur: Wer ist verantwortlich, wer prüft das Ergebnis, was sind die Strategien?
TEIL 8: WERBUNG, VERKAUFSFÖRDERUNG UND PR	Genau anführen, welche Werbung, Verkaufsförderung und PR-Arbeit für das kommenden Jahr geplant sind.	■ Der wichtigste Teil des Marketing-Plans und daher auch meist der umfangreichste
TEIL 9: BUDGET	Berechnung des Marketing-Etats für das kommende Jahr	■ Das Budget bezieht sich auf die unter Punkt 8 aufgeführten Werbe-, PR- und sonstigen Maßnahmen.
TEIL 10: CASH-FLOW-PROGNOSE	Cash-Flow-Prognose für das kommende Jahr	■ Überprüfen Sie, ob die Cash-Flow-Prognose mit den im Marketing-Plan aufgestellten Zielen, Preisvorgaben und dem geplanten Etat übereinstimmt.

Der tatsächliche Inhalt eines Marketing-Plans hängt allein von Ihrem Unternehmen, den Umständen, unter denen Sie den Plan aufstellen, und Ihren persönlichen Planungsvorlieben ab. Einige grundlegende Elemente und Hinweise sind in der Tabelle auf Seite 70 zusammengefasst. So ein Marketing-Plan kann ein am Computer erstelltes Dokument sein oder einfach nur eine handschriftliche Notiz.

Der große Vorteil eines derartigen Plans, der alle Marketing-Aktivitäten umfasst, besteht darin, dass die verschiedenen Marketing-Aspekte nunmehr nicht mehr getrennt voneinander umgesetzt werden. Die erfolgreichsten Marketing-Strategien ergänzen und verstärken sich sogar gegenseitig. Wenn Ihre Homepage zum Beispiel gut ankommt, ist es wichtig, dass Sie im Marketing-Plan genügend Kapazitäten vorsehen, um sie regelmäßig zu aktualisieren – sonst haben Sie eventuell viel Geld und Mühe vergeudet.

Marketing-Budget-Planung

Welche Summen man für seine geplanten Marketing-Aktivitäten einplanen muss, ist oft schwer zu sagen, vor allem, wenn ein Unternehmen noch neu ist und keine oder kaum Betriebsergebnisse vorliegen. Die unten aufgeführte Kalkulationstabelle ist als Leitfaden für Ihre Budget-Planung gedacht. Der Ausgangspunkt von fünf Prozent basiert auf einem Prozentsatz der Umsatzprognose. Bei einem angenommenen

So berechnen Sie Ihr Marketing-Budget

Beginnen Sie mit der Marketing-Budget-Zahl von fünf Prozent. Gehen Sie dann die Tabelle Punkt für Punkt durch. Addieren oder subtrahieren Sie je nach betrieblicher Situation die entsprechenden Prozentpunkte. Faktoren, die in Ihrem Unternehmen nicht relevant sind, lassen Sie aus.

Tabelle zur Berechnung des Marketing-Etats

Faktor	2 Prozent auf zutreffende Faktoren addieren	5 Prozent addieren (die Norm)	1 Prozent von zutreffenden Faktoren abziehen
Alter der Firma	Neu	Jung	Etabliert
Alter des Produkts	Neu	Jung	Etabliert
Innovationsgehalt	Sehr innovativ, der Kunde muss informiert werden.	Einige innovative Details	Nicht innovativ
Standort	Schlechte Lage	Keine gute Lage	Spitzenlage, Renommee
Kundenkreis	Konsumenten	Konsumenten, Handel	Handel und Gewerbe
Vertreter/ Vertragshändler	Keines	Begrenzt	Gute Deckung
Konkurrenz	Feindlich	Harmlos	Keine
Besondere Faktoren	Ja, verstärkter Promotionbedarf	Keine	Nein, geringer Promotionbedarf

Jahresumsatz von 200 000 Euro kommen Sie bei fünf Prozent auf ein Marketing-Budget von 10 000 Euro, welches Werbung, Verkaufsförderung und Öffentlichkeitsarbeit umfasst (nicht jedoch die Kosten für das Verkaufspersonal). Diese Fünf-Prozent-Regel ist jedoch nur ein Anhaltspunkt und kann je nach Unternehmen schwanken, hat sich aber für kleine Betriebe als praktikabel erwiesen.

Etwaige Abweichungen hängen von betriebsspezifischen Faktoren ab, etwa vom Alter des Unternehmens, der Aktualität des Produkts oder der Dienstleistung, vom Standort, von der angestrebten Klientel usw. So muss ein junges Unternehmen, das ein innovatives Produkt verkaufen will, mehr für Marketing-Aktivitäten ausgeben als eine etablierte Firma, die bereits über ein gut ausgebautes Vertriebsnetz verfügt und kaum Konkurrenten hat.

Die Tabelle auf S. 71 ist daher lediglich als Orientierung gedacht und führt einige der Faktoren auf, die Sie berücksichtigen müssen.

Die Marketing-Pläne für ein Produkt müssen sich mit den Produktionsplänen decken.

FALLSTUDIE: Etatermittlung im Einzelhandel

SABINE D. betreibt in der Innenstadt (keine Spitzenlage, aber wenig Konkurrenz) ein Geschäft für Kinderbekleidung. Ausgehend von fünf Prozent ihres geschätzten Umsatzes, ermittelte sie ihren Marketing-Etat wie folgt:
Alter der Firma: neu – plus zwei Prozent
Alter des Produkts: nicht relevant
Innovationsgehalt: nicht relevant
Standort: nicht entlegen, keine Spitzenlage
Kundenkreis: Verbraucher – plus zwei Prozent
Vertreter/Vertragshändler: nicht relevant
Konkurrenz: gering
Besondere Faktoren: keine.

Sabine D. berechnete damit folgendes Marketing-Budget:

5 % + 2 % + 2 % =
9 % des geplanten Umsatzes.

Auch wenn die Faktoren hier alle mit plus zwei Prozent oder minus ein Prozent kalkuliert sind, können Sie einen oder mehr Faktoren, die für Sie besonders wichtig sind, höher oder niedriger bewerten. Zu diesen Sonderfaktoren, die einer verstärkten oder reduzierten Verkaufsförderung bedürfen, können Sie alles zählen, was sich Ihrer Meinung nach auf das Marketing-Budget auswirkt. Wenn Sie Ihre Umsätze überdurchschnittlich steigern wollen, werden Sie mit großer Wahrscheinlichkeit Ihr Marketing-Budget etwas aufpolstern müssen. Auf dieser Doppelseite stellen wir Ihnen zwei Fallstudien vor, bei denen die Betroffenen ihr Marketing-Budget nach der beschriebenen Methode kalkuliert haben.

GEGENRECHNUNG

Zur Kontrolle rechnen Sie die Zahlen, die Sie für Ihr Marketing-Budget geplant haben, gegen: Nehmen Sie dazu die verschiedenen Marketing-Aktionen, die Sie geplant haben – Werbung, Promotion, PR-Arbeit und Vertrieb –, und listen Sie die Tätigkeiten auf, die Sie zur Erreichung Ihrer Ziele noch für nötig halten. Dann kalkulieren Sie die anfallenden Kosten. Dabei sollten Sie so gründlich wie möglich vorgehen. Überlegen Sie genau: Was kostet die Anzeige? Wo und wie oft soll sie erscheinen?

Zählen Sie dann die Kosten der jeweiligen Marketing-Aktivitäten, die Sie gerne realisieren würden, zusammen, vergleichen Sie die Summe mit Ihrem vorläufigen Budget, und stimmen Sie dann Pläne und Budget aufeinander ab.

UNTERSTÜTZUNG DURCH DRITTE

Das Budget lässt sich deutlich erhöhen, wenn man Dritte für Kooperationen gewinnen kann. Ein Einzelhändler kann etwa Unterstützung von seinem Lieferanten erhalten, der bereit ist, einen Teil der Werbekosten zu übernehmen, wenn sein Firmenname und/oder das Logo klar erkennbar sind. Eine weitere Form der Zusam-

FALLSTUDIE: Etatermittlung für einen Produktionsbetrieb

HERR MALI leitete seit zwei Jahren ein kleines Konstruktionsbüro in abgeschiedener Lage. Er will ein neues Produkt für die Ölindustrie herausbringen. Die Firma hatte eine Reihe von Vertragshändlern und keine direkte Konkurrenz. Herr Mali kalkulierte daher wie folgt:
Alter der Firma: jung
Alter des Produkts: neu – plus zwei Prozent
Innovationsgehalt: hoch – plus zwei Prozent
Standort: nicht relevant
Kundenkreis: Gewerbe – minus ein Prozent
Vertreter/Vertragshändler: gute Deckung – minus ein Prozent
Konkurrenz: keine – minus ein Prozent
Besondere Faktoren: Gefahr von Konkurrenz – plus zwei Prozent.

Somit errechnet sich der Marketing-Etat für das Unternehmen von Herrn Mali so:
5 % + 2 % + 2 % - 1 % - 1 % - 1 % + 2 % = 8 % seines geschätzten Umsatzes mit dem neuen Produkt.

menarbeit bestünde, wenn benachbarte Einzelhändler oder Firmen, die nicht miteinander in Wettbewerb stehen, gemeinsam Anzeigenkampagnen oder Flugblattaktionen starten. So kann zum Beispiel ein Stofflieferant einem Bekleidungshersteller unter die Arme greifen oder ein Drucker mit einem Grafikbüro und einem Buchbinder gemeinsam Flugblätter gestalten.

Ins Marketing investieren

Man sollte Marketing-Aktivitäten grundsätzlich als Investition ansehen und nicht als bloßen Kostenfaktor. Werbekampagnen, Verkaufsförderung und PR darf man nicht erst dann in Angriff nehmen, wenn man etwas Geld übrig hat, und gleich wieder aufgeben, sobald das Geschäft gut läuft (und augenscheinlich kein Marketing-Bedarf besteht), oder gänzlich darauf verzichten, weil zu wenig Mittel vorhanden sind.

So wie jede Investition eine Rendite zeigen sollte, so müssen auch Ihre Marketing-Aktivitäten greifbare Ergebnisse liefern. Es macht keinen Sinn, auch nur geringe Summen in eine Kampagne zu stecken, wenn nichts dabei herauskommt. Das wäre reine Verschwendung! Man sollte daher, wenn möglich, jede angedachte Marketing-Methode erst einmal testen, und wenn sie nicht funktioniert, etwas anderes ausprobieren, bis man den richtigen Weg gefunden hat. Wie Sie Ihre Umsatzdaten auf die Wirkung Ihrer Marketing-Strategie hin analysieren können, erfahren Sie auf den Seiten 162–167.

Lancierung eines neuen Projekts

Wenn Sie ein neues Produkt oder eine neue Dienstleistung lancieren wollen, müssen Sie entscheiden, wann und wie Sie damit auf den Markt kommen wollen. Die Planung des Markteintritts erfordert noch genauere Überlegungen als ein Marketing-Plan.

Ist das Projekt schon reif?

Meist ist die Begeisterung für ein Projekt so groß, dass übereilt vorgegangen wird. Die Gefahr möglicher Probleme wird entweder ganz ignoriert oder heruntergespielt. Oft ist kein finanzieller oder zeitlicher Spielraum für Engpässe eingeplant. Nur ganz wenige Projekte sind vor ihrer Einführung perfekt durchorganisiert – nicht nur, was Mitarbeiterschulungen, sondern

INSIDER-TIPP

Viele Firmen müssen ihre Produkte oder Dienstleistungen kontinuierlich bewerben. Das gilt vor allem für innovative Produkte, die direkt an Verbraucher verkauft werden. Überlegen Sie, wie sich diese Marketing-Kosten auf die Preisgestaltung auswirken – Marketing-Strategien und Preise korrelieren.

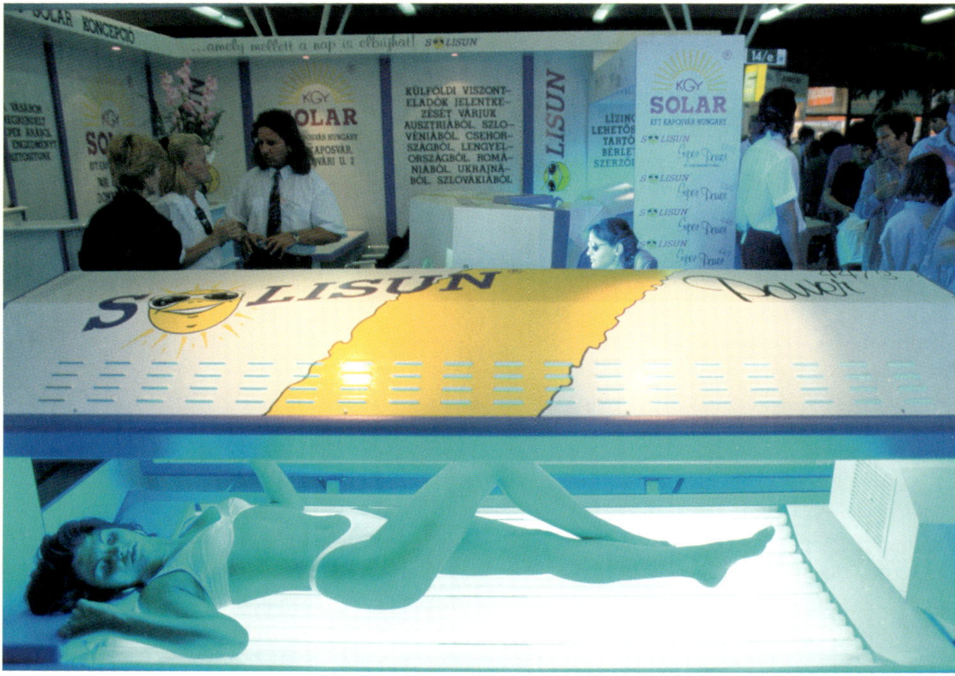

EIN NEUES SOLARIUM WIRD PRÄSENTIERT
Auf der Messe werden Produkt und Herstellerfirma präsentiert; der Kunde hat die Möglichkeit, sich beim Standpersonal zu informieren und das Produkt zu testen.

auch das nötige Back-up (Unterlagen, Verfahren, Ersatzteile, Lager usw.) angeht. Meist artet die Lancierung in einem Überlebenskampf aus, bei dem sich alle Beteiligten verzweifelt bemühen, Termine einzuhalten. Das kostet nicht nur Nerven, sondern führt auch dazu, dass das frisch auf den Markt gebrachte Projekt anfällig wird. Die Konkurrenz kann es leichter angreifen, die Kunden können enttäuscht sein, und der Umsatz stimmt nicht, weil vielleicht zu wenig Verkaufsförderung betrieben wurde, das Lager leer ist, das Projekt nicht voll ausgereift war, die Mitarbeiter nicht entsprechend geschult wurden usw. Um eben dies zu vermeiden, bedarf die Lancierung eines neuen Produkts sorgfältiger Planung.

TIMING

Einer der wichtigsten Punke jeder Planung ist das richtige Timing. Die meisten kleinen Firmen bringen ihr Projekt einfach auf den Markt, wenn es fertig ist, auch wenn der Zeitpunkt nicht stimmt. Ein Fachgeschäft, das zum Beispiel im Januar oder Februar eröffnet, versäumt das gesamte Weihnachtsgeschäft, während ein Hersteller, der seine Produkte nicht rechtzeitig zur entsprechenden Messe herausbringt, eine wichtige Absatz- und Werbemöglichkeit verpasst. Der Drang, ein neues Projekt so schnell wie möglich auf den Markt zu werfen, auch wenn der Zeitpunkt nicht passt, ist allzu verständlich, will man doch endlich Geld damit verdienen und sich nicht von der Konkurrenz einholen lassen. Stimmt jedoch das Timing nicht, kann das gesamte Projekt allein deshalb scheitern.

> Der Plan muss so flexibel sein, dass Sie noch in letzter Minute Änderungen vornehmen können.

Beim Markteintritt hat man daher auch auf die richtige Jahreszeit zu achten (Man muss einen Zeitpunkt wählen, zu dem der Kunde zum Kauf bereit ist und darf nicht hoffen, dass der Kunde kauft, wenn man auslieferungsbereit ist!), ebenso auf die anzunehmende Reaktion der Konkurrenz, die vielleicht die Lancierung zu vereiteln versucht. Bei einem Produkt (weniger bei einer Dienstleistung) sollte man zudem die Vorlaufzeit berücksichtigen, die zur Produktion und zum gründlichen Testen nötig ist, und für ausreichenden Lagerbestand sorgen, um die anfängliche Nachfrage decken zu können. Bei einem Dienstleistungsunternehmen kann die Mitarbeiterschulung ausschlaggebend sein.

TERMINPLANUNG

Eines der einfachsten Planungsinstrumente ist eine Wandtafel, auf der die wichtigsten Fristen und Termine vermerkt sind. Anschließend trägt man ein, was zur Erfüllung dieser Termine getan werden muss. Planen Sie jedoch in jeder Phase etwas Spielraum ein, damit eine Verzögerung nicht das gesamte Projekt in Gefahr bringt. Bedenken Sie auch, dass Sie firmeninterne Prozesse wesentlich besser unter Kontrolle haben als Arbeiten, die Sie von Dritten erledigen lassen.

DAS SPART ZEIT

Gehen Sie bei einer gründlichen Planung mit engen Fristen die verschiedenen Möglichkeiten durch. Machen Sie Tätigkeiten ausfindig, die für eine pünktliche Lancierung entscheidend sind. Überlegen Sie dann, welche Tätigkeiten gleichzeitig erledigt werden können und welche von der Ausführung Dritter abhängen.

MAXIMALER WERBEEFFEKT

Die Lancierung eines neuen Produkts oder einer neuen Dienstleistung ist eine hervorragende Möglichkeit, die Werbetrommel zu rühren. Und dies sollte man sich nicht entgehen lassen! Vergleichen Sie, ob die Daten Ihres Marketing-Plans mit den Einführungsterminen übereinstimmen. Ihr Ziel dabei sollte es sein, einen höchstmöglichen Werbeeffekt zu erreichen, damit die potenziellen Kunden so schnell wie möglich auf das neue Projekt aufmerksam werden. Diese Öffentlichkeit zum richtigen Zeitpunkt zu erhalten, sei es durch Werbekampagnen, Flugblattaktionen oder andere Arten der Verkaufsförderung, erfordert eine sorgfältige Orchestrierung aller Maßnahmen.

PARIS
Cook
ROLEX
TIME WATCH
忠信表行
中国刺綉
CHINA PRODUCTS CO.
中国·香港でのお土産は是非当店で

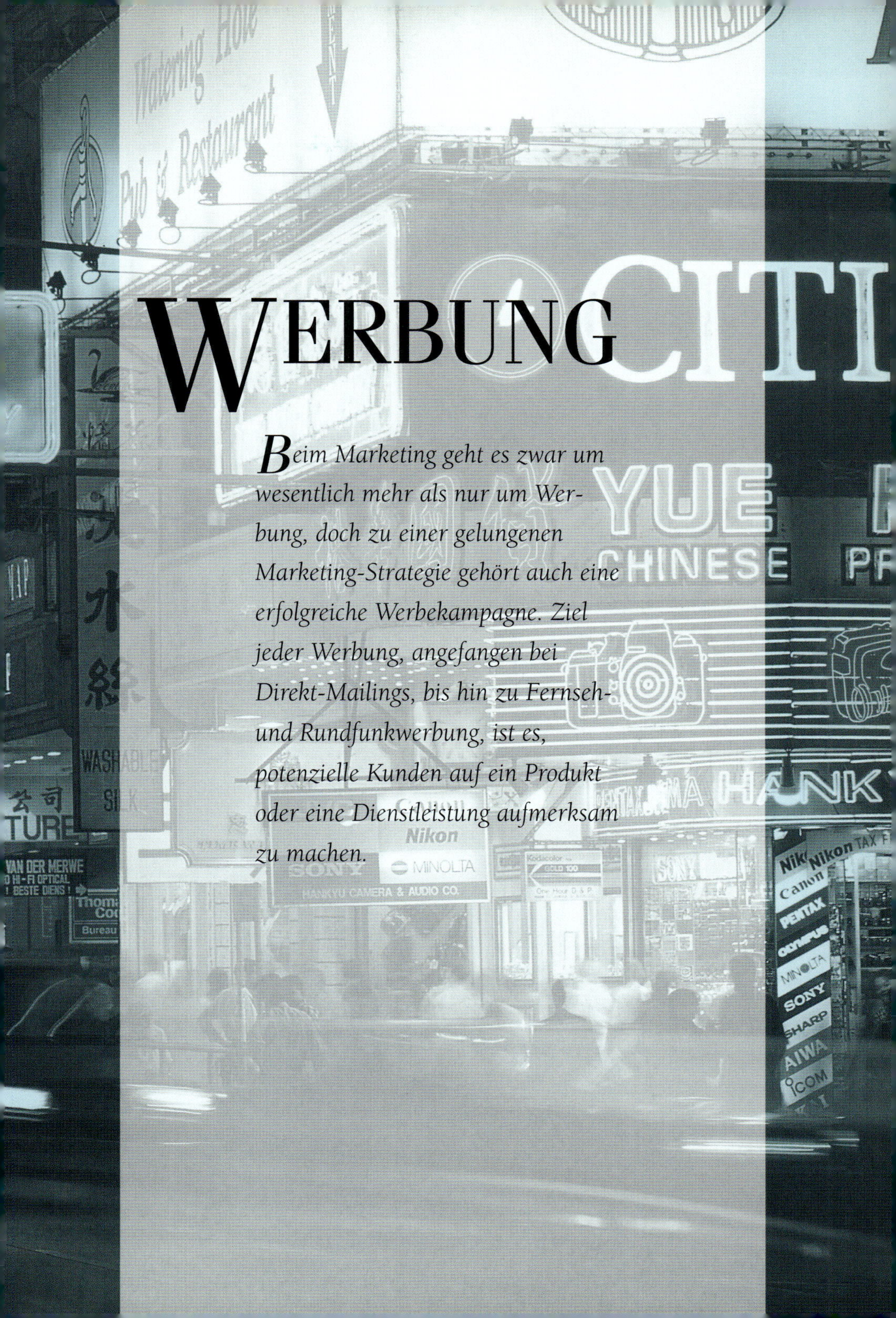

WERBUNG

Beim Marketing geht es zwar um wesentlich mehr als nur um Werbung, doch zu einer gelungenen Marketing-Strategie gehört auch eine erfolgreiche Werbekampagne. Ziel jeder Werbung, angefangen bei Direkt-Mailings, bis hin zu Fernseh- und Rundfunkwerbung, ist es, potenzielle Kunden auf ein Produkt oder eine Dienstleistung aufmerksam zu machen.

GRUNDLAGEN DER WERBUNG

Zu Beginn jeder Werbekampagne müssen die Werbeziele analysiert werden. Sie bestimmen den Werbezeitpunkt und die Werbemittel. Damit Ihre Werbung bei der von Ihnen anvisierten Zielgruppe auch ankommt, müssen Sie zunächst wissen, warum, wo und wann Werbung sinnvollerweise betrieben werden sollte.

Angenommen, Ihre Marktanalyse hat ergeben, dass für das Produkt oder die Dienstleistung, für die Sie werben möchten, tatsächlich ein Markt vorhanden ist. Dann hängt Ihr Werbeerfolg von fünf Hauptelementen ab:

- Festlegung der Werbeziele
- Bestimmung des richtigen Zeitpunkts
- Bestimmung der richtigen Werbemittel
- Gestaltung der Werbung
- Werbeerfolgskontrolle.

Herauszufinden, welche Werbemethode für Ihr Vorhaben die geeignetste ist und welche nicht, gehört ebenfalls zum Marketing-Prozess. Wenn eine Werbekampagne über einen gewissen Zeitraum keinen Erfolg zeigt, kann dies ganz unterschiedliche Gründe haben, wie beispielsweise ein zu geringes Marktinteresse, zu geringe Professionalität bei der Gestaltung der Kampagne, ein unzureichender Werbeetat oder einfach schlecht platzierte Werbeanzeigen.

Lassen Sie sich nicht unter Druck setzen – Sie allein entscheiden, wann und wie geworben wird.

Es ist daher äußerst wichtig, dass man sich jeden Schritt des Werbeprozesses genau überlegt – angefangen bei der Entscheidung, Werbung zu treiben, bis hin zur Kontrolle der letzten Textfassung. Viele kleine Unternehmen machen sich leider wenig Gedanken, welche Alternativen sie überhaupt haben, um eine Werbebotschaft zu vermitteln, wie sie aussehen könnte und wo sie erscheinen könnte – kein Wunder, wenn das Ergebnis dann eher enttäuschend ausfällt!

FALLSTUDIE: Planung einer Werbestrategie

FRAU AMANN wollte eine Auto-Fachzeitschrift auf den Markt bringen, die nur auf CD-Rom erhältlich sein sollte. Sie stand damit nicht nur vor der Herausforderung, eine interessante Veröffentlichung zu gestalten, die sich von den (gedruckten) Konkurrenzprodukten abhob, sondern auch so dafür zu werben, dass genügend Leute sie bestellen bzw. abonnieren. Sie entschied, das neue Magazin zum einen auf ihrer neuen Web Site anzubieten und gleichzeitig in ausgesuchten Auto- und Motorsportzeitschriften, die ihre Zielgruppe ebenfalls ansprachen, Anzeigen zu schalten. Es gelang ihr, einen Rabatt für die Anzeigen auszuhandeln, indem sie den Verlagen Links von ihrer Web Site zu deren Web Site und eine Gratis-Reklame auf ihrer CD-Rom anbot. Frau Amann musste dennoch feststellen, dass ihre Werbekosten im Verhältnis zu ihrem Budget für die Markteinführung recht hoch waren und sie in der Anfangsphase auch weiterhin kräftig die Werbetrommel rühren musste.

Warum Werbung treiben?

Falls Sie ein attraktives, preiswertes Produkt auf den Markt bringen wollen, werden Ihre potenziellen Kunden zum Zeitpunkt der Markteinführung nur davon wissen, wenn Sie diese vorher informiert haben. Und auch wenn ein Produkt oder eine Dienstleistung bereits auf dem Markt Fuß gefasst hat, sollte man die Kunden weiterhin informieren, da so gut wie jedes Unternehmen mit einem natürlichen Kundenschwund rechnen muss. Potenzielle Kunden auf seine Produkte oder Dienstleistungen aufmerksam zu machen erfordert daher Maßnahmen wie Werbung bzw. Verkaufsförderung.

Einige Kleinunternehmen können auf Werbung verzichten und ergreifen lediglich verkaufsfördernde Maßnahmen (siehe S. 128–137). Ein Vorteil, den Werbung im Gegensatz zu verkaufsfördernden Maßnahmen wie dem Versenden von Pressemitteilungen (S. 121–126) besitzt, besteht darin, dass man genau bestimmen kann, was wann und wo gesagt wird – und das kann von größter Bedeutung sein.

Häufig betreibt man Werbung mit dem Ziel der Umsatzsteigerung. Das ist jedoch bei weitem nicht der einzige Grund. Auch wenn auf lange Sicht eine Umsatzsteigerung geplant ist, können die kurzfristigen Ziele einer jeden Werbung unterschiedlich sein, wie die Übersicht auf dieser Seite deutlich macht. Jedes der hier aufgeführten Beispiele verlangt logischerweise eine andere Werbemaßnahme.

VERSCHIEDENE WERBEZIELE

GRUND	ZIELE
NEUES UNTERNEHMEN, NEUES PRODUKT ODER NEUE DIENSTLEISTUNG	Aufmerksamkeit wecken; Unterstützung der eigenen Vertreter und Reisenden; Einzelhandelskunden zum Kauf anregen
ETABLIERTES UNTERNEHMEN, ETABLIERTES PRODUKT ODER ETABLIERTE DIENSTLEISTUNG	Absatz steigern durch Anlocken von Kunden; Unterstützung des Verkaufspersonals; direkte Kundenreaktion fördern
DIREKTVERSAND	Kunden direkt zum Kauf anregen oder Verkaufsvorsprung herausarbeiten
ADRESSÄNDERUNG	Kunden informieren, wo man jetzt anzutreffen ist
MESSE, AUSSTELLUNG, VERANSTALTUNG	Kunden zum Besuch des Messestands usw. anregen
GESCHÄFTSERWEITERUNG	Neue Mitarbeiter rekrutieren

Wann Werbung treiben?

Die meisten kleinen Unternehmen werben, wenn ihre Produkte oder Dienstleistungen verkaufsbereit sind, und stimmen ihre Werbung nicht auf den Zeitpunkt ab, zu dem der Kunde besonders kauffreudig ist. Das gilt ebenso für Unternehmen, die das ganze Jahr über konstante Umsätze haben: Auch hier gibt es Zeiten, in denen die Kunden kauffreudiger sind und die man berücksichtigen sollte. Eine Werbekampagne in der Nebensaison mag preiswerter sein, könnte dann aber auch im Sande verlaufen.

Das richtige Timing einer Werbekampagne unterliegt nicht selten ganz profanen Sachzwängen. Eventuell wollen Sie ein neues Produkt oder eine neue Dienstleistung einführen und dies entsprechend kundtun, doch zu diesem Zeitpunkt sind Ihre potenziellen Kunden nicht in Kaufstimmung. Ein weiteres Problem besteht darin, dass das gewählte Medium seine Werbeplätze bereits vergeben hat und man seine Anzeigen Wochen im Voraus buchen muss. Oft lassen sich Kompromisse finden, die mit der eigenen Terminplanung übereinstimmen, doch das optimale Timing ist nur durch gründliche Planung zu erreichen.

Planung einer Werbekampagne

In den meisten Fällen wird es nötig sein, eine ganze Werbekampagne zu planen, denn eine Anzeige allein wird kaum den gewünschten Erfolg bringen, es sei denn, sie ist absolut genial gestaltet und wird zum Stadtgespräch. Werbeunerfahrene Firmen begehen nicht selten den Fehler, nur eine einzige Werbeanzeige zu schalten – in dem Glauben, dass jeder, der die Anzeige sieht oder im Radio hört, sie auch wahrnimmt und entsprechend reagiert.

Ein verständlicher Einwand gegen eine ganze Werbekampagne sind natürlich die hohen Kosten. Es ist jedoch vorzuziehen, mehrere kleine Anzeigen hinereinander zu schalten, statt den gesamten Werbeetat für eine einzige große Anzeige auszugeben. Die meisten Werbeträger bieten zwar Mengenrabatte an, doch bevor man gleich mehrere neue Zeitschriften oder Zeitungen ausprobiert, sollte man eher mit einer begrenzten Anzeigenzahl beginnen und sich nicht gleich auf einen Langzeitvertrag einlassen, auch wenn der Sonderkonditionen bringt.

Häufige Irrtümer in Bezug auf Werbung

1. Die Annahme, dass eine erfolgreiche Werbung möglichst groß, glänzend und bunt sein muss
2. Die Annahme, dass Werbung bedeutet, ab und an eine einzelne Anzeige in einer Zeitung oder Zeitschrift zu schalten
3. Werbung mit Verkaufsförderung zu verwechseln – Werbung ist ein langsamerer, steter Prozess.
4. Werbung vermeiden aus Angst, man könne mit den Reaktionen nicht umgehen
5. Der Irrglaube, dass Werbung meist verschwendetes Geld sei

Erfolg hat eine Werbekampagne gewöhnlich nur, wenn der potenzielle Kunde genau zum Zeitpunkt des Erscheinens der Kampagne auch einen Bedarf für das neue Produkt oder die neue Dienstleistung hat. Aus diesem Grund müssen kleine Handwerksbetriebe wie Elektriker, Installateure, Dachdecker, Schreiner usw. ständig in kleinem Rahmen Werbung treiben. In jeder Branche kann man mit regelmäßigen Werbekampagnen kontinuierlich Aufmerksamkeit erregen, was die Kaufentscheidung möglicher Kunden beeinflussen kann.

Wiedererkennungswert

Wenn ein potenztieller Kunde den Namen eines Produkts, einer Dienstleistung oder einer Firma zum ersten Mal hört oder sieht, vergisst er ihn gewöhnlich sofort wieder, es sei denn, die Werbung hat eine starke Wirkung auf ihn. Wirkt eine Werbemaßnahme bereits auf den ersten Blick, nennt man diesen Effekt auch Resonanz. Hört oder sieht der Kunde den Namen des Produkts, der Dienstleistung oder der Firma kurze Zeit später erneut, verstärkt dies den Eindruck in seiner Erinnerung.

Jedes Mal, wenn der Name von Neuem fällt, wird dieser Eindruck weiter intensiviert – der Kunde wird immer bewusster. Weisen alle Anzeigen (oder andere Werbemittel) noch zusätzlich das gleiche Thema (visuell oder verbal) auf, wird dieser Eindruck nachhaltig verstärkt. Die Verwendung einer bestimmten Marke und eines einheitlichen Logos macht Ihre Werbung noch wirkungsvoller (siehe S. 64).

Der Wiedererkennungswert lässt sich weiter steigern, indem man eine Werbemethode mit einer anderen kombiniert: Man kann eine Anzeige neben einem passenden redaktionellen Beitrag oder eine Anzeigenserie immer in der gleichen Zeitschrift platzieren; man kann Werbung in unterschiedlichen Medien präsentieren, die aber von der gleichen Zielgruppe frequentiert werden; man kann in einem Rundfunk-Spot auf eine Briefkastenwerbung oder durch eine Anzeige auf eine Aktion im eigenen Laden aufmerksam machen.

	Produkt	Flyer/ Prospekt	Anzeige
April		Besprechung mit Drucker	Werbeplatz buchen
	Prototyp/Modell fertig		
	für den Fototermin	Textentwurf	
	Kontrolle der Fotos		
Mai		Entwurf an die Druckerei	Letzter Abgabetermin
		Andruckkontrolle	für die Reprovorlagen
		Flyer/Prospekte abholen	Andruckkontrolle
Juni	Produktion läuft voll an.		Juniausgabe erscheint.
			Letzter Abgabetermin
			(für die gleiche Anzeige)
Juli			Juliausgabe erscheint.

Einfache Planungstabelle

Hier bringt jemand ein neues Produkt auf den Markt und will in zwei aufeinander folgenden Ausgaben einer Zeitschrift dafür werben. In der Anzeige wird auf einen Prospekt hingewiesen, der natürlich mit Erscheinen der Anzeige fertig sein muss, was bei dieser Planung berücksichtigt wurde.

Das richtige Timing

Eine genauer Terminplan (siehe oben) ist hilfreich. Beginnen Sie bei der Aufstellung mit dem Zeitpunkt, zu dem Sie die Kampagne starten wollen (vielleicht zeitgleich mit der Produkteinführung). Stellen Sie fest, wann die Anzeigen gebucht werden müssen, damit sie zum richtigen Zeitpunkt erscheinen, und wie lange Sie brauchen werden, bis Text und Bildmaterial stehen. Soll die Werbung zeitgleich mit einer weiteren Marketing-Initiative erfolgen (Prospekt, Pressemitteilung, Einführungsveranstaltung usw.), arbeiten Sie dies auch in Ihren Zeitplan ein. Durch eine exakte Terminplanung behalten Sie den Überblick über Ihre eigene Zeit, aber auch über den Stand der Produktion, der Entwicklung einer Dienstleistung und den Fortschritt, den die Kampagne macht.

Wo soll die Werbung erscheinen?

Wenn es um Werbeträger und Werbemittel geht, hat man, so scheint es, geradezu unbegrenzte Möglichkeiten. Soll eine Werbung für ein gezieltes Unternehmen zum Erfolg führen, sieht das schon anders aus. Die besten Werbeträger sind natürlich die, deren Leserschaft oder Zuschauer Ihrem Zielmarkt am nächsten kommen, sowie jene, die zu den Kaufgewohn-

Wahl des richtigen Werbemittels

Werbemittel	Kosten	Vorteile	Nachteile
Direkt-Mailing in Briefform	niedrig	■ Gezielter Kundenkreis ■ Hohe Rückantwortquote (zwei bis fünf Prozent)	■ Adressen sind schwer ausfindig zu machen, die Zusammenstellung ist zeitaufwändig.
Kleines Plakat	niedrig	■ Große Leserschaft ■ Lange Lebensdauer	■ Begrenzte Werbeflächen ■ Die Botschaft muss kurz sein, um Eindruck zu hinterlassen.
Postwurfsendung	niedrig	■ Kann zum Teil auf eine bestimmte Zielgruppe beschränkt werden	■ Geringe Antwortquote ■ Eine Verteilung über die Post ist am effizientesten, kostet aber auch mehr.
Web Site	niedrig/ mittel	■ Großer potenzieller Kundenkreis ■ Multimediale Gestaltung	■ Hebt sich schlecht aus der Menge ab.
Branchenverzeichnisse	niedrig/ mittel	■ Laufzeit von einem Jahr ■ Ermöglicht Vergleich mit Konkurrenzbetrieben ■ Kann eine hohe Auflage haben	■ Lässt sich nur jährlich verändern.
Direkt-Mailing mit Flyer	niedrig/ mittel	■ Gezielter Kundenkreis	■ Rücklaufquote schwankend ■ Druckkosten für Flyer höher als für einen Serienbrief
Anzeige in einer regionalen Zeitschrift	mittel	■ Ortsansässige Leserschaft ■ Kann oft wiederholt werden ■ Kombination mit redaktionellem Beitrag möglich	■ Die Leserschaft ist wesentlich größer als der eigentliche Zielmarkt.
Anzeige in einer Fachpublikation	mittel/ hoch	■ Gezielter Kundenkreis ■ Redaktioneller Beitrag möglich ■ Lange Lebensdauer	■ Werbung in einer relevanten Fachzeitschrift ist meist ohne Nachteil, abgesehen vom Preis.
Hörfunkspot bei einem lokalen Sender	hoch	■ Breites Publikum	■ Extrem kurze Werbezeit, muss daher oft wiederholt werden
Anzeige in einem überregionalen Magazin	hoch	■ Landesweite Leserschaft ■ Vierfarbdruck möglich	■ Kein Einfluss auf das Editorial ■ Lange Vorausplanung nötig

ZEITUNGEN UND ZEITSCHRIFTEN
Die Vielfalt an Zeitungen und Zeitschriften ist geradezu überwältigend. Es lohnt sich jedoch, sich die Mühe zu machen und die Publikationen herauszusuchen, die die gewünschte Zielgruppe am wahrscheinlichsten erreichen.

heiten der Zielgruppe passen. Betrachten Sie daher Werbeträger aufmerksam, und achten Sie darauf, welche Zielgruppe sie ansprechen und an wen sich die anderen Inserenten wenden. Ein Werbebanner an einem Bus etwa wird fast ausnahmslos von Autofahrern wahrgenommen.

Es kommt auch vor, dass die Werbung zwar zur Zielgruppe passt, aber nicht mit deren Kaufgewohnheiten übereinstimmt. Branchenverzeichnisse können zum Beispiel gut zum Zielmarkt passen, aber wenn die potenziellen Käufer nicht automatisch auf diese Verzeichnisse zurückgreifen, nützt auch die beste Anzeige nichts.

Auch muss die werbetreibende Firma die Reaktion, die aufgrund einer Kampagne erfolgen kann, auch tragen können. So mag es einen mit Stolz erfüllen, wenn man seine teure Anzeige in der Wochenendbeilage einer überregionalen Tageszeitung sieht, doch was nützt das, wenn Ihr Unternehmen nur über eine Verkaufsstelle verfügt und Bestellungen über Postversand und andere Vertriebskanäle nicht möglich sind.

Zu den weniger üblichen Werbeträgern, die für bestimmte Kleinunternehmen nützlich sein können, zählen Werbebanner auf Verkehrsmitteln wie Bussen, Taxis oder S-Bahn-Wagons, aber auch Plakate an Haltestellen. Selbst auf kleinstem Raum wie auf Parkuhren oder auf der Rückseite von Tickets ist Platz für Werbetexte, oder man nutzt die große Werbefläche einer Kinoleinwand. Auch die großflächigen Plakatwände in den Städten erreichen ihr Publikum. Denken Sie daher über das Einzugsgebiet Ihres Unternehmens nach, und stellen Sie eine Liste der möglichen Werbeplätze auf.

Sie können auch andere Mitbewerber aus Ihrer Branche fragen, welches Werbemittel sich am besten zur Erreichung Ihrer Zielgruppe eignet. Oder überlegen Sie doch einfach mal,

Werbeträger zielorientiert einsetzen			
Kunden	**Kundenverteilung**	**Geeignete Werbeträger**	
Konsumenten	lokal	■ Lokalzeitungen ■ Postwurfsendung ■ Plakate ■ Busse, Taxen	■ Lokalzeitungen ■ Lokales Radio ■ Branchenverzeich-nisse (Gelbe Seiten)
	regional/national	■ Regionale und über-regionale Zeitungen ■ Web Site	■ Überregionale Publikumszeit-schriften
Handel und Gewerbe	lokal	■ Branchenverzeich-nisse (Gelbe Seiten) ■ Direkt-Mailing	■ Bestimmte Rubrik in Lokalblättern ■ Busse, Taxis
	regional/national	■ Fachzeitschriften ■ Direkt-Mailing	■ Branchenverzeichniss ■ Web Site

welche Werbemittel Ihre Konkurrenz verwendet und welche nicht. Die oben abgebildete Tabelle sollte Ihnen die Wahl etwas erleichtern.

Verschiedene Zeitungen und Zeitschriften ausfindig machen

Die Titel der in Frage kommenden Zeitschriften und Zeitungen kann man beispielsweise in der Bibliothek oder bei einem entsprechenden Fachverband recherchieren. Hat man eine Reihe interessanter Publikationen gefunden, ruft man deren Anzeigenabteilung an und erkundigt sich nach den jeweiligen Konditionen. Nützlich ist es auch, nach deren Leitartikelplanung zu fragen, denn vielleicht arbeitet die Redaktion gerade an einem Artikel, der zu den Produkten oder den Dienstleistungen passt, die Sie bewerben möchten.

Sie werden dann Media-Daten bekommen, die meist aus einem Exemplar der Publikation, einer Anzeigenpreisliste sowie Einzelheiten zu Auflage und Verbreitung entalten. In der Anzeigenpreisliste werden die exakten Konditionen des Verlags (Anzeigengrößen, Preise und allgemeine Geschäftsbedingungen) genannt.

Auflage und Leserschaft

Die Auflage einer Zeitschrift ist ein wichtiger Faktor, sagt aber noch nichts Genaues über die Leserschaft aus. Gehören die Leser nicht zu Ihrem Zielmarkt, wäre eine Anzeige Geldverschwendung. Anders ausgedrückt: Sind lediglich ein Drittel der Leser potenzielle Kunden für Sie, geben Sie zwei Drittel der Anzeigenkosten umsonst aus.

Die meisten Zeitungen und Zeitschriften geben in ihrem Impressum Auskunft über die Höhe ihrer Auflage. In Deutschland wacht die IVW (Informationsgemeinschaft zur Feststellung der Verbreitung von Werbeträgern e.V.) über die Richtigkeit dieser Angaben. Doch sind nicht alle Verlage und Verlagspublikationen der IVW beigetreten. Sie können jedoch nur abschätzen, ob der Preis für eine Anzeige in der richtigen Relation steht, wenn Sie die Auflage der ausgewählten Publikation kennen. In vielen kleinen Zeitschriften wird die Auflagenzahl nicht genannt, sodass man sich in diesem Fall auf die Angaben des Verlags verlassen muss.

Unter Leserschaft versteht man im Gegensatz zur Auflage die geschätzte Zahl von Personen, die das Blatt zu sehen bekommt – diese Zahl wird in der Regel weit über der Auflagenzahl liegen.

Viele Fachpublikationen arbeiten mit einer beschränkten Auflage. Das bedeutet, dass die Publikation durch die Werbung finanziert wird und die Exemplare gratis verteilt werden, allerdings nur an Leute aus der Branche, und hier wiederum vorwiegend an Führungskräfte. Einen Kritikpunkt gibt es dabei: Da die Empfänger nicht dafür bezahlen müssen (und die Publikation vielleicht gar nicht haben wollen, was besonders für Verbraucherpublikationen gilt), kann man die Auflagenzahlen nicht mit der Auflage einer kostenpflichtigen Veröffentlichung vergleichen. Die Wahrscheinlichkeit, dass jemand eine Zeitschrift liest, die er bezahlt hat, ist höher als bei einem Gratisexemplar.

Wägen Sie also bei Auflage und Zielmarkt Pro und Kontra genau ab. Wenn Sie zum Beispiel einen festen Werbeetat für Ihr Nischenprodukt zur Verfügung haben, müssen Sie sich vielleicht zwischen einem Wochenmagazin mit landesweiter Auflage und einer monatlich erscheinenden Fachzeitschrift entscheiden. Hat das Wochenblatt eine Leserschaft von einer Million und reicht ihr Budget nur für ein paar kleine Anzeigen, werden diese vielleicht von nur zehn Prozent der Leser entdeckt. Von diesen 100 000 Menschen finden eventuell nur 15 000 Ihr Produkt interessant. Die Fachzeitschrift dagegen bietet aufgrund ihrer kleinen Auflage von nur 50 000 Exemplaren relativ günstige Anzeigenpreise. In dieser Zeitschrift können Sie sich daher eine größere Anzeige leisten, und das Produkt ist vielleicht für mehr Leser interessant. Außerdem bleibt die monatlich erscheinende Zeitschrift länger im Verkauf als das Wochenblatt.

Wählen Sie nur Werbeträger, bei denen sie das Ergebnis überprüfen können.

ANZEIGENSCHLUSS UND PLATZIERUNG

In den Media-Daten sollte auch der genaue Annahmeschluss für Anzeigen angegeben sein, also der Zeitpunkt, zu dem das Anzeigenmaterial bei der Redaktion eingegangen sein muss. Wenn man diesen Termin übersieht, werden einem in den meisten Fällen die Kosten für die Anzeige in Rechnung gestellt, ohne dass diese überhaupt erscheinen konnte.

Bei Großanzeigen wird gewöhnlich nach ganzer Seite, halber Seite, Viertelseite, manchmal auch nach Achtel- und Sechzehntelseite abgerechnet. Manche Verlage berechnen nach Spaltenzentimeter, das heißt die Spaltenbreite mal ein Zentimeter Spaltenlänge. Logischerweise benötigt man für eine Anzeige mehrere Spaltenzentimeter. Oft ist auch eine Mindestanzeigengröße vorgeschrieben. Soll eine Werbeanzeige nur in schwarzweiß oder nur teilweise in Farbe gedruckt werden, wirkt sich auch das auf den Preis aus – Farbe ist teurer und wird extra berechnet.

Kleinanzeigen werden im Allgemeinen pro Buchstabe, Wort oder pro Zeile abgerechnet. Manchmal kann man im Kleinanzeigenteil auch hervorgehobene Anzeigen schalten (durch Rahmung, Fettdruck usw.), wobei diese dann eventuell nach Spaltenzentimeter abgerechnet werden.

Wenn Sie in einem Lokalblatt inserieren wollen, sprechen Sie am besten mit der Anzeigenabteilung. Dort wird man Sie beraten, welche Tage am günstigsten für die Anzeige sind und unter welcher Rubrik sie stehen sollte. Unter Umständen bringt man Sie dort auch mit einem Reporter in Kontakt, der einen Artikel über Ihr Produkt oder Ihre Dienstleistung schreibt.

DAS SPART GELD

Geben Sie dem Druck Ihres Verkaufspersonals nicht nach, wenn es Sie drängen will, in der Werbung spezielle Eigenschaften hervorzuheben, es sei denn, Sie sind sich sicher, dass diese Eigenschaften zu Ihrer Zielgruppe und deren Kaufgewohnheiten passen.

LOKALE RUNDFUNKANSTALTEN

Auch die ortsansässigen Rundfunksender liefern ihren Werbekunden Media-Daten, die alle wichtigen Einzelheiten über die Reichweite sowie die Zuhörerschaft und deren Aufschlüsselung umfassen.

Die Kosten für eine Rundfunkwerbung werden nach Sendezeit (zehn, 20 oder 30 Sekunden) berechnet. Natürlich kommen dann noch die Produktionskosten hinzu. Große Rundfunkanstalten, die im ganzen Land zu empfangen sind, berechnen mehr als kleine Lokalsender. Am besten wendet man sich wiederum an die jeweilige Werbeabteilung und erkundigt sich nach der besten Sendezeit, damit man mit seiner Werbung möglichst viele potenzielle Kunden erreichen kann.

Das Buchen einer Werbeanzeige

Sobald Sie wissen, wann Ihre Anzeige erscheinen soll, können Sie den Werbeplatz bei der Werbeabteilung der jeweiligen Redaktion buchen.

Bei Zeitungen und Zeitschriften hängt die Wahrscheinlichkeit, dass die Anzeige wahrgenommen und gelesen wird, von mehreren Faktoren ab (vorausgesetzt, man hat eine passende Zeitschrift gewählt):

DAS SPART GELD

Sobald Sie in einer Zeitung werben, wird sich auch deren Konkurrenz bei Ihnen melden und versuchen, Sie zu einer Anzeige in ihrem Blatt zu überreden. Weisen Sie den Anzeigenverkäufer beim ersten Mal zurück, um dann beim zweiten Anruf bessere Konditionen auszuhandeln.

- Position der Anzeige
- Gestaltung der Anzeige
- Größe der Anzeige
- Anzahl der Leser, die die Anzeige lesen
- Wiederholung der Anzeige.

Die richtige Positionierung wird nachfolgend besprochen; die Anzeigengestaltung auf den Seiten 90–97. Bedenken Sie, dass die Wahrscheinlichkeit, dass die Anzeige gelesen wird, sich nicht proportional zur Anzeigengröße verhält. Andererseits sind die Kosten sehr wohl proportional, sodass als Faustregel gilt, immer die kleinste Größe zu wählen, mit der die Werbebotschaft noch bequem übermittelt wird.

Wie oft der Leser Ihre Anzeige sieht und liest, hängt bei Printmedien von der Art der Publikation ab. Bei einer Tageszeitung ist es sicher nur einmal der Fall; eine monatlich erscheinende Fachzeitschrift blättert der Leser hingegen öfter durch. Zur Wiederholung wird

WERBEAGENTUREN

Wenn Ihre Firma prosperiert und der Werbeetat auf über 100 000 Euro angestiegen ist, sollten Sie sich überlegen, ob Sie nicht eine Werbeagentur beauftragen. Die Agentur kann folgende Aufgaben für Sie übernehmen:

- Hintergrundmarktforschung betreiben
- Themen für Werbekampagnen ausarbeiten
- Passende Werbemittel ausfindig machen
- Anzeigen gestalten
- Werbeanzeigen auf die für den Kunden günstigste Weise schalten.

Werbeagenturen kassieren oft beim Kunden und beim Werbeträger. Einer Publikumszeitschrift können sie bis zu 15 Prozent, einer Fachzeitschrift bis zu zehn Prozent der Werbekosten berechnen. Dem Kunden dürfen sie Produktionskosten und andere Gebühren in Rechnung stellen. Wenn Sie mit einer Werbeagentur zusammenarbeiten, sollten Sie Ihre Ziele klar festlegen, ebenso den maximalen Etat. Planen Sie zudem auch Zeit zur Besprechung der Werbemaßnahmen und zum Überprüfen der Anzeigenvorlagen ein.

die Anzeige gewöhnlich in jeder Ausgabe geschaltet; manche Unternehmen inserieren aber in einer Ausgabe auch mehrfach.

WEITERE WICHTIGE HINWEISE

Folgende Punkte sollten Sie beim Buchen einer Anzeige berücksichtigen:

- **PREIS** Verhandeln lohnt sich immer – sogar kleine Verlage gewähren Sonderpreise und Rabatte. Eine Möglichkeit besteht darin, nach dem gleichen Satz zu fragen, der Werbeagenturen gewährt wird (meist zehn Prozent Nachlass). Wenn man das erste Mal inseriert, kann man sich nach einem Einführungsrabatt erkundigen. Wenn man die Werbung nicht auf Diskette oder als reprofähige Vorlage liefert, sollte man sich auch erkundigen, ob Satz und Layout extra berechnet werden. Gewöhnlich ist dies dann ein Pauschalpreis, es sei denn, man verlangt einen außergewöhnlichen Aufwand. Achten Sie auch darauf, ob in den Preisen die Mehrwertsteuer bereits enthalten ist oder nicht.

Achten Sie immer darauf, wo Ihre Anzeige in der Zeitung oder Zeitschrift erscheinen soll.

- **ZAHLUNGSBEDINGUNGEN** Erkundigen Sie sich nach den Zahlungsbedingungen. Oft ist ein Zahlungsziel von 30 Tagen möglich.
- **POSITIONIERUNG** Bei Zeitungs- und Zeitschriftenanzeigen ist die Positionierung besonders wichtig. Idealerweise sollte die Werbeanzeige auf einer rechten Seite (oder in der rechten unteren Ecke, wenn sie kleiner als eine Seite ist) gegenüber einem redaktionellen Beitrag (besser als gegenüber einer seitengroßen Anzeige einer anderen Firma!) erscheinen. In der Regel erregt eine Anzeige auf den vorderen Seiten einer Publikation mehr Aufmerksamkeit, es ist aber auch günstig, wenn die Anzeige im Kontext mit einem passenden Artikel platziert wird, der weiter hinten erscheint. Oft muss man für die Positionierung eine Gebühr bezahlen.
- **ARTWORK** Macht die Redaktion die Reprovorlage, müssen Sie sich erkundigen, was wann benötigt wird. Fragen Sie nach, was die Vorlage kostet, und verlangen Sie einen Abzug vor Erscheinen der Anzeige. Stellen Sie die Vorlage dagegen selbst her, benötigen Sie ein paar technische Angaben wie die exakten Maße, welche Auflösung die Fotos haben sollen und ob die Vorlage als Positiv- oder Negativfilm oder auf Diskette geliefert werden soll. Es empfiehlt sich, die Angaben der Redaktion immer genau einzuhalten.
- **ANNAHMESCHLUSS** Erkundigen Sie sich unbedingt nach dem Anzeigenschluss. Wenn die Redaktion die Vorlage erstellt, müssen Sie mehr Zeit einplanen. Oft gibt es unterschiedliche Abgabetermine für Farbanzeigen, Schwarz-Weiß-Anzeigen und Kleinanzeigen.
- **BELEGEXEMPLAR** Verlangen Sie ein Belegexemplar der Ausgabe, in der Ihre Anzeige erscheint.
- **BUCHUNGSBESTÄTIGUNG** Es empfiehlt sich, alle Vereinbarungen schriftlich (per Brief, Fax oder E-Mail) festzuhalten. Geben Sie auch genau die Ausgaben an, in denen Ihre Werbeanzeige erscheinen soll.

ANZEIGEN GESTALTEN

Wenn Sie Ihre Werbeziele festgelegt und Ihre Werbeträger bestimmt haben, können Sie mit der Gestaltung der Anzeige beginnen. Ihre Werbebotschaft muss eindeutig sein. Hier wird erläutert, was bei der Gestaltung von Anzeigen, Rundfunk-Spots und Web Sites zu beachten ist und wie Sie den Erfolg der Werbung kontrollieren können.

Erfolgreich ist Werbung, wenn sie sich zielgerichtet an potenzielle Kunden richtet und nicht einfach nach dem Gießkannenprinzip vorgeht. Aber auch ein gezielt ausgewählter Werbeträger wird von vielen Leuten wahrgenommen, die nicht zur Zielgruppe gehören. Daher sollte man sich immer ein klares Bild von seiner Zielgruppe machen und versuchen, sie über die Werbung so gut wie möglich anzusprechen. Ganz allgemein lässt sich Werbung denn auch als Versuch definieren, ein Image aufzubauen und eine Reaktion darauf zu erhalten.

IMAGE-WERBUNG

Bei der Image-Werbung versucht ein Unternehmen, seinen Namen, sein Produkt oder seine Dienstleistung mit einer bestimmten Eigenschaft in Verbindung zu bringen. Ein Autohersteller etwa bewirbt zu diesem Zweck ein sportliches Modell, weil sein potenzieller Kundenkreis von diesem Attribut angesprochen wird. Das Auto wird dann in einem Umfeld abgebildet, das zu diesem Image passt. Diese Art von Werbung soll dem Unternehmen helfen, sich auf dem richtigen Marktsegment zu positionieren. Dazu wird der zukünftige Kunde ganz bewusst auf Marke, Firmenname, Produkt, Dienstleistung oder Firmenimage »eingeschworen«. Die verschiedenen Anzeigen dieses Herstellers dürfen sich zwar voneinander unterscheiden, doch das Image, das vermittelt werden soll, muss immer gleich bleiben. Ein weiteres Kennzeichen der Image-Werbung besteht darin, dass sie meist keine unmittelbare Reaktion des Adressaten verlangt (auch wenn Adresse, Telefonnummer oder Web-Adresse angegeben werden).

FALLSTUDIE: Kontinuierliche Anzeigenschaltung

FRAU HÜBNER importiert Boden- und Wandfliesen aus Mexiko. Ihre wichtigsten Kunden sind Einzelhändler im ganzen Land. Daneben verkauft sie auch direkt ab Lager an Privatkunden und ortsansässige Händler. Ihr Kundenstamm ist daher geografisch weit verstreut und höchst unterschiedlich. Dennoch muss sie alle Kunden über neue Lieferungen informieren und diese sowie potenzielle Interessenten auf dem Laufenden halten. Daher bucht sie regelmäßig eine kleine farbige Anzeige in einer Fachzeitschrift. Ihre Anzeige erscheint immer an der gleichen Stelle und im gleichen Format, nur dass jedes Mal andere Fliesenmuster abgebildet werden. Gelegentlich inseriert sie auch Räumungsverkäufe, wenn sie ihr Lager von alten Lagerbeständen befreien muss, um neuer Ware Platz zu machen. Sobald eine neue Lieferung eintrifft, schaltet Frau Hübner zusätzlich eine Anzeige in der lokalen Tageszeitung und lädt Interessenten zu einem Tag der offenen Tür ein. Diese Anzeigenkampagne unterstützt die vierteljährlichen Direct Mailings an ihre Kunden.

EIN IMAGE VERMITTELN
Die Image-Werbung zielt darauf ab, dem Kunden ein Gefühl oder eine Assoziation zu vermitteln. Diese Art von Werbung kommt meist mit wenig Text aus. Der Wiedererkennungswert entsteht durch die Verwendung gleicher Schriftzüge, bestimmter Farben und eines ähnlichen Stils.

Diese Art von Image-Werbung ist typisch für große, internationale Konzerne aus der Automobil-, Touristik-, Lebensmittel-, Kosmetik-, Computer- und Modebranche.

Nur sehr wenige kleine Firmen können und wollen sich Image-Werbung leisten, da sie besonders kostspielig ist und der Erfolg außerdem erst Monate oder gar Jahre später an der prozentualen Umsatzsteigerung, am Zugewinn von Marktanteilen oder mittels eigens durchgeführter Marktforschung ablesbar ist.

Der Großteil der Werbung, die uns über Fernsehen, Zeitungen und Hochglanzmagazine erreicht, ist Image-Werbung. Daher lassen sich auch kleine Unternehmen gerne dazu verleiten, diese Art der Kundenwerbung zu imitieren, obwohl sie mit einer Werbeanzeige, die eine unmittelbare Reaktion des Kunden auslöst, wesentlich besser bedient wären. Wie diese Form von Werbung aussehen kann, wird nachfolgend erläutert.

REAKTIONS-WERBUNG

Das Ziel dieser Werbeform besteht darin, eine möglichst schnelle Reaktion von den Personen zu erhalten, die die Werbung sehen, hören oder lesen. Zeigt eine Werbung nicht diese, von ihr gewünschte Wirkung, hat sie ihren Zweck verfehlt. Man kann zwar in einer Werbung, die auf eine schnelle Reaktion des potenziellen Kunden abzielt, auch einen Image-Aspekt vermitteln (der manchmal auch nötig ist, um eine entsprechende Reaktion hervorzurufen), doch dieser wird immer zweitrangig sein. Während zum Beispiel ein großer Automobilkonzern eine landesweite Image-Kampagne startet, wird der ortsansässige Autohändler, der die Wagen dieses Herstellers führt, eher auf eine Form von Reaktions-Werbung zurückgreifen.

Gestaltung von Großanzeigen

Eine Großanzeige, die bei den möglichen Kunden eine Reaktion hervorrufen soll, besteht aus sechs Elementen:

- Headline
- Visueller Reiz (Fotos oder Illustrationen)
- Haupttext
- Anreiz zum Handeln
- Name, Adresse und Logo
- Weitere Details.

HEADLINE

Eine gute Headline lässt sich mit der Schlagzeile einer Tageszeitung vergleichen – sie muss dem Leser ins Auge springen. Sie soll prägnant sein, aber nicht so kurz, dass die Botschaft nicht klar verständlich ist. Die Überschrift sollte die Aufmerksamkeit der potenziellen Klientel erregen und ihr einen Vorteil versprechen. Ein Unternehmen, das zum Beispiel Alarmsysteme verkauft, kann in der Überschrift auf die Gefahr eines Einbruchs hinweisen (»Hatten Sie schon mal Besuch von Räubern?«,»Keine Angst vor Einbrechern!«, »Haben Sie schon einmal über die Sicherheit in Ihrem Haus nachgedacht?«). Der Titel muss also nicht unbedingt extrem kurz sein, denn so kann wichtige Information verloren gehen. Eine prägnante Headline lässt sich formulieren als:

- Frage oder
- als verblüffende Aussage.

Es gibt aber noch weitere Techniken und Tricks, mit denen man die Aufmerksamkeit der Leser erregen und Kunden anlocken kann:

> *Verwenden Sie nur qualitativ hochwertige Bilder – sie sagen mehr als Worte.*

> ### AUSWAHL DES BILDMATERIALS
>
> *Es gibt fünf Arten bildlicher Darstellung, die sich für Großanzeigen verwenden lassen:*
>
> ■ **PRODUKTFOTO** Das Produkt wird meist vor einem schlichten Hintergrund fotografiert. Diese Art der Fotografie findet sich normalerweise in Fachzeitschriften, deren Leser mit der Anwendung oder dem Nutzen des Produkts vertraut sind.
>
> ■ **ABBILD DES PRODUKTS** Grafiken oder Zeichnungen wirken weniger anschaulich als Fotos, sind aber oft die einzige Lösung, wenn sich das Produkt noch in der Entwicklungsphase befindet oder nur schwer zu fotografieren ist. Sie sollten zu Werbezwecken nur professionelle Vorlagen verwenden.
>
> ■ **FOTO DES PRODUKTS ODER DER DIENSTLEISTUNG IM KONTEXT** Ein Produkt in Anwendung oder die Ausübung einer Dienstleistung zu zeigen kann sehr wirkungsvoll sein. Das Kontextfoto ist allerdings schwerer zu gestalten als ein Produktfoto, da der Kontext das Image bestimmt, das mit der Werbung vermittelt wird. Diese Form eignet sich vor

allem für Verbraucherwerbung, da dem Leser zahlreiche Eigenschaften der Zielgruppe wie Alter, Geschlecht, Lebensgewohnheit, sozialer und finanzieller Status vermittelt werden.

- **Foto des Produkts oder der Dienstleistung in ungewöhnlichem Kontext** Wie wäre es etwa mit einer wasserdichten Uhr, die gerade im Vollwaschgang zwischen weißer Wäsche geschleudert wird? Oder Sie könnten die hervorragende Wärmewirkung Ihrer Thermo-Unterwäsche mit einem Werbefoto demonstrieren, auf dem Personen nur mit dieser Unterwäsche bekleidet fröhlich an einer Bushaltestelle stehen (und andere daneben voll bekleidet und schrecklich frieren).
- **Aufmerksamkeit erregen** Alternativ kann man aber auch Fotos, Illustrationen oder Grafiken verwenden, die mit dem Produkt oder der Dienstleistung direkt gar nichts zu tun haben. Sie sollen dann beispielsweise auf Grund ihrer Außergewöhnlichkeit, ihres Witzes, oder weil sie besonders skandalträchtig sind, Aufmerksamkeit erregen.

PRODUKTFOTOGRAFIE

Dieses Foto zeigt eine kleine Produktpalette. Die ausgezeichnete Fotoqualität bringt das Design der Flaschen gut zur Geltung. Durch die abgeschraubten Verschlüsse sind weitere Einzelheiten zu erkennen.

- **Auf aktuelle Schlagzeilen eingehen** Nehmen Sie auf ein Ereignis Bezug, das gerade in den Schlagzeilen ist.
- **Den Adressaten direkt ansprechen** Gut machen sich Schmeicheleien und Anreden im Plural: Top-Manager schwören auf …«, »Sind auch Sie urlaubsreif …?«, »Für Mamis …« usw. Das vermittelt den Eindruck, dass auch andere brauchen, was in der Anzeige angepriesen wird.
- **Eine bekannte Marke mit einbeziehen** Ein kleines Unternehmen kann seine Glaubwürdigkeit erhöhen und Aufmerksamkeit erregen, indem es in der Headline eine bekannte Marke oder einen bekannten Firmennamen erwähnt. Man sollte allerdings zuvor die betreffende Firma um Erlaubnis fragen, da sie andernfalls höchst empfindlich reagieren kann. Wenn sie jedoch einverstanden ist, könnte es durchaus sein, dass sie sich sogar an den Kosten für die Werbung beteiligt.
- **Mit Stars werben** Manche Firmen lassen einen Prominenten für ihre Produkte werben. Schauspieler sprechen Radio-Spots und Sportler preisen Telekommunikationsprodukte an. Diese Art der Werbung hat allerdings auch ihren Preis.
- **Wünsche und Bedürfnisse offenbaren** Ein Headline sollte Sehnsüchte und Träume ansprechen. Geschickt formuliert kann sie den Adressaten davon überzeugen, dass seine Wünsche reale Bedürfnisse sind.
- **Ein bekanntes Zitat abwandeln** Sie können auch eine bekannte Redewendung, den Titel eines Buchs, eines Films oder eines

INSIDER-TIPP

Eine ganz andere, aber sehr wirkungsvolle Form der Großanzeige ist ein Werbetext, der wie ein redaktioneller Beitrag in einer Zeitschrift verfasst ist. Meist steht der Hinweise »Anzeige« oder »Werbeanzeige« klein gedruckt darüber. Gut gemacht ist es ein hervorragendes Werbemittel.

Lieds abwandeln und als Headline verwenden. Das kann sehr wirkungsvoll sein, aber auch juristische Folgen haben – sprechen Sie daher erst mit Ihrem Anwalt.

Vermeiden Sie abgedroschene Wörter oder Phrasen wie »Neu«, »Aufregend«, »Sonderangebot«, »Gelegenheit« usw. Seien Sie originell! Viele Anfänger begehen den Fehler, ihren Firmennamen in die Überschrift zu setzen. Das funktioniert aber nur, wenn der Firmenname Ihr Werbeangebot beschreibt, andernfalls hat es für den Leser keine Bedeutung.

Die Überschrift sollte zwar groß sein, aber nicht zu groß im Verhältnis zum restlichen Text der Anzeige. Eine unverhältnismäßig große oder kleine Überschrift wird nicht gelesen. Beachten Sie außerdem, dass sich eine Mischung aus Groß- und Kleinbuchstaben besser lesen lässt als nur Großbuchstaben. Eine kleine Anzeige mit kurzem Titel verträgt aber auch eine großgeschriebene Überschrift. Wenn Sie mehrere Entwürfe für die Headline vorliegen haben, stellen Sie sich am besten folgende kritische Fragen:

- Warum wird sie der Zielgruppe auffallen?
- Auf welchen Vorteil wird hingewiesen?
- Verleitet sie zum Weiterlesen?

VISUELLER REIZ

Großanzeigen sollten nach Möglichkeit mit einem Foto oder einer Grafik illustriert werden. Bei ausreichend großer Werbefläche kann man sogar mit mehreren Abbildungen arbeiten (siehe S. 90–91).

- **FOTOS** Großhändler, Einzelhändler oder Importeure bekommen eventuell passende Fotos von ihren Lieferanten. Fotos für die Werbung sollten von einem professionellen Fotografen gemacht werden, denn Amateurfotos eignen sich meist nicht als Reprovorlage. Für großflächige Plakate braucht man beispielweise Fotos mit einer sehr hohen Auflösung. Das sollten Sie auch beachten, wenn Sie Details von Ihrem Produkt zeigen wollen. Nicht zu vernachlässigen ist, dass die Fotos grafisch ansprechend angeordnet und ins Layout eingebunden sein sollten.
- **GRAFIK** Nur wenige Firmen erstellen die Grafiken für Ihre Werbung im eigenen Haus. In der Regel wird damit ein Grafik-Designer beauftragt. Um Kosten zu sparen, empfiehlt es sich, Material zu sammeln und Rohentwürfe für den Grafiker zu erstellen. Falls Sie eine bereits bestehende Grafik übernehmen wollen, achten Sie darauf, dass Sie keine Urheberrechte verletzen. Das Layout und die Grafiken Ihrer Anzeige sollten so beschaffen sein, dass man sie nicht mit Anzeigen Ihrer Mitbewerber verwechseln kann.

HAUPTTEXT

Headline und Bildmaterial sollen bereits die Aufmerksamkeit des Betrachters erregen (wenn auch flüchtig). Der Haupttext hingegen muss sein Interesse dergestalt wecken, dass er auf Ihre Anzeige reagiert. Bei der Formulierung sind daher folgende Punkte zu beachten:

- **VERSETZEN SIE SICH IN DEN LESER** Auch wenn tausende Ihre Anzeige lesen, sollte sie immer für eine bestimmte Person geschrieben sein. Versetzen Sie sich in die Lage des potenziellen Kunden, und stellen Sie sich die Fragen, die er sich stellen wird. Versuchen Sie die Hindernisse, die seinem Kaufwunsch entgegenstehen, zu beseitigen. Hindernisse wären etwa der Preis, die Umweltverträglichkeit oder der Nutzen.
- **ERZÄHLEN SIE EINE GESCHICHTE** Der Haupttext muss Information bieten. Er sollte für den Leser neu sein und nicht einfach

Gemeinplätze beinhalten. Der Haupttext wird meist im Präsens verfasst – das stellt Nähe zum Leser her. Wie jede Erzählung hat auch der Haupttext einer Anzeige eine Einleitung, einen Höhepunkt und ein Ende. Zunächst muss aus der Werbung zweifelsfrei hervorgehen, was angeboten wird. Fragen Sie sich dann, ob der Leser mehr über Preise, Verfügbarkeit, Leistung und Vergleich zu Konkurrenzprodukten wissen will. Wenn ja, liefern Sie diese Informationen. Wenn nein, machen Sie sich nochmal über das Ziel Ihrer Anzeige Gedanken. Wollen Sie den Leser damit von einem Konkurrenzprodukt weglocken? Welche Einwände könnte der Leser haben? Beziehen Sie den Leser durch direkte Anrede und geläufige Redewendungen ein.

- **Verkaufen Sie Vorteile** Kunden kaufen Vorteile und keine Eigenschaften. Welches sind die Vorteile Ihrer Produkte oder Dienstleistungen? Sprechen Sie jene an, die Ihre potenzielle Kundschaft ansprechen könnten.

Beispiel für eine Grossanzeige

Diese Anzeige konzentriert sich auf zwei bestimmte Kaufanreize. Sie weist auf ein befristetes Sonderangebot und eine 24-Stunden-Bestell-Hotline hin.

Das qualitativ hochwertige Foto weckt das Interesse des Lesers und zeigt gleichzeitig das Produkt.

Ein Anreiz zum Handeln wird geboten.

Übersichtliches Layout, das nicht vom Wesentlichen ablenkt

Die Anzeige will nicht zum sofortigen Möbelkauf anregen, sondern zur Anforderung des Möbelkatalogs.

Die Überschrift zielt auf Sehnsüchte ab und spricht dadurch mehr Leser an als ein informativerer Titel wie »Gartenmöbel«.

Kontaktadresse wird angegeben.

- **PRODUKTDIFFERENZIERUNG** Die »Unique Selling Proposition«, also das »einzigartige Verkaufsangebot«, muss betont werden. Ein Verkaufsslogan ist hier hilfreich. Wenn Sie in einem hart umkämpften Markt tätig sind, muss aus der Anzeige auch hervorgehen, was Ihr Produkt oder Ihre Dienstleistung von den Konkurrenzangeboten unterscheidet.
- **VERTRAUEN SCHAFFEN** Ein junges Unternehmen hatte noch kaum Gelegenheit, um das Vertrauen seiner Klientel zu gewinnen. Die Glaubwürdigkeit muss daher im Anzeigentext verstärkt werden. Das kann etwa durch die Verwendung von bekannten Markennamen, durch einen Prominenten, der sich des Produkts oder der Dienstleistung bedient, durch eine Statistik, die die Beliebtheit des Unternehmens widerspiegelt, oder durch beeindruckende Umsatzzahlen erfolgen. Im Business-to-Business-Handel könnte man die Namen der Unternehmen erwähnen, mit denen man bereits zusammenarbeitet. Hat ein Unternehmen in kürzester Zeit eine beachtliche Erfolgsgeschichte aufzuweisen, kann man auch diese in der Werbung zum Ausdruck bringen.
- **NICHT ZU DICK AUFTRAGEN** Bei Anzeigen sollte man sich vor allzu großen Übertreibungen hüten, da die Leser eher mit Unmut darauf reagieren, vor allem, wenn die Adressaten aus Handel und Gewerbe stammen.
- **TEXTLÄNGE** Häufig wird der Fehler gemacht, den Anzeigentext auf ein Minimum zu begrenzen, was dann oft zu wenigen, teilweise unverständlichen Schlagwörtern führt. Andere Werbetexter scheinen sich um einen Literaturpreis zu bemühen, angesichts der »Romane«, die aus ihren Federn strömen. Es geht also darum, je nach Kontext die optimale Textlänge zu finden. Die meisten Leser blättern Zeitungen und Zeitschriften nur oberflächlich durch und lesen Artikel und Anzeigen lediglich selektiv. Der Text sollte daher kurze und aussagekräftige Sätze enthalten. Überschriften müssen den Inhalt des Textes, auf den sie sich beziehen, in kurzen Worten zusammenfassen. Sehen Sie sich die Anzeigen von Konkurrenzbetrieben an – welche erscheinen Ihnen zu lang, welche zu kurz? Zählen Sie auch einfach die Wörter, um einen konkreten Anhaltspunkt für die richtige Textlänge zu bekommen.
- **PREISANGABE** Es gibt zwei Situationen, in denen man den Preisen nicht ansprechen sollte – zum einen, wenn man Luxusartikel für eine Klientel verkauft, bei der der Preis keine oder nur eine untergeordnete Rolle spielt, zum anderen bei großen Anlagegütern oder umfangreichen Dienstleistungen, deren Endpreis von vielen individuellen Faktoren abhängt und daher in einer Anzeige nicht eindeutig angegeben werden kann. In allen anderen Fällen macht eine Preisangabe durchaus Sinn, da jeder Interessent gerne wissen möchte, was ein Produkt kostet, bevor er weitere Informationen darüber einholt. Lässt man die Preise unerwähnt, erweckt man beim

HÄUFIGE FEHLER BEI GROSSANZEIGEN

1. Die Annahme, dass man die Botschaft nur mit einer Großanzeige übermitteln kann
2. Es liegen keine klaren Vorstellungen über die Werbeziele vor.
3. Der Firmenname wird in der Headline verwendet.
4. Aufgrund einer Image-Werbung wird eine Kaufreaktion erwartet.
5. Nicht die Vorteile eines Produkts werden hervorgehoben, sondern die Eigenschaften.
6. Die Fotos zeigen keine Menschen; niedriger Identifikationswert.
7. Verwendung von Amateuraufnahmen oder schlechten Grafiken
8. Es wird kein Handlungsanreiz geboten, sodass auch keine Resonanz erfolgt.
9. Die Anzeige bleibt immer unverändert und wird nicht aktualisiert.

potenziellen Kunden den Eindruck, dass die Produkte oder Dienstleistungen teuer sind. Wenn man allerdings Preise angibt, sollten auch etwaige Zusatzkosten erwähnt werden – kommt zum Beispiel eine Versandgebühr dazu, muss dies deutlich werden. Wenn Sie Ihre Preise allerdings nicht nennen wollen, weil sie nicht wettbewerbsfähig sind, sollten Sie dieses Problem zuerst lösen (siehe S. 30–39)

Verwenden Sie Ihr Firmenlogo – das erhöht beim Betrachter den Wiedererkennungswert.

Reaktion hervorrufen

Bei der Reaktions-Werbung soll der Text einen Anreiz zum Handeln bieten. Dieser Punkt kann gar nicht deutlich genug betont werden. Aus der Anzeige muss also hervorgehen, dass das Angebot nur bis zu einem bestimmten Datum gültig ist oder die Vorräte begrenzt sind. Hier einige Beispiele: »Einführungspreise nur gültig bis zum 3. Juni«, »Angebot nur, solange Vorrat reicht« oder »Unsere Preise erhöhen sich ab dem 1. September – wenn Sie jetzt kaufen, sparen Sie 100 Euro«. Selbstredend müssen solche Angaben auch der Wahrheit entsprechen.

Es können aber noch zahlreiche andere Kaufanreize geschaffen werden, etwa durch Rabatte, kleine Geschenke (Proben, Blumen usw.) oder auch Autogrammstunden von Prominenten in den eigenen Verkausräumen. Eine weitere wirkungsvolle Methode wäre eine Antwortkarte, die der Kunde ausfüllen und an Sie schicken kann. Diese Karte muss leicht und schnell auszufüllen sein (genügend Platz für Name und Anschrift lassen) und sollte unbedingt einen Einsendeschluss beinhalten.

Name, Adresse und Logo

Nachdem Sie Interesse an Ihrem Angebot geweckt haben, müssen Sie auch mitteilen, wie und wo es zu bekommen ist. Firmenname und Anschrift auf der Anzeige müssen nicht Ihrem Briefkopf entsprechen. Wollen Sie über Telefon, E-Mail, Briefpost, Fax oder einen Messestand erreichbar sein? Heben Sie das in der Anzeige hervor, was für den Leser am wichtigsten ist. Wenn Kunden anrufen sollen, müssen Sie die Telefonnummer fett drucken lassen. Als Einzelhändler aber will man nicht angerufen werden, sondern Kunden in seinem Geschäft empfangen – also muss die Adresse hervorgehoben werden. Manchmal kann auch ein kleiner Lageplan nützlich sein, der Parkmöglichkeiten und die Erreichbarkeit mit öffentlichen Verkehrsmitteln aufzeigt. Liegt der Firmensitz an einem markanten Ort, ist ein Zusatz wie »in Bahnhofsnähe« oder »gleich neben dem Rathaus« sinnvoll.

Weitere Details

Wie in jedem anderen Geschäftsbereich sind auch hier die vielen kleinen Details von Gewicht. Berücksichtigen Sie daher die folgenden Punkte, sofern diese für Sie zutreffen:

- **Öffnungszeiten** Hat Ihre Firma ungewöhnliche Öffnungszeiten, sollten Sie dies erwähnen, damit Ihnen kein Auftrag durch die Lappen geht.
- **Telefonische Bestellung** Wenn man Ihre Waren telefonisch ordern oder mit Kreditkarte bezahlen kann, sollten Sie dies angeben. Ein potenzieller Kunde antwortet eher, wenn er weiß, dass Sie einen bequemen Bestellservice anbieten.
- **Zahlungsziel** Wenn Ihre Produkte oder Dienstleistungen so kostspielig sind, dass Sie Kredit oder Ratenzahlungen einräumen müssen, sollten Sie dies ebenfalls erwähnen. Beachten Sie dabei aber die gesetzlichen Vorschriften (siehe auch S. 180–181).
- **Mut zur Lücke** Überladen Sie Ihre Anzeige nicht. Es darf durchaus noch Platz freibleiben – das hebt die wichtigen Einzelheiten hervor!
- **Präzision** Achten Sie auf die Orthografie und sorgen Sie dafür, dass Adresse, Telefonnummer und Ähnliches sowie sämtliche Preisangaben stimmen. Fehler können Sie teuer zu stehen kommen!

Die Gestaltung von Großanzeigen ist keine leichte Aufgabe und sollte mit Unterstützung von Werbeprofis durchgeführt werden. Da Großanzeigen sehr kostspielig sind, sollte man sich bemühen, ein ansprechendes Ergebnis zu erzielen und Fehler zu vermeiden. Doch auch wenn Sie die Gestaltung Ihrer Anzeige in professionelle Hände legen, sollten Sie selbst in der Lage sein, zu erkennen, welche Punkte für Ihr Unternehmen relevant sind.

Heben Sie Ihr Produkt oder Ihre Dienstleistung von der Konkurrenz ab.

Gestaltung von Kleinanzeigen

Kleinanzeigen werden in Zeitungen meist nach Rubriken geordnet. Das bedeutet, dass Ihre Anzeige von ähnlichen Anzeigen in der gleichen Spaltenbreite umgeben ist. Diese Anzeigen können allein aus Text bestehen oder durch einen Rahmen hervorgehoben werden. Ein Rahmen bietet zusätzliche Gestaltungsmöglichkeiten. So kann man kleine Grafiken einfügen oder mit Absätzen den Text auflockern.

Mit einer Großanzeige sollen in erster Linie Menschen angesprochen werden, die nicht unbedingt in Kaufstimmung sind. Wer allerdings die Kleinanzeigen in einer Zeitung studiert, der sucht bereits etwas ganz Bestimmtes. Diese Leser sind also bereits kaufwillig und müssen nur noch davon überzeugt werden, dass sie bei Ihrer Firma an der richtigen Adresse sind.

Eine gut gemachte Kleinanzeige sollte die folgenden vier Elemente enthalten:

- Headline
- Haupttext
- Handlungsaufruf
- Kontaktadresse

Die meisten Kriterien für Großanzeigen gelten auch für Kleinanzeigen, sind jedoch wegen des geringen Platzangebots auf ein Minimum zu beschränken. Oft bleibt nur Platz für eine kurze Überschrift, die meist fett gedruckt am Textanfang steht und nur wenige Wörtern umfasst. Sie sind also gezwungen, Ihren Anzeigentext in aller Kürze zu formulieren.

Aufgrund des geringen Platzangebots muss sich der Haupttext Ihrer Kleinanzeige auf die Vorteile Ihres Produkts oder Ihrer Dienstleistung konzentrieren. Für Details und Einzelheiten bleibt daher meist nur wenig Raum. Im Zweifelsfall könnte man auch mit Stichworten arbeiten. Ein Handlungsanreiz ist bei einer Kleinanzeige genauso wichtig wie bei einer Großanzeige und kann durchaus einen ganz ähnlichen Wortlaut haben. Um Platz zu sparen, genügt es, lediglich die wichtigste Kontaktmöglichkeit anzugeben – in den meisten Fällen ist die Telefonnummer ausreichend.

Wenn der Text Ihrer Kleinanzeige in einen Rahmen gesetzt wird und dieser Rahmen über zwei Spalten läuft, lassen Sie zusätzlich einfache Abbildung einfügen. In dieser Größenordnung eignet sich eine gut gemachte einfarbige Grafik meist besser als ein Foto. Häufig wird der Anzeigentext auch negativ, also weiß, auf einen schwarzen Hintergrund gestellt – das sieht allerdings nicht besonders schön aus. Und da das menschliche Auge hauptsächlich auf helle Flächen reagiert, wird heller Text auf dunklem Grund nicht besonders stark wahrgenommen.

Denken Sie daran, dass gewerbliche Anzeigen immer als solche erkenntlich sein müssen. Sobald eine Anzeige Ihren Firmennamen und die dazugehörige Telefonnummer bzw. Firmen-

INSIDER-TIPP

Manchmal ist es günstiger, in einer einzigen Ausgabe mehrere kleine Anzeigen (unter verschiedenen Rubriken) zu schalten, anstelle einer großen. Sind die Rubriken alphabetisch geordnet, sollten Sie, wenn möglich, eine Überschrift wählen, die mit A oder B beginnt.

adresse enthält, ist dieser Sachverhalt bereits erfüllt. Anzeigen in Zeitschriften, die demselben Layout folgen wie die redaktionellen Beiträge dieser Publikation, werden im Kolumnentitel oder neben der Seitenzahl durch das Wort »Anzeige« oder »Anzeigenwerbung« als solche ausgewiesen.

WANN UND WO SIND KLEINANZEIGEN NÜTZLICH?

Kleinanzeigen sind aus ganz unterschiedlichen Gründen ein sinnvolles Werbemedium. Es gibt Unternehmen, die ihre Dienste kontinuierlich anbieten müssen wie beispielsweise Installateurbetriebe, Schreinereien und Kfz-Werkstätten. Sie leben zum Teil von Kunden, die sich Anbieter derartiger Serviceleistungen bei Bedarf aus den Kleinanzeigen heraussuchen. Nicht selten erwarten auch bestehende Kunden, die jeweilige Adresse im Kleinanzeigenteil zu finden. Darüber hinaus gibt es kleine Firmen, die besondere Veranstaltungen propagieren müssen wie etwa einen Schluss- oder Räumungsverkauf. Außerdem sind die Kleinanzeigen auch bei zahlreichen Firmen beliebt, die günstige Sonderangebote verkaufen. Tipp: Wenn Sie eine Kleinanzeige buchen, müssen Sie unbedingt darauf achten, dass sie unter der richtigen Rubrik erscheint.

BEISPIEL FÜR EINE KLEINANZEIGE
Diese Kleinanzeige beinhaltet nicht nur Text-, sondern auch Bildinformation.

Aus der Headline geht klar hervor, was angeboten wird.

Durch die Grafik hebt sich die Anzeige von anderen Rubrikanzeigen ab.

Das Vertrauen des Lesers in die Firma wird geweckt.

Das Angebot ist kostenlos – die Anrufer fühlen sich daher nicht verpflichtet.

Die Nennung einer Kontaktperson fördert das Gefühl von Nähe und Vertrauen.

Büro- und Handynummer signalisieren Erreichbarkeit.

Sonderangebote sollen einen Handlungsanreiz für den Leser darstellen.

Plakate entwerfen

Kleine Unternehmen werden eher kleine Plakate in ihrem unmittelbaren Umfeld verwenden, als riesige Plakatwände an Hochhäusern zu mieten. Plakate sind dann besonders nützlich, wenn man ein einmaliges Ereignis anpreist wie einen Schlussverkauf, eine Eröffnung oder eine Sonderveranstaltung – man assoziiert Plakate immer mit einem kurz bevorstehenden Ereignis. In der Regel müssen Plakatflächen gemietet werden, wildes Plakatieren ist verboten. Überlegen Sie sich zuerst, wo Sie die Plakate aushängen wollen, und gestalten Sie sie dann dementsprechend. Werden sie vorwiegend von Fußgängern gelesen, kann man den Entwurf etwas detaillierter gestalten; sind sie jedoch an Autofahrer gerichtet, sollte der Text kurz, prägnant und auf große Entfernung lesbar sein.

WERBEPLAKATE

Diese Image-Werbung einer großen internationalen Modefirma zeigt deutlich, wie wichtig es ist, eine einfache, klare Aussage zu vermitteln, die auch auf große Entfernung für Fußgänger und Autofahrer lesbar ist.

Rundfunkwerbung produzieren

Man muss kein Großunternehmer sein, um über den Äther zu werben. Rundfunkwerbung eignet sich besonders gut für den Einzelhandel. Übrigens wird das Radio nicht nur zu Hause eingeschaltet, sondern auch im Auto und sogar am Arbeitsplatz. Die Motivation zum Radiohören ist dabei ganz unterschiedlich. Manche Hörer suchen Unterhaltung oder Hintergrundmusik während der Arbeit, andere wollen sich informieren und achten auf Nach-

IM AUFNAHMESTUDIO

Hier sind zwei Sprecher bei der Aufnahme eines Werbe-Spots für den Hörfunk in Aktion zu sehen. Ein Tontechniker sorgt für den professionellen Sound.

richtensendungen und Sport- sowie Verkehrsnachrichten. Etwa 30–50 Prozent der erwachsenen Bevölkerung hört regelmäßig einen Radiosender – die Hörerschaft ist also groß.

In der Regel muss man mit seinem Radio-Spot die Aufmerksamkeit von Menschen erregen, die neben dem Radiohören noch eine andere Tätigkeit verrichten, wie etwa Autofahren, Abwaschen oder Aufräumen. Man hat festgestellt, dass die meisten Hörer täglich zu einer festgesetzten Uhrzeit den gleichen Sender hören. Will man ein bestimmtes Publikum wie etwa leitende Angestellte erreichen, dann ist die Zeit des Berufsverkehrs ideal. Verbraucher dagegen, die morgens nicht zur Arbeit müssen, hören gerne Vormittagsprogramme.

LÄNGE UND WIEDERHOLUNGEN

Der Preis für einen Radio-Spot berechnet sich meist nach der Sendedauer. Studien haben jedoch ergeben, dass die Wirkung eines Spots nicht von dessen Länge abhängt. Gestalten Sie Ihren Spot daher so kurz wie möglich. Ein Radio-Spot muss allerdings häufig ausgestrahlt werden, um Wirkung zu zeigen – buchen Sie daher mindestens ein Dutzend Wiederholungen pro Woche, und das über mehrere Wochen hinweg. Einen hohen Wirkungsgrad erreicht die Werbung allerdings erst, wenn sie noch häufiger zu hören (oder zu sehen) ist.

PRODUKTION

Bevor Sie den Text für Ihren Spot verfassen, sollten Sie sich erst andere Werbe-Spots anhören, um festzustellen, was Ihnen gefällt und Ihre Aufmerksamkeit erregt oder was Sie stört. Wer wirbt ebenfalls bei dem Rundfunksender, den Sie ausgewählt haben?

Radio-Spots eignen sich gut als Ergänzung zu anderen Werbemaßnahmen.

Die meisten Lokalsender beraten Sie gerne bei der Gestaltung und Produktion Ihres Spots. Professionelle Unterstützung ist sehr hilfreich, vor allem im Hinblick auf juristische Fragen.

Ein Jingle (Erkennungsmelodie) zu ihrem Spot ist kostspielig, kann aber sehr wirkungsvoll sein, wenn er einen hohen Wiedererkennungswert hat. Die Sender verfügen oft über eine Auswahl an fertigen Jingels, was billiger kommt, als eigens einen komponieren zu lassen.

Manche Radio-Spots sind zu textlastig und nerven. Ein 30-Sekunden-Spot, der mit einem kurzen Jingle endet, besteht maximal aus 100 Worten. Eine Melodie als Einleitung und als Abschluss verkürzt die Textpassage auf 30–50 Worte. Untersuchungen haben ergeben, dass Spots mit einem Dialog zwischen zwei oder mehr Personen eine bessere Wirkung erzeugen als ein Monolog. Achten Sie darauf, dass Ihr Werbespruch eingängig ist, und auch die Kontakt-

DAS A UND O GUTER RADIO-SPOTS

✓ Identifikation mit den Kundenbedürfnissen

✓ Verwenden Sie Spots aus aktuellem Anlass.

✓ Die Werbebotschaft muss einfach sein.

✓ Seien Sie witzig und originell.

✓ Sorgen Sie dafür, dass sich der Zuhörer die Szene um Ihr Produkt oder Ihre Dienstleistung vorstellen kann.

✗ Machen Sie nicht zu viele Worte um die Sache.

✗ Erzählen Sie keine komplizierte Geschichte, die eine hohe Konzentration erfordert.

✗ Wiederholen Sie einzelne Worte oder Sätze nicht zu häufig.

✗ Verwenden Sie keine starken Dialekte.

✗ Rundfunkwerbung nützt nur, wenn Sie die Spots häufig genug wiederholen lassen.

adresse oder die Telefonnummer sollte man sich leicht merken können. Lassen Sie sich eine Demo-Version vorspielen, bevor Ihr Radio-Spot gesendet wird. So können Sie gegebenenfalls noch Änderungen vornehmen.

Gestaltung einer Web Site

Die Präsenz im Internet ist inzwischen fast schon zu einem Muss geworden. Viele Unternehmen präsentieren sich lediglich im World Wide Web und liefern Informationen zu ihren Produkten oder Dienstleistungen, andere nutzen das Internet als zusätzlichen Distributionskanal für den Vertrieb ihrer Produkte, und dann gibt es noch die reinen E-Commerce-Firmen, die allein vom Internet-Handel leben. Wer im Internet zu finden sein will, braucht eine eigene Homepage oder Web Site.

Die Internet-Präsenz hat eine Reihe von Vorteilen, die über den E-Commerce hinausgehen:

- Sie können E-Mails versenden und empfangen (intern und extern).
- Sie können im Netz nach neuen Lieferquellen forschen. Mit dem Internet wird der Radius Ihres Einkaufsbereichs größer.
- Sie können einen Online-Katalog bereitstellen. Dieser ist schnell und einfach zu aktualisieren, und Sonderangebote können rasch eingebracht werden.
- Sie können technische Unterstützung auf Ihrer Site anbieten. Das reduziert die Zeit raubenden Anrufe von Kunden und bietet ihnen einen besseren Service.
- Sie können schnell und einfach Marktforschung betreiben. Das Internet bietet ungeheure Mengen an Informationen, und die meiste davon sogar gratis.
- Auch über Ihre Mitbewerber und Konkurrenten können Sie im Internet eine Menge herausfinden. Besuchen Sie einfach deren Web Sites, und schauen Sie sich an, welche Inhalte sie zu bieten haben.
- Sie können Bestellinformationen mit Ihren Kunden und Lieferanten austauschen (das verringert die Schreibtischarbeit und liefert den Handelspartnern bereits wichtige Informationen über die Lagerbestände und die Liefermöglichkeiten).

Für eine Web Site gilt dasselbe wie für alle anderen Werbeträger: Setzen Sie erst die Ziele fest, und überlegen Sie, was Sie mit der Web Site erreichen wollen. Das Internet verändert sich rasend schnell. Derzeit weist der Handel zwischen Unternehmen (Business-to-Business-Handel) die höchsten Wachstumsraten auf, der Verkauf von Dienstleistungen an Endkunden spielt eine geringere Rolle. Für Dienstleistungsunternehmen kann eine Homepage allein aus Image-Gründen dennoch nützlich sein.

WAS GUTE WEB SITES AUSMACHT

Wenn Sie verschiedene Web Sites betrachten, werden Sie feststellen, dass sie sich in Erscheinungsbild, Qualität und Benutzerfreundlichkeit deutlich unterscheiden. Manche sind einfach zu benutzen, andere weniger (auf S. 102–103 finden Sie nützliche Tipps dazu). Wie beim Entwurf einer Werbeanzeige müssen Sie auch bei der Gestaltung einer Web Site an Ihren Zielmarkt und seine Bedürfnisse denken, ohne dabei Ihre Ziele außer Acht zu lassen.

Die Homepage sollte sich schnell und bequem öffnen lassen, Ihr Firmenname muss klar ersichtlich sein, ebenso wer Sie sind und was Sie anbieten. Der Besucher muss auf den ersten Blick wissen, ob der Inhalt für ihn interessant ist. Sie wollen ja nicht nur die richtigen Besucher anziehen, sondern deren Interesse so weit wecken, dass sie auf Ihrer Site verweilen.

Sorgen Sie auch dafür, dass Ihre Mitarbeiter in der Lage sind, mit den Anfragen aus dem Internet umzugehen und die zusätzliche Arbeitslast, die durch die vielen E-Mails anfällt, bewältigen können. Auch sollten Sie genug Kapazitäten haben, um alle Anfragen bedienen zu können. Die Internet-Technologie zeichnet sich durch Tempo und Flexibilität aus – das erwarten jedenfalls die Nutzer. Sie müssen also dafür sorgen, dass Ihr Unternehmen auf Online-Anfragen schnell und effizient reagieren kann.

PLANUNG EINER WEB SITE

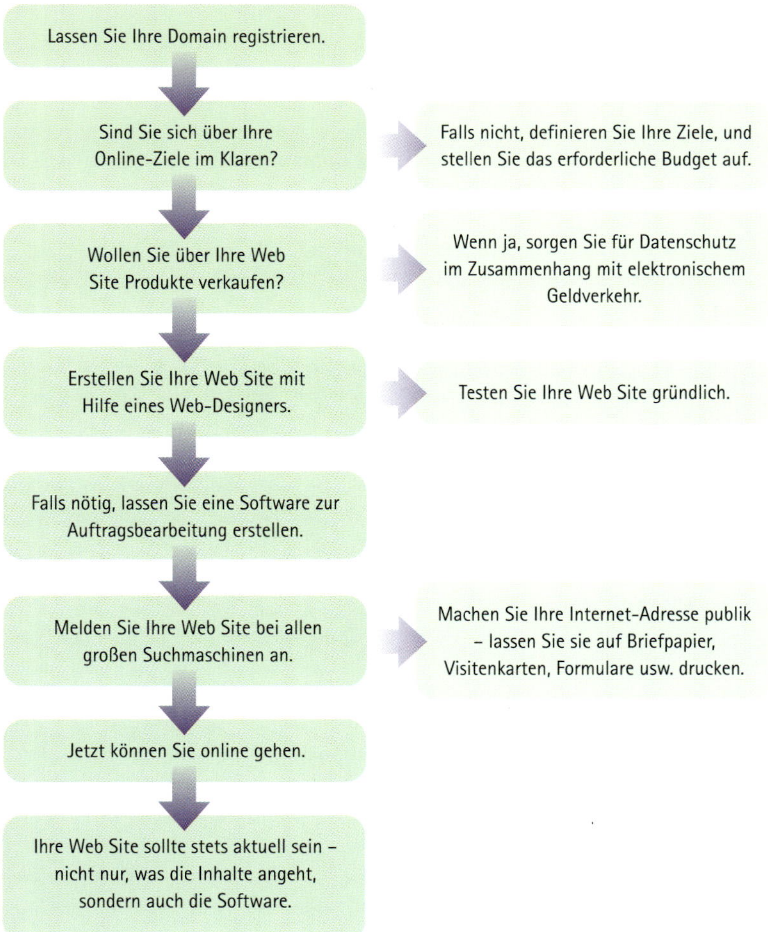

FÜR DIE WEB SITE WERBEN

Auch eine Web Site braucht Promotion! Viele Firmen machen sich große Mühe mit der Gestaltung ihrer Web Site, werben aber nicht dafür. Es reicht aber nicht aus, eine Web Site nur zu haben, damit der Rubel rollt. Selbst bei einem hohen Bekanntheitsgrad der Web Site wird es eine Weile dauern, bis man die Kosten für die Produktion wieder eingefahren hat.

Sorgen Sie dafür, dass Sie in Ihrer Web Site die treffenden Schlüsselbegriffe verwenden, auf die die Suchmaschinen zurückgreifen können. Vergleichen Sie dazu auch die Sites von Mitbewerbern – mit welchen Suchbegriffen arbeiten sie? Lassen Sie Ihre Web Site bei allen großen Suchmaschinen eintragen – und bedenken Sie, dass selbst die größten Suchmaschinen kaum ein Viertel des World Wide Web erfassen. Neh-

ELEMENTE EINER WEB SITE

Nehmen Sie sich für die Erstellung Ihrer Web Site Zeit. Hier finden Sie Tipps zur benutzerfreundlichen Gestaltung einer Web Site.

■ **NAVIGATIONS-BUTTONS** Sie sollten deutlich erkennbar sein und nicht in einem Wust von Text untergehen. Lassen Sie die einzelnen Sites nicht zu lang werden, damit die Buttons beim Umblättern nicht verschwinden. Wiederholen Sie die Buttons gegebenenfalls am Ende der Seite noch einmal.

■ **LEICHTER ZUGANG** Die Informationen auf Ihrer Site müssen leicht zugänglich sein – es sollten nicht mehr als drei Mausklicks nötig sein, um eine Information zu erhalten.

■ **UNTERMENÜS** Verwenden Sie Untermenüs als Navigationshilfe. Wenn Sie Ihre Web Site in verschiedene Themen unterteilen, muss klar ersichtlich sein, welches Thema wo behandelt wird.

■ **BLÄTTERN** Verlassen Sie sich nicht darauf, dass Anwender die Befehle »Vor« und »Zurück« im Browser-Fenster benutzen. Deshalb sollte jede Seite Ihrer Web Site eine Navigationsleiste enthalten, von der aus auf jede einzelne Seite gewechselt werden kann.

■ **SUCHE** Eine Suchhilfe sorgt dafür, dass der Anwender rasch an die gewünschte Information gelangt. Stellen Sie sicher, dass das Programm intelligente Ergebnisse liefert (und nicht unzählige Möglichkeiten). Erklären Sie auf der Web Site, wie die Suchhilfe funktioniert.

■ **PRÄSENTATION DER INFORMATION** Eine Site sollte nicht zu viel Text enthalten. Surfer langweilen sich, wenn sie Unmengen von Text durchblättern müssen. Gliedern Sie den Text daher in übersichtliche Passagen mit eindeutigen Überschriften, oder teilen Sie ihn auf mehrere Seiten auf, die jeweils mit Links untereinander verbunden sind. Ziel ist es, dem Anwender die Wahl zu lassen, ob er die Information lesen möchte oder nicht.

■ **BILDER** Bauen Sie nicht zu viele Bilder oder Animationen in Ihre Site ein. Es dauert lange, bis sie geladen sind, und der Anwender könnte ungeduldig werden. Die meisten Surfer zahlen ja für die Benutzung des Internets Gebühren und möchten daher so schnell wie möglich an Informationen gelangen.

■ **AKTUALITÄT** Sorgen Sie für die Aktualität Ihres Internet-Angebots, vor allem wenn sie Waren übers Netz verkaufen. Wenn die Preise nicht stimmen oder Sie nicht liefern können, ernten Sie nur Frust bei den Kunden. Ein Hinweis auf das letzte Update der Site schafft Vertrauen.

■ **KONTAKTADRESSE** Auch Ihre Postanschrift sollte leicht zu finden sein. Kunden, die nicht online bestellen wollen, brauchen Ihre Telefon- und Faxnummer. Bieten Sie auch unterschiedliche Zahlungsmöglichkeiten an (nicht nur online). Nützlich ist auch ein E-Mail-Link, damit Interessenten schnell und bequem mit Ihnen in Kontakt treten können.

■ **LINKS ZU ANDEREN WEB SITES** Wenn Sie Links zu anderen Web Sites anbieten, sollte Ihre Web Site auf dem Bildschirm bleiben, wenn die Besucher zur anderen Web Site surfen – andernfalls finden sie vielleicht nicht mehr zurück.

men Sie Kontakt zu Organisationen und Verbänden auf, die eigene Web Sites haben und deren Mitglieder an Ihren Produkten interessiert sein könnten. Halten Sie Ausschau nach ergänzenden Web Sites, und bieten Sie den Betreibern Links zu Ihrer Site an. Das ist zwar ein Zeit raubender, aber möglicherweise sehr lohnender Prozess. Sobald Ihre Web Site im Netz ist, sollten Sie die Werbetrommel rühren – erwähnen Sie die Adresse Ihrer Web Site auf dem Briefpapier, in jeder Werbung, auf Flugblättern, Visitenkarten, Produkten, ja selbst auf Ihren Liefer- und Firmenwagen.

PFLEGE DER WEB SITE

Eine Web Site muss stets auf dem neusten Stand sein. Eine nicht mehr aktuelle Site hinterlässt einen denkbar schlechten Eindruck. Wenn etwa

AUFBAU EINER WEB SITE

Betrachten Sie die Web Sites verschiedener Unternehmen. Was macht die Web Site benutzerfreundlich? Betrachten Sie nicht nur die Homepage, sondern blättern Sie alle Seiten durch, um sich ein Bild von der Site zu machen.

Der Firmenname muss deutlich sichtbar sein.

Eine Suchhilfe ist bei umfangreichen Web Sites ausgesprochen nützlich.

Navigations-Buttons helfen dem Anwender bei der Orientierung und führen ihn schnell zur gewünschten Seite.

Eine Hilfefunktion ist nützlich, wenn eine Site umfangreich ist, und enthält Informationen über die Funktionen dieser Web Site.

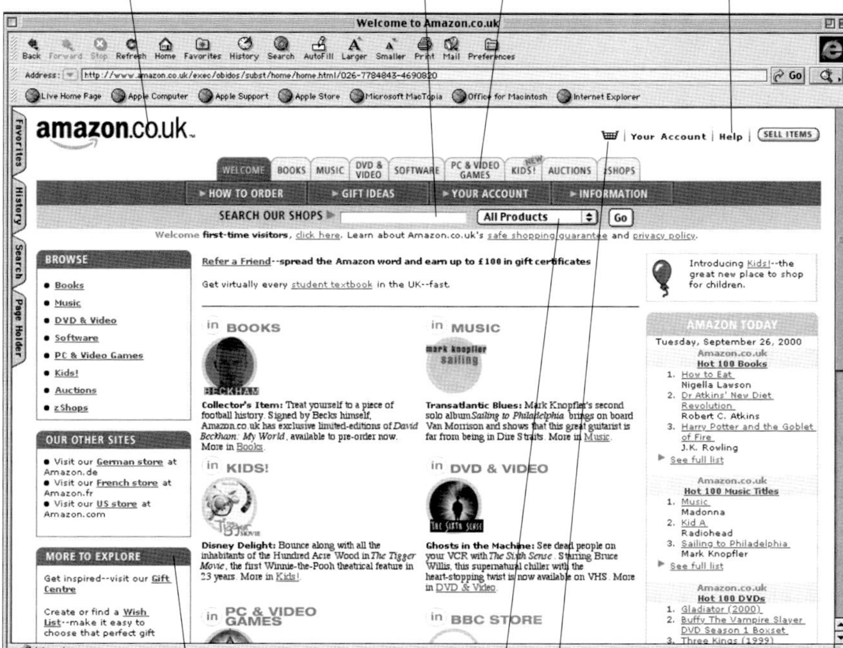

Es bleibt einem überlassen, diese Infos abzurufen.

Durch das Untermenü kann der Anwender die Suche eingrenzen.

Im Einkaufsfeld wird der Bestellvorgang erläutert.

INTERNET-TERMINOLOGIE

BROWSER Sofware-Programm, mit dessen Hilfe Ihr Computer Zugang zum World Wide Web erhält

DOMAIN-NAME Der individuelle Teil der Internet-Adresse. Beginnt mit dem Präfix »www.« und endet mit einem Suffix, das auf die Art der Organisation hinweist (».com« für Unternehmen, ».gov« für Regierungsorganisationen, ».org« für nicht kommerzielle Organisationen, ».net« für Provider) oder ein Land (».de« für Deutschland, ». at« für Österreicht, ».ch« für Schweiz)

DOWNLOAD Daten aus dem Internet herunterladen

E-COMMERCE Der Handel über das Internet. Bestellung und Zahlung erfolgen fast ausschließlich online.

FORMULARE Sie ermöglichen es dem Besucher, Informationen auf der Web Site einzugeben.

HTML (Hyper Text Markup Language) Die Programmiersprache, in der Web Sites geschrieben werden

HYPERLINK/LINK Ein Verbindungsfeld, das den Anwender per Mausklick zu einer anderen Web Site führt

META TAG Information einer Web Site, die nicht auf dem Bildschirm erscheint. Dazu gehört der Urheber der Web Site und wann sie aktualisiert wurde.

PORTAL Eine Web Site, die darauf spezialisiert ist, Surfer zu anderen Web Sites zu führen

PROVIDER Anbieter, der den Zugang zum Internet ermöglicht. Auch Internet Service Provider (ISP) genannt.

SUCHBEGRIFF Wort oder Wortkombination, die zur Suche in eine Suchmaschine eingegeben wird

SUCHMASCHINE Web Sites mit Datenbanken, die eine riesige Menge von Internet-Adressen aus dem World Wide Web enthalten. Der Anwender gibt einen Suchbegriff bzw. ein Stichwort ein, und die Suchmaschine durchforstet ihre Datenbanken nach Informationen zu diesem Begriff und nach URLs.

THUMBNAIL Kleine Version eines Bilds, das auf einer Web Site angezeigt wird. Das spart Speicherplatz und Download-Zeit. Erst durch Anklicken wird das Vollbild heruntergeladen und kann offline betrachtet werden. Besonders praktisch für Online-Kataloge.

UPLOAD Eine Datei an einen Host-Rechner versenden

URL (Uniform Resource Locator) Adresse einer Web Site

ZÄHLER Zählt die Besucher einer Web Site und zeigt deren Zahl an. Auch »Counter« genannt.

ein Immobilienmakler überholte Informationen anbietet, ist seine Web Site nutzlos – und kaum jemand wird eine schlechte Site ein zweites Mal aufrufen. Wenn Sie Ihre Web Site nicht ständig aktualisieren können, sollten Sie sie so einfach wie möglich halten – so erfüllt sie zumindest ihren Zweck als virtuelle Visitenkarte.

Testen Sie, ob die wichtigsten Suchmaschinen Ihre Site nicht nur finden, sondern auch im Ranking weit vorne positionieren. Lassen Sie Ihre Web Site auch regelmäßig von einem Web-Producer kontrollieren, um sicherzugehen, dass sie computertechnisch noch auf dem neuesten Stand ist und auch mit der neuesten Browser-Software gefunden werden kann.

Erfolgskontrolle der Werbemaßnahmen

Nur wenig Unternehmen machen sich die Mühe, die Ergebnisse ihrer Werbmaßnahmen zu überprüfen. Doch gerade kleine Firmen können es sich nicht leisten, Geld für wirkungslose Werbung zu vergeuden. Durch sorgfältige Anzeigengestaltung und genaue Prüfung der Ergebnisse lässt sich der Wirkungsgrad einer Werbemaßnahme messen und die zukünftige Werbestrategie dahingehend ausrichten.

Es gibt eine ganze Reihe von Möglichkeiten, um den Erfolg seiner Werbung zu kontrollieren (siehe Tabelle S. 105). Vielleicht ergibt die Prüfung, dass Werbung Ihrem Unternehmen nicht viel bringt und Sie Ihren Etat besser für Öffentlichkeitsarbeit verwenden (siehe S. 118–127).

In der Praxis benötigt diese Erfolgskontrolle ein gewisses Maß an Routine. So könnten Sie etwa kleine Rückantwortkarten drucken lassen, auf denen Ihre Kunden ankreuzen, auf welchem Wege sie auf Ihr Angebot bzw. Ihre Firma gestoßen sind: über Anzeigen, den Eintrag in ein Branchenverzeichnis, Presseberichte, Mundpropaganda oder auf anderem Wege. Geschickt wäre es, solch eine Befragung mit einem Preisausschreiben zu verbinden, als Kategorie in Ihre Bestellformulare aufzunehmen oder einfach am Telefon durchzuführen und die entsprechenden Antworten in eine Liste einzutragen.

Was kann Werbung leisten?

Die Frage, ob eine Werbung kostendeckend arbeitet oder nicht, erübrigt sich. Es geht bei Werbung nicht darum, Kosten zu decken, sondern Gewinne zu machen. Rechnen Sie aus, wie viel Ihnen die Werbung einbringen muss. Beraten Sie sich mit Ihrem Steuerberater. Gerade bei einem kleinen Unternehmen muss die Werbung so viel einbringen, dass eben nicht nur die Werbekosten gedeckt sind. Sonst hat man wertvolle Zeit und viel Geld für die Planung der Werbekampagne in den Sand gesetzt, und einen derartigen Verlust kann sich kaum ein Unternehmen leisten.

Möglichkeiten der Erfolgskontrolle

Methode	Vorgehensweise	Zu beachten
Rückantwort per Post	Wenn Sie in mehr als einer Zeitung oder Zeitschrift inserieren, können Sie kleine Adressänderungen vornehmen. Damit können Sie zurückverfolgen, auf welche Anzeige der Kunde reagiert hat. Wenn Sie den Anzeigen Bestellcoupons beifügen, können Sie je nach Zeitung einen anderen Couponcode wählen.	Sehr wirkungsvoll. Passend für jede Werbeanzeige, auf die per Post geantwortet wird.
Rückantwort per Telefon	Interessenten, die anrufen, kann man danach befragen, wie sie von Ihrem Angebot bzw. Unternehmen erfahren haben.	Wirkungsvoll, auch wenn sich einige Kunden nicht daran erinnern werden. Die Frage sollte so gestellt werden, dass sie nicht als aufdringlich empfunden wird.
Rückantwort per E-Mail	Führen Sie eine Statistik darüber, wie viele E-Mails Sie aufgrund welchen Angebots erhalten haben.	Schwer festzustellen, wie der Absender von Ihrer Firma erfahren hat. Wenn Sie verschiedene Anzeigen schalten, geben Sie am besten unterschiedliche E-Mail-Adressen an.
Web-Site-Zähler	Ein Zähler (»Counter«) auf Ihrer Web Site zählt die Zahl der Zugriffe bzw. der Besucher.	Zählt zwar die Zahl der Besucher, gibt aber nicht an, wie die Besucher auf Ihre Web Site gekommen sind und ob sie Ihre Site öfter besucht haben.
Persönliche Befragung	Fragen Sie Ihre Kunden, egal ob Konsumenten oder Firmenkunden, auf welchem Weg sie zu Ihrem Unternehmen gefunden haben.	Wirkungsvoll, auch wenn sich manche Interessenten eventuell nicht mehr erinnern können, wie sie von Ihnen erfahren haben.
Geschenk-gutschein	Wenn Sie Kunden in Ihr Geschäft locken wollen, könnten Sie Ihre Anzeige als Gutschein gestalten, für den man bei Vorlage einen kleinen Rabatt oder ein Geschenk bekommt.	Sie müssen dem Kunden einen ausreichend großen Anreiz bieten, der ihn veranlasst, Ihr Geschäft zu besuchen.

PROSPEKTE UND BROSCHÜREN

Prospekte, Flyer, Broschüren und Kataloge sind Werbedrucksachen, durch die ein Unternehmen seine Produkte oder Dienstleistungen präsentieren und über sie informieren kann. Gedruckte Werbemittel spielen im Marketing eine zentrale Rolle. Erfolg haben Werbeprospekte oder -broschüren aber nur, wenn sie gut gemacht und exakt auf die Zielgruppe zugeschnitten sind. Eine gute grafische Gestaltung ist wichtig, aber auch der Text muss perfekt durchdacht sein.

Flyer oder Flugblätter bestehen in der Regel aus einer einzigen Seite, Prospekte, Broschüren und Kataloge hingegen sind mehrseitige Druckwerke. Der Kürze halber soll im vorliegenden Text der Begriff »Werbedrucksache« alle vorgenannten Werbemittel umfassen.

Was Prospekte leisten können

Bevor Sie sich an die Herstellung einer Werbedrucksache über die Produkte oder Dienstleistungen Ihres Unternehmens machen, sollten Sie folgende Fragen klären:

- Welches Ziel verfolgen Sie mit dem Prospekt oder der Broschüre?
- Wie wird der Leser darauf reagieren?
- Wie soll der Prospekt verteilt werden?
- Was kostet die Herstellung?

Versuchen Sie, Ihre Werbeziele mit dem geringsten Aufwand zu erreichen.

ZIEL DEFINIEREN

Bei Werbedrucksachen unterscheidet man zwei Kategorien: Prospekte, die dem Kunden Produkte oder Dienstleistungen in erster Linie vorstellen, und solche, die aus einem interessierten Kunden einen Käufer machen sollen. Ein Beispiel für die erste Kategorie wäre ein Flyer, der über die Post an verschiedene Haushalte verteilt wird. Da dieser Flyer vom Empfänger nicht angefordert wurde, muss er auffallen und überzeugend sein. Außerdem sollte er in einer hohen Auflage produziert werden, da die Rücklaufquote meist sehr gering ist.

Mit einer Broschüre dagegen wendet man sich in erster Linie an Kunden, die bereits Interesse an einem Produkt oder einer Dienstleistung zeigen und noch mehr darüber erfahren wollen. Sie muss daher detaillierte Information enthalten, um die Kaufentscheidung zu erleichtern.

Werbedrucksachen wie Prospekte, Broschüren oder Flyer haben den großen Vorteil, dass der Leser sie in Ruhe betrachten kann und dass ihre Inhalte nicht, wie eine Anzeige, in Konkurrenz zu anderen Inseraten oder Artikeln in einer Zeitung stehen. Außerdem kann man in einem Prospekt oder in einem Katalog wesentlich mehr Text und damit Informationen unterbringen als in einer Anzeige. Bei Prospekten, Katalogen und Broschüren lässt sich die Streuung besser steuern. Begleitend zu Verkaufsgesprächen sind sie ebenfalls hilfreich, da das Verkaufspersonal dem Kunden Einzelheiten zum Produkt oder zur Dienstleistung mit auf den Weg geben kann.

ZIELGRUPPE

Was erwartet der Leser von Ihrer Werbedrucksache? Sie sollten ein genaues Bild von Ihrem potenziellen Kundenkreis haben. Gestalten Sie Ihre Prospekte so, dass sie die Aufmerksamkeit Ihrer Klientel fesseln, auf deren Bedürfnisse eingehen und sie zum Kauf anregen. Die Erwartungen der Zielgruppe wirken sich unmittelbar auf Erscheinungsbild und Stil der Werbedrucksachen aus. So wird sich ein Prospekt für Einkäufer von elektronischen Bauelementen vorwiegend auf technische Details beschränken, während Werbeunterlagen für Laufkundschaft eher auffällig und mit weniger fachlichen Details gestaltet sind. Die Werbedrucksachen müssen für alle Interessenten leicht verfügbar sein, was wiederum die Distribution bestimmt.

DISTRIBUTION

Auch die Art der Veteilung hat Einfluss auf die Gestaltung der Werbedrucksache. Flyer, die als Direct Mailing verschickt werden, sollten in ein Standardkuvert passen. Handelt es sich um eine lose Werbebeilage für eine Zeitung, muss man sich an die vom Verlag vorgegebenen maximalen Maße halten.

BUDGET

Werbedrucksachen reichen von der einfachen Postkarte bis hin zu einem mehrseitigen, farbigen Hochglanzkatalog. Letzterer hat natürlich seinen Preis. Die Produktionskosten werden außerdem von folgenden Faktoren bestimmt:

- Die Qualität, die die Werbeunterlage haben muss, um wettbewerbsfähig zu sein
- Größe und Umfang, die nötig sind, um alle notwendigen Informationen unterzubringen
- Die Auflage, die man drucken lassen muss.

Die Kosten sollten in einem vernünftigen Verhältnis zum Wert Ihrer Produkte oder Dienstleistungen stehen, ebenso wie zur Umsatzsteigerung, die man sich durch die Werbeunterlage verspricht. Beachten Sie auch, was Ihre Mitbewerber in dieser Richtung investieren.

Gestaltung von Flyern

Die Gestaltung von Werbedrucksachen erfordert Planung – angefangen beim äußeren Erscheinungsbild, bis hin zum Informationsgehalt. Beispiele für die Gestaltung von Flyern finden Sie auf den Seiten 110–111.

FARBE HAT IHREN PREIS

Gleich zu Beginn muss entschieden werden, ob man eine vierfarbige Drucksache herstellen möchte oder nicht. Farbdruck ist teuer, lohnt sich aber, wenn Produkte oder Dienstleistungen sich so attraktiver gestalten lassen. Ein Prospekt über Tapetenmuster oder Strickwaren wäre in

FALLSTUDIE: Einen kundenorientierten Werbeprospekt erstellen

TOM P. betreibt ein Elektrofachgeschäft und will mit einem Prospekt für seine Energiesparschalter werben. Zielgruppe sind Gastwirte und Hoteliers. Der Schalter verhindert, dass Gäste Beleuchtung und Klimaanlage laufen lassen, wenn sie die Zimmer verlassen. Der Prospekt muss also die Vorteile der Schalter (Kostenersparnis und die schnelle Amortisierung) und, nachdem die Adressaten Tom P. nicht kennen, auch die Kompetenz seiner Firma deutlich machen. Er verweist daher zusätzlich auf seine fachliche Qualifikation, die jahrelange Geschäftserfahrung und die ISO-Normen. Zur weiteren Vertrauensbildung erwähnt er renommierte Kunden, die ihre Räume bereits mit den Energiesparschaltern ausgestattet haben. Ein professionelles Produktfoto zeigt einen seiner Schalter im edlen Ambiente einer Hotelsuite. Als zusätzlichen Anreiz bietet er zehn Prozent Rabatt für Bestellungen, die bis zu einem bestimmten Zeitpunkt eingehen. Die Verteilung erfolgt per Direct Mailing und über die Web Site, von der Interessenten eine PDF-Datei herunterladen können.

Schwarz-Weiß kaum sinnvoll. Nicht selten zwingen einen auch die Werbedrucksachen der Konkurrenz, zu einer farbigen Hochglanzbroschüre zu greifen. Eine Alternative zum teuren Vierfarbendruck ist die Reduktion auf zwei oder drei Farben. Das kann recht effektvoll sein, etwa wenn man Überschriften oder Hintergrundflächen in einer zweiten Farbe gestaltet oder mit Duplex-Effekten arbeitet. Manchmal sieht weniger Farbe nach mehr aus. Eine ebenfalls recht preiswerte Alternative ist beispielsweise die Verwendung von farbigem Papier. Das fällt auf und kostet nicht viel.

Wahl des Formats

Als Nächstes muss man das Format und den Umfang der Werbedrucksache planen. Das Format hängt von der Menge an Information ab, die vermittelt werden soll, von der beabsichtigten Verteilungsart und natürlich vom Budget. Standardformate sind etwa DIN A5, DIN A4, DIN A4 einfach gefalzt und DIN-A4-Leporellos. Diese Formate lassen sich ein- und beidseitig bedrucken. Natürlich muss man nicht unbedingt Standardmaße wählen, doch DIN-Größen sind in der Regel wirtschaftlicher. Das Format hat außerdem Auswirkungen auf die Portokosten für eine Drucksache.

Wahl des Papiers

Stärke und Qualität des Papiers müssen ebenfalls bedacht werden. Raues, dünnes Papier fühlt sich billig an, ein festes, glattes dagegen vermittelt den Eindruck von Qualität. Das Papiergewicht wird in Gramm pro Quadratmeter ausgedrückt. 80 bis 100 Gramm leichtes Papier eignet sich zum Beispiel für Flugblätter, Papier mit einem Gewicht von 130 Gramm ist für Leporello-Faltungen ideal. Die Oberfläche des Papiers kann matt bis glänzend sein.

Übrigens ist weißes Papier in den seltensten Fällen wirklich weiß, meist weist es einen mehr oder weniger starken Gelb- oder Graustich auf. Vom Farbwert des Papiers hängt aber entscheidend ab, wie die Druckfarben wirken. Verlangen Sie daher nach Möglichkeit ein bedrucktes Muster, oder legen Sie dem Drucker einen Prospekt vor, der Ihren Wünschen entgegenkommt, und bitten Sie ihn, ein Papier auszuwählen, das zu einem ähnlichen Ergebnis führt. An Stelle (oder in Kombination) mit Farbdruck können Sie sich auch für ein buntes, strukturiertes oder gemustertes Papier entscheiden. Hier ist Stilsicherheit gefragt. Leuchtend rotes, blaues oder gelbes Papier wirkt leicht billig; ein zarterer Ton wie Hellgrau oder Beige dagegen meist edel. Drucksachen, die beispielsweise Mode oder Güter der Unterhaltungsindustrie bewerben, dürfen auffälliger sein als Prospekte, die für Finanzdienstleistungen werben sollen.

Auf den Inhalt kommt es an

Es gelten die gleichen Regeln wie für Großanzeigen (siehe S. 90–96), mit dem Unterschied, dass Werbedrucksachen meist mehr Platz zur

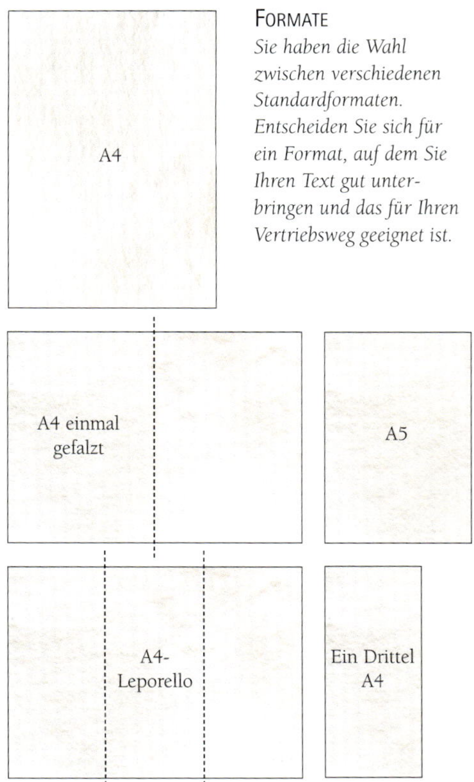

Formate
Sie haben die Wahl zwischen verschiedenen Standardformaten. Entscheiden Sie sich für ein Format, auf dem Sie Ihren Text gut unterbringen und das für Ihren Vertriebsweg geeignet ist.

Darstellung von Information bieten. Auch hier gilt: Betonen Sie die Vorteile Ihres Produkts oder Ihrer Dienstleistung. Wenn Sie eine Reaktion auf Ihre Unterlagen wünschen, sollten Sie auch einen Handlungsanreiz anbieten. Dieser muss sich in dem Moment erschließen, in dem Ihr potenzieller Kunde die Werbedrucksache liest – und ihn zum Handeln motiviert. Denn hat er Ihre Produktinformationen einmal unbeeindruckt zur Seite gelegt, wird er sie nicht mehr so schnell wieder zur Hand nehmen.

Denken Sie immer an Ihre Zielgruppe. Sie muss den Eindruck bekommen: »Das ist etwas für mich!« Preisen Sie Ihre Produkte oder Dienstleistung nicht zu überschwänglich an. Denken Sie auch daran, dass Prospekte und Broschüren im Gegensatz zu Werbeanzeigen eine wesentlich längere Lebensdauer haben (sollten). In der Regel sollte sie auch ein Jahr nach Drucklegung noch Aktualität besitzen. Vermeiden Sie daher Einzelheiten, die schnell überholt sind, wie etwa die Preise. Viele Firmen legen ihre Preise daher auf einer separaten Preisliste bei, die einfarbig auf einfaches Papier gedruckt ist.

Wenn Sie Kunden im fremdsprachigen Ausland haben, könnten Sie Ihren Katalog auch zwei- oder dreisprachig anlegen. Das kommt meist günstiger, als zwei getrennte Prospekte drucken zu lassen.

HÄUFIGE FEHLER BEI DER GESTALTUNG VON WERBEDRUCKSACHEN

1. Nur auf die äußere Form achten und die Werbeziele dabei außer Acht lassen
2. Der Druckerei schlechte Vorlagen liefern, aber trotzdem beste Ergebnisse erwarten
3. Die USP (»Unique Selling Proposition«) nicht herausarbeiten
4. Keine Preise nennen, obwohl sie für den Leser entscheidend sind
5. Zu viele Prospekte mit schnell überholten Daten drucken lassen
6. Sich im Vorfeld keine Gedanken über die Distribution machen
7. Den Text so klein zu drucken, dass man ihn nur schwer entziffern kann
8. Schlechtes oder ungeeignetes Bildmaterial verwenden
9. Schlechtes Layout verwenden, das von der Werbebotschaft ablenkt
10. Den Werbeerfolg nicht überprüfen (gilt für jede Art von Werbung)

TYPOGRAFIE

Die Schriftart, für die Sie sich entscheiden, bestimmt ebenfalls den Stil oder Gesamteindruck Ihrer Drucksache. Die meisten Schriften sind als Standard-, Fett- oder Kursivschrift erhältlich und skalierbar. Vermeiden Sie Schriften, die altmodisch wirken oder schlecht lesbar sind. Man sollte sich auf ein bis zwei Schriftarten beschränken – zu viele verschiedene Schriftschnitte wirken unruhig und unübersichtlich. Kombinieren Sie Serifenschriften mit serifenlosen Schriften. Probieren Sie verschiedene Schriften aus, bis Sie die ideale gefunden haben.

SCHRIFTEN

Die Entscheidung für eine Schrift ist subjektiv, aber auch vom Image abhängig. Sie sollte auf jeden Fall gut lesbar sein.

Times

Klassisch elegante Schrift, die Seriosität vermittelt. Ideal für Fließtext.

Times Bold

Fettdruck eignet sich für Hervorhebungen und Überschriften.

Times Italic

Kursiv gesetzte Textblöcke sind meist schwer zu lesen.

Helvetica

Serifenlose Schriften wirken modern und sind gut lesbar.

Helvetica Light

Helvetica Italic

SCHLECHT GEMACHTER FLYER
Dieser Entwurf eines Gartenmöbelprospekts enthält zu lange Textpassagen, die noch dazu schlecht lesbar sind. Das Layout ist verwirrend und stößt Leser eher ab.

In der Headline steht nur der Firmenname. Der sagt aber nichts über das Thema des Flyers aus.

Der einführende Text zu den Gartenmöbeln enthält viele Wiederholungen, aber leider keinerlei Information über Preise.

Dieser Absatz beschäftigt sich nicht mit Gartenmöbeln. Das lenkt vom Thema ab und macht den Flyer wertlos.

Der Text ist klein und auf schwarzem Hintergrund gedruckt, was ihn schwer lesbar macht.

Hier werden zwei verschiedene Schriftarten verwendet, die gemeinsam zu unruhig wirken.

Das Bild wird von Pflanzen und nicht von Gartenmöbeln dominiert; außerdem fehlen hier Menschen.

Firmenname und Telefonnummer werden zwar angegeben, aber die Adresse fehlt – ein grober Fehler bei einem Flyer, der Kunden zum Besuch des Gartencenters anregen soll.

Hier fehlt ein Handlungsanreiz. Der Satz wiederholt lediglich den Text von oben und ist außerdem auf dem dunklen Hintergrund schlecht zu lesen.

GESTALTUNG

Maximale Wirkung haben Werbedrucksachen dann, wenn sie ins Auge stechen und exakt auf die Zielgruppe und das angebotene Produkt oder die angebotene Dienstleistung zugeschnitten sind. Wenn Sie nur wenig Erfahrung mit der Prospektgestaltung haben, werfen Sie einen Blick auf die Werbeunterlagen anderer Firmen (nicht nur aus Ihrer Branche), und sammeln Sie, was Ihnen gefällt und was Ihnen Erfolg versprechend scheint. Bauen Sie diese Elemente dann in Ihre eigene Gestaltung ein, aber achten Sie darauf, dass das Ganze einheitlich und ausgewogen aussieht. Vermeiden Sie Layouts, die zu viel Unruhe erzeugen. Lange Textpassagen sind möglich, aber nur, wenn der Leser diese Information benötigt. Zwischenüberschriften lockern den Text auf.

Werfen Sie einen abschließenden Blick auf den Entwurf. Soll die Werbedrucksache gefaltet werden, oder handelt es sich um einen mehrseitigen Prospekt? In diesem Fall müssen Titel-

GUT GESTALTETER FLYER

Dieser Flyer wirbt im Frühling für Gartenmöbel und weist den Leser deutlich auf Vorteile hin, die ihm geboten werden. Außerdem enthält er Preisinformationen, und es ist klar erkennbar, wo das Gartencenter zu finden ist.

Die Headline verspricht einen Vorteil und erregt damit eher das Interesse der Leser als ein Titel wie »Gartenmöbel«.

Ein professionelles Foto zeigt eine belebte Szene mit Menschen und Gartenmöbeln.

Aus dem Einführungstext wird ersichtlich, worum es in diesem Flyer geht.

Im Haupttext wird das Angebot nebst Preisen erläutert. Die Information reicht aus, um Interesse beim Kunden zu wecken.

Der Text ist gut gegliedert und damit leicht zu lesen.

Ein Sonderangebot sorgt für Handlungsanreiz.

Ein zusätzliches Angebot wird erwähnt. Man sollte es jedoch nur einfügen, wenn genügend Platz vorhanden ist.

Firmenname und Kontaktadresse sind deutlich, aber nicht übertrieben hervorgehoben.

Sogar ein Verkaufs-Slogan hat noch Platz.

und Rückseite gestaltet werden. Bedenken Sie, dass bei bedrucktem Papier durch das Falzen an den Knickstellen die Farbe abblättern kann und ein weißer Strich zurückbleibt – das kann unschön aussehen.

Mehrseitige Werbedrucksachen müssen gebunden werden. Sprechen Sie mit dem Drucker über das geeignete Verfahren (Klebebindung, Rückstichheftung, Spiralbindung usw.). Zum Schluss können Sie den Umschlag Ihres Prospekts oder Katalogs matt oder glänzend lackieren lassen. Das kostet zwar etwas mehr, sieht aber sehr edel aus. So vermeiden Sie bei Unterlagen, die häufiger zur Hand genommen werden, dass diese durch Fingerabdrücke und Schmutzflecken schnell abgenutzt aussehen.

Sie sollten sich bei der Gestaltung Ihrer Werbedrucksachen von einem Grafik-Designer professionell beraten lassen. Besprechen Sie alle wichtigen Einzelheiten, und lassen Sie verschiedene Entwürfe machen, bevor Sie sich endgültig für ein bestimmtes Layout entscheiden.

FOTOS

Erst durch aussagekräftige Fotos werden Ihre Werbeunterlagen lebendig. Gute Werbefotos sind scharf, folgen einer Bildkomposition und lassen wichtige Details erkennen. Außerdem sollten sie einen Maßstab bieten, beispielsweise durch die Einbindung von Menschen. Die Abbildung von Menschen bietet dem Betrachter Identifikationsmöglichkeiten, allerdings eignet sie sich nicht in jedem Fall.

Sind auf den Fotos, die Sie verwenden wollen, Mitarbeiter oder Kunden Ihrer Firma zu sehen, müssen Sie deren schriftliches Einverständnis einholen. Laien sind keine Profimodelle – nehmen Sie sich also Zeit für die Aufnahmen. Im Zweifelsfall sollten Sie lieber mit Modellen und einem professionellen Fotografen arbeiten, denn laienhafte Fotos können auch eine ansonsten erstklassige Werbedrucksache komplett ruinieren. Klären Sie sämtliche Copyright-Fragen bezüglich des verwendeten Bildmaterials mit dem Fotografen und den Modellen schriftlich. Nur so verfügen Sie über die Genehmigung, die Fotos für die angegebenen Werbezwecke benutzen zu dürfen.

Für Abbildungen in Schwarz-Weiß kann ein Schwarz-Weiß-Foto oder ein Farbfoto als Druckvorlage dienen. In manchen Drucksachen wirken Schwarz-Weiß-Fotos leicht grau, farblos oder düster. Das kann ganz unterschiedliche Ursachen haben: Entweder liegt es am verwendeten Papier (Farbe oder Saugfähigkeit), an der schlechten Vorbereitung der Druckvorlage oder schlicht an der mangelnden Qualität des Originalfotos. Lassen Sie sich immer einen Andruck vorlegen, bevor Sie Ihre Werbedrucksache zum Druck freigeben.

Wenn Sie keine Produktfotos und Aufnahmen von Ihren Geschäftsräumen oder -gebäuden benötigen, sondern nur allgemeine Fotos zur Auflockerung Ihrer Drucksache verwenden wollen, können Sie diese bei Bildagenturen erwerben, die Bilder von professionellen Fotografen verkaufen. Dort gibt es zu nahezu allen Themen Fotos. Der Preis richtet sich nach der Art der Verwendung und der Auflagenhöhe.

ILLUSTRATIONEN

Grafiken und Zeichnungen sind ausgesprochen hilfreich, wenn es darum geht, Prozesse oder Eigenschaften darzustellen, die sich nicht fotografieren lassen. Solche Bilder sind gerade in Werbedrucksachen sehr aussagekräftig, vorausgesetzt, sie sind professionell gemacht. Entweder man erstellt sie am Computer, oder man lässt sie auf herkömmliche Weise von einem Grafiker oder Illustrator anfertigen. Verlangen Sie aber auch hier, wie bei Fotos, vom Drucker einen Andruck zur Kontolle von Bildschärfe und Druckqualität.

DIE WAHL DES RICHTIGEN FOTOS
Dieses stimmungsvolle Foto ist ein wertvoller Beitrag für jedes Werbeblatt. Die leuchtenden Farben und die fast grafische Darstellung der Objekte wirken auf den Betrachter außerordentlich ansprechend.

Was den Druck betrifft

Um Geld zu sparen, sollten Sie von mehreren Druckereien Angebote einholen. Auch die Qualität ist abhängig vom Preis. Formulieren Sie Ihre Qualitätsansprüche daher deutlich.

WAHL DER DRUCKEREI

Einfache Drucksachen können Sie in einem Copyshop machen lassen. Mit einem Vierfarbendruck müssen Sie jedoch eine Druckerei beauftragen. Einfache Flyer in Schwarz-Weiß oder Preislisten kann man kostengünstig am Fotokopierer vervielfältigen.

Lassen Sie sich von verschiedenen Druckereien Muster der Werbeunterlagen zeigen, die diese bereits für andere Unternehmen angefertigt haben. Um aussagekräftige und vergleichbare Angebote zu erhalten, sollten die Kostenvoranschläge nach folgenden Parametern aufgeschlüsselt werden:

- Größe der gewünschten Werbeunterlagen
- Seitenzahl (bei Prospekten, Katalogen usw.)
- Wird nur eine Seite bedruckt, oder werden Vorder- und Rückseite bedruckt?
- Anzahl der Farben
- Papierqualität
- Satzaufwand (falls nötig)
- Bildmaterial (falls vorhanden)
- Verarbeitung (Falzen, Leimen, Heften, Lackieren oder Kaschieren)
- Auflage

IN DER DRUCKEREI

Je höher die Auflage eines Druckerzeugnisses, desto geringer werden auch die Stückkosten. Das sollte Sie trotzdem nicht verleiten, zu viele Prospekte drucken zu lassen, die schnell überholt sind.

Erkundigen Sie sich, wie lange die Druckerei für den Auftrag benötigt. Und lassen Sie sich, nachdem Sie die reprofertige Vorlagen (Filme oder eine Layout-Datei auf Diskette) eingereicht haben, vorab Andrucke zeigen, und kontrollieren Sie diese genau. Fehler, die Sie jetzt entdecken, können in diesem Stadium noch korrigiert werden. Bessern Sie etwaige Mängel und Fehler unmissverständlich aus, und verlangen Sie einen erneuten Korrekturabzug.

DAS SPART GELD

Mit vielen Computerprogrammen lassen sich bereits ansprechende Flyer erstellen. Das hat den Vorteil, dass Sie die Werbeschreiben individuell auf jeden Kunden »zuschneiden« können, sie sofort verfügbar sind und sich leicht aktualisieren und vervielfältigen lassen.

Distribution von Werbedrucksachen

Über die Verteilung einer Werbebroschüre, eines Flyers oder eines Katalogs sollte man sich nicht erst nach erfolgter Produktion Gedanken machen. Außerdem ist auch für dieses Marketing-Instrument eine Erfolgskontrolle zweckmäßig (siehe S. 104–105). Nachfolgend erhalten Sie einige Vorschläge zur Distribution von Werbemitteln:

- **VERSAND AUF NACHFRAGE** Sie können Lesern Ihrer Anzeige anbieten, telefonisch, per Brief, Fax oder E-Mail Prospektmaterial anzufordern. Versenden Sie die Unterlagen entweder gratis, oder bitten Sie um einen frankierten Rückumschlag. Für aufwändige Kataloge kann man einen Unkostenbeitrag verlangen, der mit der ersten Bestellung verrechnet wird. Durch die Anforderung von Prospektmaterial erhält der Leser weitere Informationen, ohne sich zu verpflichten. Außerdem lässt sich damit gleichzeitig die Wirkung der Anzeige überprüfen.
- **MESSEN UND AUSSTELLUNGEN** Hier hat man die Möglichkeit, eine ganze Menge Werbedrucksachen unter die Leute zu bringen. Da nicht jeder Interessent ein potenzieller Käufer ist, kann man die Verteilung der Prospekte auf seinen Stand begrenzen. Oder man legt vorne am Stand Werbeblätter aus, die für jedermann zugänglich sind, und hält die kostbaren Kataloge und Broschüren für potenzielle Käufer zurück, die echtes Interesse zeigen. Für besonders aufwändig gestaltetes Prospektmaterial kann man so genannte Schutzgebühren verlangen.
- **DIRECT MAILING** Der Direktversand von Werbeunterlagen (siehe S. 53–55) ist eine gängige Praxis. Die Kosten hängen vom Gewicht der Sendung ab.
- **WERBEBEILAGEN** Flyer und Prospekte lassen sich auch als Beilage in Tageszeitungen oder Zeitschriften verteilen. Meist werden sie nur lose beigelegt, bei Fachzeitschriften manchmal auch mit eingebunden. Die Kosten berechnen sich je nach Gewicht und nach der zu verteilenden Menge. Oft gibt es Beschränkungen hinsichtlich des Formats und des Gewichts. Dieser Distributionsweg ist günstig (viel billiger als Rundschreiben per Post) und wirkungsvoll, wenn die Leserschaft dem eigenen Zielmarkt entspricht.
- **POSTWURFSENDUNG** Die Verteilung von Werbeblättern an Haushalte eignet sich für zahlreiche verbraucherorientierte Produkte oder Dienstleistungen.
- **POSTVERSAND** In Verbindung mit der täglichen Korrespondenz ist diese Methode sogar kostenlos. Wenn die Flyer zu Rechnungen und Anschreiben in ein Kuvert gesteckt werden und das Porto den Preis für einen Standardbrief nicht übersteigt, fallen nicht einmal zusätzliche Kosten an. Im richtigen Kontext kann diese Form der Verteilung sehr effektiv sein. Den durchschlagendsten Erfolg wird diese Methode haben, wenn die Schreiben direkt an den richtigen

Ansprechpartner im jeweiligen Unternehmen adressiert sind.

- **GÜNSTIGE VERTEILERSTELLEN** Es gibt Orte, an denen die von Ihnen anvisierte Zielgruppe auf der Suche nach Informationen zusammenkommt. Hotelfoyers oder Fremdenverkehrsämter sind guter Plätze, um Broschüren rund um das Thema Tourismus auszulegen; ein Reisebüro ist der richtig Ort für Ferienkataloge und eine Sportanlage für eine Broschüre über Fitness-Bekleidung. Manchmal werden Sie für die Auslage Ihrer Unterlagen bezahlen müssen, an anderer Stelle können Sie Ihre Werbung kostenlos hinterlegen. Oft werden Größenvorgaben gemacht (Flyer aus einem gefalteten DIN-A4-Blatt sind üblich), und man ist aufgefordert, regelmäßig für Nachschub sorgen.
- **LADENTISCH** In Einzelhandelsgeschäften werden Flyer und Prospekte gerne auf dem Ladentisch oder neben der Kasse ausgelegt. Hier findet der Kunde Informationen über Sonderangebote, neue Produktlinien usw. Manchmal stellt der Einzelhändler die Werbemittel her, häufig der Zulieferer.

Fächern Sie Ihre Flyer auf – ein ordentlicher Stapel wird nicht gerne angefasst.

- **STRASSE** Flugblätter lassen sich auch auf der Straße an Passanten verteilen. Die Rücklaufquote ist bei dieser Vorgehensweise aber sehr gering. Erkundigen Sie sich zuerst bei der zuständigen Stadtverwaltung oder örtlichen Behörde, ob Sie für diese Aktion eine Genehmigung benötigen.
- **FACHMESSEN** Hier sind Prospekte besonders nützlich, da viele Messebesucher ihre Kaufentscheidung erst nach dem Messebesuch treffen. Achten Sie aber darauf, dass Sie (oder Ihre Mitarbeiter) die Unterlagen nicht hauptsächlich an Konkurrenten verteilen. Da die meisten Besucher von Fachmessen Ausweise tragen, können Sie genau kontrollieren, wer Ihren Stand besucht. Fragen Sie erst nach, von welcher Firma sie kommen, bevor Sie Unterlagen aushändigen, die nicht für die Konkurrenz bestimmt sind. Auf vielen Messen ist es nicht erlaubt, Werbematerial anderswo als auf dem eigenen Stand zu verteilen.
- **WEB SITE** Wenn Sie über eine Web Site verfügen (siehe S. 100–104), können Sie diese um einen Katalog und ein Bestellformular zum Herunterladen ergänzen.

ESC

Verkaufsförderung

Unter Verkaufsförderung versteht man die verschiedenen Instrumente und Techniken, mit denen man bei Kunden das Interesse am Angebot des eigenen Unternehmens wecken kann. Ziel ist es, den potenziellen Kunden zu einem Kauf oder Vertragsabschluss zu bewegen und ihn darüber hinaus an sein Unternehmen zu binden.

MEDIEN NUTZEN – PUBLIC RELATIONS

Gerade kleine und junge Unternehmen müssen sich Gehör verschaffen, um in der Menge der Mitbewerber nicht unterzugehen. Nur wenige kleine Firmen nutzen jedoch die Gratiswerbung, die ihnen die Zusammenarbeit mit den Medien bringen kann. Wer unternehmerisch denkt, geht einen Schritt weiter und macht sich dieses ausgezeichnete Werbemittel zu Nutze. Die Arbeit mit den Medien – meist als Öffentlichkeitsarbeit oder Public Relations, kurz PR bezeichnet – nimmt zwar relativ viel Zeit in Anspruch, zählt jedoch gut gemacht zu den besten und nützlichsten Marketing-Aktivitäten.

Um den größtmöglichen Vorteil aus der Arbeit mit den Medien zu erzielen, muss man ihre Bedürfnisse verstehen. Mit dem Begriff »Medien« sind in diesem Zusammenhang Zeitungen (vom Lokalblatt bis zur überregionalen Tageszeitung), Publikumszeitschriften, Fachpresse sowie Rundfunk und Fernsehen gemeint. Leser- und Zuhörerschaft sind zwar in der Regel sehr breit gestreut, umfassen aber ein weites Feld potenzieller Kunden, sodass sicher auch Ihre Zielgruppe mit dabei ist.

Printmedien und Rundfunkanstalten leben von der Aufbereitung von Informationen und sind dankbar für neue Themen, vor allem, wenn sie gut und interessant sind. Jedes Unternehmen liefert genug Stoff für eine Story oder eine gute Reportage. Medienwirksam ist eine Geschichte, wenn sie folgende Elemente beinhaltet:

- Sie muss für die Leser, Zuhörer oder Zuschauer von Interesse sein.
- Sie muss einen menschlichen bzw. persönlichen Aspekt beinhalten.
- Sie sollte einen Bezug zum Zeitgeschehen oder einem historischen Ereignis haben.
- Das Timing muss passen (vor allem für Radio und TV).
- Sie muss Unterhaltungswert besitzen (kuriose oder witzige Themen sind beliebt).
- Sie sollte sich für interessante Foto- oder Filmaufnahmen anbieten.

FALLSTUDIE: Mehrere Möglichkeiten testen

SANDRA P. UND MARIA L., zwei ausgebildete Modedesignerinnen, hatten eine Kollektion exklusiver Dessous entworfen und wollten diese nun vermarkten. Es standen ihnen zwar nur begrenzte Mittel zur Verfügung, gleichzeitig war klar, dass man in einem Markt, der von bekannten Markennamen beherrscht wurde, kräftig die Werbetrommel rühren musste, um nicht übersehen zu werden. Die beiden Frauen beschlossen daher, all ihre Zeit und ihr Geld in eine konzertierte PR-Kampagne zu stecken. Sie fotografierten ihre Modelle zunächst an Studentinnen und sandten Pressemitteilungen an Modezeitschriften – jedoch mit geringem Erfolg. Die Presse musste also vermehrt aufmerksam gemacht werden! Zu diesem Zweck ließen sie erneut Fotos machen. Diesmal von einem Fotografen und mit einem professionellen Modell. Der Erfolg ließ nicht lange auf sich warten. Bald erschien ein Artikel über ihr Label in einer bedeutenden Modezeitschrift, und die Nachfrage stieg rasant.

RADIO-INTERVIEWS
Wenn Sie von Rundfunkreportern zu einem aktuellen Thema befragt werden, sollten Sie versuchen, sich so gut wie möglich auf die Fragen vorzubereiten.

Welches Medium ist das richtige?

Auf Grund der Medienvielfalt muss man sich gezielt diejenigen aussuchen, die zum eigenen Unternehmen passen – also Zeitschriften, Zeitungen oder Programme, die von Ihrem potenziellen Kundenkreis wahrgenommen oder genutzt werden. Der Entscheidungsprozess verläuft hier ähnlich wie bei der Wahl des geeigneten Werbeträgers (siehe S. 79–84). Bei der Öffentlichkeitsarbeit kann man seine Netze jedoch etwas weiter auswerfen. Die Kommunikation mit den Medien erfolgt vorwiegend über Pressemitteilungen, Presseveranstaltungen und Interviews (S. 121–127). Wenn Sie mit dem gewählten Medium noch nicht vertraut sind, kaufen Sie sich am besten eine Ausgabe, oder sehen (oder hören) Sie sich eine Sendung an. Achten Sie dabei darauf, über welche Themen berichtet wird, wie darüber berichtet wird und ob und wie Bildmaterial eingesetzt wird.

LOKALE MEDIEN

Lokalanzeiger oder lokale Sender interessieren sich für Geschichten, die von Menschen handeln. Es wird die Medien kaum interessieren, wenn Sie der Gemeinde eine neue Maschine verkauft haben. Handelt es sich hingegen um eine neue Produktionsanlage, die in einer Gegend mit hoher Arbeitslosigkeit neue Arbeitsplätze schafft, wird die Story gleich viel interessanter. Muss das Personal zur Bedienung auch noch im Ausland geschult werden, erhöht das den Wert der Nachricht noch einmal.

Firmenneugründungen, Projektpräsentationen, die Einstellung neuer Mitarbeiter oder die Eröffnung neuer Geschäftsräume erregen das Medieninteresse nur am Rande. Besser ist es, wenn man die Geschichte in einen größeren Rahmen verpacken kann. Wenn Ihr neues Projekt zum Beispiel in einer Hafenstadt startet, entfernt mit der Werftindustrie zu tun hat und gerade der Jahrestag eines besonderen Schifffahrtsereignisses ansteht (oder einer ihrer Mitarbeiter aus einer Seefahrerfamilie mit langer Tradition stammt …), lässt sich daraus eine gute Story machen.

Ideal ist es auch, wenn man die eigene Geschichte mit einem größeren Ereignis verbinden kann, das gerade für Schlagzeilen sorgt. Wenn etwa über den Konkurs eines Großunternehmens berichtet wird und Sie, als ehemaliger Mitarbeiter, nun selbst eine Firma gründen und einigen ihrer Kollegen damit neue Arbeitsplätze bieten, ist das ein Ereignis, das Beachtung finden wird.

Zeitungsleser lassen sich von redaktionellen Beiträgen leichter überzeugen als von einer Anzeige.

Beim Rundfunk spielt vor allem das richtige Timing eine Rolle. Ein Merkmal eines Radiobeitrags ist es ja, dass er unmittelbar nach dem Ereignis gesendet wird. Ist Ihre Geschichte von größerer Bedeutung, kann es sein, dass sie sogar landesweit gesendet wird.

Fotos zu ihren Artikeln lassen Lokalzeitungen gerne von ihren eigenen Fotografen machen – vorausgesetzt, es gibt etwas Interessantes zu fotografieren (siehe dazu »Bildmaterial verschicken« auf den Seiten 123–124).

Insider-Tipp

Es kommt vor, dass Lokalblätter und Fachzeitschriften einen Artikel über Ihre Firma davon abhängig machen, ob Sie auch eine Anzeige buchen. Lassen Sie sich nicht darauf ein. Selbst wenn Zeitschriften- oder Zeitungsverlage anfragen, ob Sie nicht auch einen Werbeplatz buchen wollen, darf dies keine Voraussetzung für einen redaktionellen Beitrag über Ihr Unternehmen sein.

Überregionale Zeitungen

Da diese Printmedien über Ereignisse von regionaler, nationaler und internationaler Bedeutung berichten, muss Ihre Geschichte schon für eine überregionale Leserschaft interessant sein – meist ist sie es aber nur auf lokaler Ebene. Lässt sich jedoch ein Zusammenhang mit einem bedeutenden Medienereignis herstellen, wachsen die Chancen, dass von Ihrer Geschichte berichtet wird, beträchtlich. Nachdem diese Zeitungen sehr hohe Auflagen haben (selbst regionale Zeitungen kommen auf über eine Viertelmillion Leser), kann allein die Nennung Ihrer Firma oder Ihres Produkts schon äußerst werbewirksam sein.

Publikumszeitschriften

Im Allgemeinen konzentrieren sich Zeitschriften mehr auf Beiträge aus einer Fachrichtung als auf allgemeine Nachrichtenmeldungen. Einzelne Themen werden ausführlicher behandelt. Zeitschriften sind außerdem bunter gestaltet, und im Gegensatz zu Zeitungen liefern hier die Autoren der Pressemitteilungen ihr Bildmaterial normalerweise gleich mit.

In ihrer jeweiligen Sparte verfügen Publikumszeitschriften über eine große Leserschaft und damit über beträchtliche Autorität. Ein Artikel in einer dieser Zeitschriften kann daher viel Nutzen bringen (vorausgesetzt, der Kommentar ist positiv!). Zeitschriften bereiten ihre Leitartikel gewöhnlich Monate im Voraus vor. Man kann sich daher bei deren Werbeabteilung nach einer Liste der vorgesehenen Leitartikel erkundigen. Sollte eines der Themen zu Ihrem Unternehmen oder Produkt passen, haben Sie gleich einen nützlichen Anker. In diesem Fall bleibt Ihnen genügend Zeit zur Vorbereitung einer entsprechenden Pressemitteilung. Wenn

Sie im Design- oder Modebereich tätig sind, können Sie versuchen, Ihr Produkt unter der Rubrik »Neuheiten« unterzubringen.

Es lohnt sich auch, einen direkten Kontakt zu einem Mitglied der Redaktion herzustellen – das kann in Zukunft sehr nützlich sein. Wenn eine bestimmte Zeitschrift exakt Ihre Zielgruppe anspricht, dann sollten Sie sich außerdem überlegen, ob Sie in dieser Publikation nicht auch Anzeigen schalten.

FACHPRESSE

Fachzeitschriften werden meist gratis branchenintern oder an Abonnenten ausgegeben und werden nur selten am Zeitungskiosk verkauft. So gut wie jede Branche verfügt über eine eigene Fachpresse, in der die neuesten branchen-internen Informationen publiziert werden.

Nachdem Einkäufer ihre Entscheidungen auch von Informationen aus der Fachpresse abhängig machen oder sich zumindest davon beeinflussen lassen, lohnt es sich immer, den Namen seines Unternehmens darin positiv erwähnt zu sehen. Der Nachrichtenteil der meisten Fachzeitschriften lebt von Pressemitteilungen. Während Publikumszeitschriften vorwiegend zur Zerstreuung gelesen werden, haben Leser von Fachzeitschriften ernstere Motive. Eine Geschichte, die etwa für eine Publikumszeitschrift völlig ungeeignet ist, kann für die entsprechende Fachpresse ideal sein (zum Beispiel Neueinstellungen, Wechsel des Firmensitzes, Berichte über Fachmessen und Präsentation neuer Produkte). In manchen Branchen werden Produkte der Fachpresse im Voraus vorgestellt – manchmal Monate, bevor sie der Öffentlichkeit präsentiert werden. Dann benötigt man für das Produkt zwei Pressemitteilungen – eine für die Fachpresse und eine zweite für die Publikumspresse.

FERNSEHEN

Das Fernsehen ist ein überzeugendes Medium, das sich großer Verbreitung erfreut. Viele Kleinunternehmer glauben, dass sie zu unbedeutend sind, als dass sich das Fernsehen für sie interessieren könnte, doch das ist nicht immer richtig. Neben den Anforderungen, denen eine Pressemitteilung genügen muss (siehe S. 121–123), sollte man bedenken, dass das Fernsehen ein visuelles Medium ist. Ein Thema wird nur dann präsentiert, wenn auch der Bildgehalt stimmt. Mit der wachsenden Zahl von Privatsendern steigt auch die Möglichkeit für Unternehmen, sich in diesem Medium zu präsentieren. Senden Sie also Ihre Pressemitteilung auch an die Redaktionen der entsprechenden Magazine!

Verfassen von Pressemitteilungen

Eine Pressemitteilung verfolgt den Zweck, den Medien als Multiplikatoren ein neues Produkt oder eine andere Neuigkeit anzukündigen und damit eine breite Öffentlichkeit zu erreichen. Eine Pressemitteilung besteht aus mindestens einem der drei folgenden Elemente:

- Text
- Bildmaterial
- Proben

PRESSEMITTEILUNGEN, GUT GEMACHT:

✓ Versehen Sie die Pressemitteilung mit Datum.

✓ Erklären Sie in einem Einführungssatz, worum es sich handelt.

✓ Erwähnen Sie die wichtigsten Fakten zuerst.

✓ Versehen Sie Bilder mit Bildbeschreibungen.

✓ Nennen Sie eine Kontaktperson.

✓ Geben Sie Firmenname, Anschrift, Telefon, Fax usw. deutlich an.

✗ Schreiben Sie keinen Roman.

✗ Schreiben Sie keine langweiligen Texte.

✗ Lassen Sie einen großzügigen Zeilenabstand.

✗ Senden Sie Pressemitteilungen nie an ungeeignete Medien.

✗ Beachten Sie immer den Redaktionsschluss.

Text einer Pressemitteilung

Ihre Pressemitteilung sollte auf dem Briefpapier Ihrer Firma präsentiert werden und als solche kenntlich sein. Lassen Sie einen großzügigen Zeilenabstand, damit die Redaktion Anmerkungen oder Änderungen einfügen kann.

Aus der Überschrift muss das Thema deutlich hervorgehen, damit der Empfänger weiß, ob die Nachricht für sein Ressort (Sport, Wirtschaft, Reisen usw.) von Interesse ist. Formulieren Sie keine reißerischen Schlagzeilen, sondern überlassen Sie das lieber der Redaktion. Der Haupttext besteht aus drei Teilen:

- **Einleitung** Im ersten Absatz sollte kurz und prägnant der Inhalt der Pressemitteilung zusammengefasst sein.
- **Hauptteil** Hier wird die Neuigkeit ausführlicher erläutert, wobei man bestimmte

PRESSEMITTEILUNG

Halten Sie Ihre Pressemitteilung kurz und prägnant. Sie sollte alle Informationen enthalten, die ein Journalist für einen Artikel benötigt.

Aus dem Briefkopf der Firma geht auch die Adresse hervor.

Da es sich um eine Terminsache handelt, wird angegeben, wann der Artikel frühestens erscheinen darf.

Das Thema wird in der Überschrift deutlich genannt.

In der Einführung wird das Ereignis kurz vorgestellt und dann im Textverlauf erörtert.

Zitate und Aussagen von kompetenten Fachleuten erhöhen die Glaubwürdigkeit.

Hinweis, dass die Anlage Bildmaterial enthält

Ein Ansprechpartner wird genannt.

SPEEDY RALLY CONVERSIONS

Hauptstraße 8, 86167 Augsburg

PRESSEMITTEILUNG

NICHT VOR DEM 2. MAI ZU VERÖFFENTLICHEN

ERÖFFNUNG EINER TUNING-WERKSTATT

Anlässlich einer Veranstaltung in der Altstadt wird der Rennfahrer Bob Müller die neue Tuning-Werkstatt SPEEDY RALLY CONVERSIONS eröffnen.

Die Tuning-Werkstatt SRC, in der Hauptstraße 8, wird hochleistungsfähige Sportwagen zu volltauglichen Rallye-Fahrzeugen umbauen. Dazu muss das ursprüngliche Fahrzeug komplett auseinander genommen, die Karosserie verstärkt, ein Überrollkäfig eingebaut und anschließend der neue, noch leistungsfähigere Motor mit Getriebe eingesetzt werden.

Jim Holt, der 42-jährige Eigentümer und ehemalige Autopilot sagt dazu: »Derzeit finden viele Motorsportler kaum Firmen mit der notwendigen Erfahrung. Ich hoffe, dass wir in der Lage sein werden, diese Lücke zu schließen.«

Der Augsburger Rallye-Fahrer Bob Müller, 32, freut sich: »Meine Autos müssen für jede Rallye optimal präpariert werden, und ich bin sicher, dass SPEEDY RALLY CONVERSIONS in Zukunft die richtige Adresse für mich ist.«

ANLAGE: Foto

WEITERE INFORMATIONEN UNTER:

Kontakt: Jim Holt

Tel.: 08 21/76 54 32 10

Aspekte den Bedürfnissen der jeweiligen Publikation entsprechend herausarbeiten kann. Gut machen sich Zitate von Gewährsleuten oder Statistiken. Superlative oder Übertreibungen sollte man vermeiden. Die wichtigsten Punkte müssen zuerst genannt werden, da die Redaktionen den Schlussteil aus Platzgründen häufig kürzen. Fachjargon ist ebenfalls zu vermeiden, es sei denn, es handelt sich um eine Fachpublikation. Abkürzungen müssen beim ersten Mal ausgeschrieben werden. Eine Pressemitteilung sollte sich nicht wie ein Werbetext lesen. Bedenken Sie, dass die Redaktionen den Inhalt oft in eigenen Worten wiedergeben und dabei auch kürzen.

- **SCHLUSS** Hier können Sie etwa erwähnen, wann und wo die in der Pressemitteilung beschriebenen Artikel erhältlich sind.

Eine Pressemitteilung sollte normalerweise auf eine DIN-A4-Seite passen und nur ausnahmsweise zwei Seiten lang sein. Geben Sie immer den Namen eines Ansprechpartners, eine Telefonnummer und eine E-Mail-Adresse für eventuelle Nachfragen an. Wenn Sie Bilder beilegen, sollten Sie diese immer mit einer kurzen Beschreibung versehen.

SPERRVERMERKE

Wenn Sie verhindern wollen, dass der Inhalt Ihrer Pressemitteilung zu früh veröffentlicht wird, können Sie diese mit einem Sperrvermerk versehen. Damit bitten Sie den Empfänger der Mitteilung, bis zum angegebenen Datum oder zur vereinbarten Sendezeit (Radio, Fernsehen) nichts über die Geschichte verlauten zu lassen.

DAS SPART GELD

Geben Sie Fotos nur auf Anfrage heraus – damit sparen Sie Geld für Abzüge. Fügen Sie vielmehr am Ende Ihrer Pressemitteilung den kurzen Vermerk hinzu, dass Farb- oder Schwarzweißfotos verfügbar sind.

INSIDER-TIPP

Denken Sie daran, relevante Mitarbeiter in Ihrer Pressemitteilung zu erwähnen. Das verleiht Ihrer Story einen menschlichen Touch und hebt die Moral der Mitarbeiter. Sie sollten die Mitarbeiter allerdings zuvor fragen, ob sie mit einer namentlichen Nennung einverstanden sind – manche wünschen dies nicht.

Verwenden Sie einen Sperrvermerk aber nur, wenn es unbedingt nötig ist.

Wenn Sie beispielsweise für Dienstag eine Veranstaltung geplant haben und Sie Ihre Pressemitteilung an eine Sonntagszeitung schicken, wird diese die Meldung am Sonntag vor dem Ereignis drucken, denn am darauf folgenden Sonntag wäre der Hinweis ja keine Neuigkeit mehr. Wenn Sie keinen Sperrvermerk einfügen, sollten Sie unbedingt das Datum der Versendung auf der Mitteilung angeben.

BILDMATERIAL VERSCHICKEN

Aus Gründen des Urheberrechtschutzes sollten Sie auf alle Fälle Veröffentlichungsgenehmigungen vom Fotografen und den Menschen, die auf den Fotos zu sehen sind, einholen (siehe S. 112). Für einen Abdruck in Schwarzweiß können Sie Schwarzweißaufnahmen, aber auch Farbfotos einsenden. Bei Vierfarbendruck müssen Sie Farbfotos bzw. -dias liefern.

Beschriften Sie alle Bilder, indem Sie den Titel oder eine Bildlegende auf ein selbstklebendes Etikett schreiben und auf die Rückseite des Fotos oder an den Rand des Dias kleben. Auf dem Etikett sollten auch der Firmenname und die Anschrift stehen – für den Fall, dass das Bildmaterial von der Pressemitteilung getrennt wird. Verpacken Sie Fotos oder Dias gut geschützt, sodass sie beim Postversand nicht beschädigt werden. Eventuell ist der Hinweis »Fotos – bitte nicht knicken!« auf dem Briefumschlag hilfreich. Heften Sie die Fotos mit einer Büroklammer an die Pressemitteilung.

Meist schicken Redaktionen Fotos nicht zurück. Benötigen Sie die Fotos dennoch wieder, schreiben Sie einen Vermerk mit der Bitte um Rücksendung dazu. Legen Sie gegebenenfalls ein frankiertes Rückantwortkuvert bei.

MUSTER VERSCHICKEN

Manchmal bietet es sich an, einer Pressemitteilung ein Warenmuster beizufügen. Das kann sehr hilfreich sein, vorausgesetzt, die Muster sind handlich, nicht allzu wertvoll und geben dem Betrachter Aufschluss über das Produkt. Wenn Sie allerdings unaufgefordert ein Muster mitschicken, können Sie es schlecht zurückverlangen – das wäre unhöflich und eine Zumutung für den Empfänger.

Verpacken Sie Muster sorgfältig, und versehen Sie diese mit Firmenname und Anschrift.

Pressemitteilungen richtig timen

Die Abgabefristen der Medien haben natürlich allerhöchste Priorität (wenn Ihre Mitteilung zu spät eintrifft, kann sie nicht mehr gedruckt werden). Es gibt jedoch noch zahlreiche andere Faktoren, die eine Rolle spielen:

- **UMFANG DER AUSGABEN** Die meisten Publikationen haben starke und weniger starke Ausgaben. Manche Tageszeitungen sind zum Beispiel montags dünner, Handelsblätter hingegen in den Sommermonaten. Die Chance, die Aufmerksamkeit der Presse zu erregen, ist natürlich größer, wenn diese einen hohen Nachrichtenbedarf hat, auch wenn die Leserzahl möglicherweise etwas geringer ist.
- **KRISEN** Ereignet sich kurz nach Abgabe Ihrer Pressemitteilung eine nationale oder internationale Katastrophe, wird Ihre Meldung aus Platzgründen wahrscheinlich nicht veröffentlicht. Das ist höhere Gewalt, die Sie nicht einplanen können.
- **TAGESZEIT** Halten Sie Abgabefristen genau ein – selbst die Uhrzeit, zu der Ihre Meldung spätestens eintreffen muss, ist wichtig, wenn sie in einer bestimmten Sendung (wie Lokalnachrichten) ausgestrahlt werden oder in der Abendausgabe einer Zeitung erscheinen soll.
- **VORHER ODER NACHHER?** Soll man eine Pressemitteilung vor dem Ereignis oder danach herausgeben? Wenn Sie auf Nummer sicher gehen wollen, verschicken Sie am besten eine Meldung vorher und eine hinterher – damit geben Sie den Medien zweimal die Gelegenheit, darüber zu berichten.
- **FOLLOW UP** Wenn Sie es mit einem Lokalblatt oder einer Fachzeitschrift zu tun haben und Kontakte zur Redaktion besitzen, können Sie ein paar Tage nach dem Versand der Pressemitteilung nachfragen, ob die Unterlagen eingegangen sind, ob noch weitere Informationen benötigt werden und ob die Geschichte veröffentlicht wird. Wundern Sie sich aber nicht, wenn Sie eine Abfuhr erhalten – manche Redaktionen empfinden das bereits als aufdringlich. Bei einer größeren Zeitung bringt das Hinterhertelefonieren ohnehin nicht viel.

Wie Pressemitteilungen Gehör finden

Mit zunehmender Medienerfahrung werden Sie sicherlich zu ein paar Tricks greifen, um Ihrem Unternehmen gegenüber Ihren Mitbewerbern einen Vorteil zu verschaffen.

DAS SPART ZEIT

Damit Sie die Abgabetermine für Pressemitteilungen bei Zeitungen, Funk und Fernsehen nicht versäumen, sollten Sie sich eine Liste oder einen Jahresüberblick über diese Termine anlegen. Das hilft Ihnen bei der Planung und hilft dabei, dass kein Termin verpasst wird.

EINE STORY LIEFERN?

Wenn sich gerade nichts Besonderes ereignet und sie trotzdem von den Medien wahrgenommen werden wollen, müssen Sie mit Fantasie vorgehen. Auch eine inszenierte Geschichte, die witzig oder ungewöhnlich ist, kann Medieninteresse hervorrufen. Solche Inszenierungen müssen gut durchdacht sein und sollten tolle Bilder liefern. Interessante Themen wären etwa ein Rekordversuch, eine Veranstaltung in Zusammenhang mit einem wohltätigen Zweck oder die Gründung einer Stiftung.

EXKLUSIVBEITRÄGE

Die Möglichkeit, an eine exklusive Geschichte zu kommen, ist für jeden Journalisten reizvoll, vorausgesetzt, sie ist gut und für die Leser oder Zuschauer von Interesse. Wenn Sie so eine Story auf Lager haben, bieten Sie sie zunächst dem von Ihnen favorisierten Organ exklusiv an. Das erhöht die Chance, dass Ihre Geschichte tatsächlich veröffentlicht wird. Andererseits besteht immer noch das Risiko, dass die Zeitung oder der Sender die Geschichte zwar nimmt, aber nicht zu dem von Ihnen gewünschten Zeitpunkt bringt. Auch kann es sein, dass Ihnen Konkurrenzmedien danach nicht mehr so freundlich gesonnen sind.

REDAKTIONSSCHLUSS

Journalisten stehen unter einem ungeheuren Termindruck. Vor einer Veröffentlichung müssen sie noch recherchieren, Interviews führen und sich gleichzeitig um tausend verschiedene Dinge kümmern. Wenn Sie Ihre Pressemitteilung professionell und pünktlich abliefern, tun Sie ihnen damit einen Gefallen und erhöhen die Chancen, dass Ihr Artikel veröffentlicht wird.

ADRESSLISTEN

Wenn Sie kontinuierlich Pressemitteilungen an die Medien verschicken müssen, lohnt es sich, eine Adressliste zusammenzustellen. Besorgen Sie sich Verzeichnisse von Zeitungsverlagen und Rundfunk- und Fernsehsendern – meist werden darin auch die Namen der Chefredakteure der einzelnen Ressorts angegeben.

Ziel ist es, eine Liste mit allen relevanten Medienadressen und den Namen der zuständigen Chefredakteure zu erstellen. Wenn der Name eines Redakteurs nicht ausfindig zu machen ist, senden Sie Ihre Pressemitteilung einfach »An die Redaktion« oder »An den Chefredakteur«. Auf einer Kopie Ihrer Adressliste können Sie nun verzeichnen, welche Pressemitteilung Sie an welches Presseorgan geschickt haben und ob sie veröffentlicht wurde. Dadurch erhalten Sie mit der Zeit einen Überblick, darüber welche Medien Ihren Geschichten gegenüber aufgeschlossen sind und welche noch etwas Überzeugungsarbeit bedürfen.

PRESSESPRECHER

Große Unternehmen wissen, wie wichtig der richtige Umgang mit den Medien ist. Kleine Unternehmen können nur gewinnnen, wenn sie sich einiges abschauen.

Viele Firmen beschäftigen PR-Mitarbeiter, deren Aufgabe es ist, die richtigen Medien zum richtigen Zeitpunkt mit der richtigen Information zu füttern und sie dann davon zu überzeugen, diese zu veröffentlichen.

Wenn Ihr Unternehmen stark wächst, könnte es eine Überlegung wert sein, die Öffentlichkeitsarbeit einem PR-Manager zu überlassen, anstatt alles selbst zu machen.

Durch die Erfahrungen, die Sie zuvor selbst auf diesem Gebiet gemacht haben, wissen Sie worauf es in Ihrer Branche ankommt und was durch Öffentlichkeitsarbeit in Ihrem Fall erreicht werden kann.

QUANTITÄT ODER QUALITÄT

Manche Unternehmen konzentrieren sich mehr auf Quantität als auf Qualität und verschicken tonnenweise Pressematerial. Das ist Verschwendung! Die verschiedenen Medien haben alle unterschiedliche Bedürfnisse (so veröffentlicht zum Beispiel eine bracheninterne Fachzeitschrift einen Artikel, der für eine Publikumszeitschrift nie in Frage käme). Wenn eine Pressemeldung in zu vielen Medien breitgetreten wird, nutzt sie sich außerdem etwas ab (das gilt vor allem für Tageszeitungen mit landesweiter Auflage, die immer nach neuesten Berichten suchen). Arbeiten Sie Ihre Pressemitteilungen daher sehr gezielt aus – ähnlich wie Rundschreiben an Ihre unterschiedlichen Kunden.

KEINE GARANTIE

Selbst wenn Sie eine perfekte Pressemitteilung zur rechten Zeit an die richtige Redaktion schicken, ist das noch keine Garantie, dass sie auch veröffentlicht wird. Dafür kann es viele Gründe geben – Platzmangel ist wohl der wahrscheinlichste. Geben Sie also deshalb nicht auf, und senden Sie weiterhin Pressemitteilungen in der gleichen professionellen Manier. Wenn Sie verschiedene Medien angeschrieben haben, wird sehr wahrscheinlich mindestens eine Redaktion darunter sein, die einen Artikel veröffentlicht.

Stellen Sie Kontakte zu den Redaktionen her, und fragen Sie nach, warum Ihre Pressemitteilung keine Berücksichtigung fand – vielleicht erhalten Sie so nützliches Feedback.

Sie können auch nicht davon ausgehen, dass die Medien Ihren Beitrag an dem von Ihnen gewünschten Tag veröffentlichen. Unter Umständen wird er erst zu einem sehr viel späteren Zeitpunkt gedruckt, was Ihnen dann vielleicht nicht mehr viel nützt.

INSIDER-TIPP

Wenn Sie eine Presseveranstaltung organisieren, sorgen Sie dafür, dass Ihre Räumlichkeiten belebt wirken und viele Menschen anwesend sind. Sind können beispielsweise Freunde oder Bekannte einladen. Danken Sie ihnen mit Erfrischungen, einem kleinen Imbiss und Unterhaltung. Leere Geschäftsräume könnten die Vermutung nahe legen, dass Ihr Unternehmen nicht gut läuft.

Presseveranstaltungen organisieren

Kleine Unternehmen werden nur selten genug Grund haben, eine internationale Pressekonferenz zu geben. Eine Einladung lokaler Pressevertreter an Ihren Firmensitz oder in Ihre Verkaufsräume, bei der diese neben Erfrischungen mit den neusten Informationen Ihres Unternehmens versorgt werden, liegt jedoch im Rahmen. Besonders attraktiv wird so ein Tag der offenen Tür, wenn Sie einen prominenten Redner einladen. Bei dieser Gelegenheit können Sie jedem der Journalisten eine Pressemappe mit Pressemitteilungen, Bildmaterial und allgemeinen Informationen zum Unternehmen überreichen. Außerdem können Sie zusätzlich aktuelle Prospekte, Preislisten (falls die Preise veröffentlicht werden sollen) und eine Kurzbeschreibung (möglichst mit Foto) der Geschäftsführung und der leitenden Mitarbeiter beilegen. Vergessen Sie nicht, Presseleuten, die zum Termin verhindert waren, eine Kopie dieser Pressemappe zukommen zu lassen.

Wenn Sie eine Veranstaltung organisieren, die es zu fotografieren lohnt (etwa ein Richtfest), können Sie einen Fototermin anbieten. Dieser kann separat oder in Verbindung mit einer Presseveranstaltung erfolgen. Der zuständige Chefredakteur wird dann entscheiden, ob er einen Fotografen zum Termin schickt oder nicht.

Wenn Sie Interviews geben

Während eine Fachzeitschrift Ihre Pressemitteilung mehr oder weniger übernehmen wird, werden Publikumszeitschriften oder Rundfunksender eine eigene Story daraus machen wollen. Also kann es sein, dass Sie um ein Interview gebeten werden. Fragen Sie vorher nach, zu welchem Thema Sie sich äußern sollen – oft spielt Ihr Unternehmen nur eine kleine Rolle in einem größeren Kontext. Bedenken Sie, dass Journalisten auf der Suche nach einer interessanten Story sind und eine Lobeshymne auf Ihr Unternehmen gar nicht in ihrem Sinne ist. Manche Journalisten fragen sehr direkt, in der Absicht, gezielte Informationen von Ihnen zu bekommen. Seien Sie bei der Beantwortung möglichst offen, ehrlich und kooperativ. Andere werden versuchen, Sie auf Abwege zu führen – Journalisten bohren hartnäckig nach, wenn sie etwas Bestimmtes hören wollen, und schrecken auch vor heiklen Themen nicht zurück.

Im gleichen Maße, wie ein positiver Artikel Ihrem Unternehmen Nutzen bringt, kann ein negativer Beitrag ihm auch schaden. Negative Nachrichten bleiben länger im Gedächtnis als positive, sodass selbst leichte Kritik bereits gravierende negative Folgen haben kann. Oft werden Zitate aus dem Zusammenhang gerissen oder sogar falsch wiedergegeben. Sollte ein Artikel tatsächlich mit falschen Angaben über Sie und Ihr Unternehmen erscheinen (und Ihnen damit Schaden zufügen), zögern Sie nicht, sich umgehend mit Ihrem Anwalt in Verbindung zu setzen.

WAS SIE BEI INTERVIEWS BEACHTEN MÜSSEN

- ✓ Überlassen Sie dem Journalisten schriftliche Angaben zu Ihrer Person und Ihrer Firma.
- ✓ Seien Sie vorsichtig mit dem, was Sie Journalisten erzählen.
- ✓ Vermeiden Sie Antworten auf Fragen zu umstrittenen (und) politischen Themen.
- ✓ Denken Sie daran, dass jedes Interview noch geschnitten wird.
- ✓ Beenden Sie das Interview höflich, wenn Ihnen die Fragen nicht mehr zusagen.

- ✗ Machen Sie keine vertraulichen Kommentare.
- ✗ Äußern Sie sich nicht negativ über Ihre Konkurrenten.
- ✗ Vergessen Sie nicht, dass Journalisten bereits eine eigene Geschichte im Kopf haben.
- ✗ Geben Sie Fotografen keine Gelegenheit, Sie in einem ungünstigen Moment abzulichten.
- ✗ Zügeln Sie Ihr Temperament.

TELEFONINTERVIEWS

Egal, ob ein Interview vor Ort oder am Telefon erfolgt – Sie haben meist wenig Zeit, um sich vorzubereiten und Ihre Antworten zu überlegen. Wenn Sie mit der Wendung, die das Telefoninterview nimmt, unzufrieden sind, sagen Sie, dass Sie sich dazu später äußern werden. Sie können Ihre Aussage auch mit dem Hinweis wiederholen, dass damit alles gesagt sei. Falls Sie »ins Schwimmen« geraten, haben Sie immer noch die Möglichkeit, sich mit einer Entschuldigung zurückzuziehen und das Gespräch zu beenden.

Auswahl der Multiplikatoren

Öffentlichkeitsarbeit erfordert Zeit und Geld. Aus diesem Grund sollte man auch hier eine Erfolgskontrolle durchführen. Es mag einem schmeicheln, seinen Namen in der Zeitung zu lesen, aber man muss auch abwägen, ob es einen Nutzen hat. Überprüfen Sie, welche Medien Ihre Pressemitteilungen veröffentlichen. Das ist schwieriger, als es auf den ersten Blick erscheinen mag. Welcher Neukunde, den Sie befragen, erinnert sich noch daran, wo er von Ihnen gehört hat? Sie könnten zum Beispiel in einem Archiv in den alten Ausgaben von Zeitungen und Zeitschriften nachschlagen, um festzustellen, wo Ihre Pressemitteilung tatsächlich gedruckt wurde. Machen Sie sich Kopien von allen Veröffentlichungen für Ihre Unterlagen.

Wenn Sie wissen, welche Medien Ihre Pressemitteilungen veröffentlicht haben, sollten Sie versuchen, den Nutzen zu quantifizieren. Oft läuft diese Erfolgskontrolle auf eine Schätzung hinaus, liefert aber dennoch Anhaltspunkte. Wenn ein Medium Ihren Artikel veröffentlicht hat, steigen die Chancen, dass sie auch weiterhin über Sie berichten werden – richten Sie Ihre zukünftige PR-Arbeit also dahingehend aus.

UMSÄTZE STEIGERN

Instrumente zur Umsatzsteigerung sind ausgesprochen vielseitig und sollen den Interessenten zum Kauf anregen. Diese Form der Promotion, wie Verkaufsförderung auch genannt wird, ist manchmal preiswerter als herkömmliche Werbung, kostet aber dennoch Zeit und Geld. Für welche Technik man sich entscheidet, hängt von den Umständen ab. Die Einführung neuer Produkte oder Dienstleistungen verlangt eine andere Form der Promotion als eine gezielte Aktion gegen Konkurrenzprodukte, und zur Ausweitung des eigenen Marktanteils sind wieder andere Maßnahmen angebracht.

Maßnahmen zur Verkaufsförderung sollten an der Stelle der Vertriebskette ansetzen, wo die Kaufentscheidung für Ihr Produkt fällt. Ein Hersteller, der Einzelhändler beliefert, sollte sich daher stärker auf seine Zwischenhändler (Groß- und Einzelhandel) als auf den Endverbraucher konzentrieren, obwohl eine gezielt auf den Endverbraucher ausgerichtete Verkaufsförderung ebenfalls zur Steigerung des Umsatzes beitragen kann. Verkaufsförderung bildet daher – neben Werbung und Öffentlichkeitsarbeit – einen wesentlichen Bestandteil des Marketing-Plans.

Lassen Sie sich von den verkaufsfördernden Maßnahmen Ihrer Mitbewerber inspirieren.

Techniken der Verkaufsförderung

Ohne verkaufsfördernde Maßnahmen kann sich heute kaum noch ein Produkt auf dem Markt behaupten. Die Kunst besteht also darin, auch mit einem kleinen Budget wirkungsvoll auf sein Produkt aufmerksam zu machen. Dabei sind die Erwartungen, die Handel und Gewerbe an die Verkaufsförderung stellen, ganz andere als die der Endverbraucher.

Unternehmen arbeiten mit einer Reihe verschiedener Verkaufsförderungstechniken, die entweder einzeln oder in Kombination eingesetzt werden. Überlegen Sie, welche Ziele Sie durch die Verkaufsförderung erreichen wollen. Ihr vordringlichstes Ziel wird es sicherlich sein, die Kunden anzusprechen und zu überzeugen. Am besten beginnen Sie zunächst mit einer Maßnahme und lassen später gegebenenfalls weitere folgen. Neben den nachfolgend aufgeführten Techniken zur Verkaufsförderung arbeiten viele Unternehmen zusätzlich mit den Instrumenten Präsentation und Preisnachlass. Sie werden auf den Seiten 132–137 erläutert.

GESCHÄFTSESSEN

Geschäftsessen werden in allen Branchen als nützliche Maßnahme zur Verkaufsförderung betrachtet. Es ist immer von Vorteil, wenn Sie eine angenehme Atmosphäre für Ihre geschäftlichen Besprechungen schaffen.

Achten Sie jedoch darauf, dass trotz des zwanglosen Rahmens alle Themen besprochen werden, die Sie sich vorgenommen hatten. Auch sollten die Kosten in einem vernünftigen Verhältnis stehen.

PREISAUSSCHREIBEN

Auch Preisausschreiben und Verlosungen sind immer wieder beliebte Maßnahmen, um Kunden auf ein Unternehmen, seine Produkte oder Dienstleistungen aufmerksam zu machen oder zum Besuch der Geschäftsräume zu animieren.

FALLSTUDIE: Kombination verkaufsfördernder Maßnahmen

D. BRAUN UND M. JENS bieten Stadtbesichtigungen an. Da es bereits Unternehmen in der Stadt gibt, die Stadtrundfahrten per Bus veranstalten, setzen die beiden Jungunternehmer Fahrräder ein. Mit dem Fahrrad kommt man leichter zu den Sehenswürdigkeiten, bleibt nicht im Stau stecken, und auch Parkplatzprobleme sind hinfällig. Zielgruppe sind Touristen, die mindestens eine Nacht bleiben. D. Braun und M. Jens entschieden sich im Vorfeld für unterschiedliche Maßnahmen zur Verkaufsförderung: Sie sprachen persönlich in Pensionen und Hotels vor, damit diese ihr Angebot weiterempfehlen. Zusätzlich ließen sie ihre Broschüren in den entsprechenden Häusern verteilen. Außerdem richteten sie im Internet eine Homepage ein. Auf einer wichtigen Touristikmesse, aber auch im zuständigen Fremdenverkehrsamt präsentierten sie ihre Fahrradstadtrundfahrten regelmäßig. Hotels und Pensionen bekommen eine Provision für die Vermittlung von Teilnehmern.

Es gibt zwei gängige Möglichkeiten: Entweder, Sie veranstalten eine Tombola, oder aber Sie verteilen Teilnahmeformulare, die ausgefüllt an Ihre Firma eingesandt werden. Ihre eigenen Produkte können in diesem Fall die Gewinne sein. Sie könnten aber auch andere attraktive Anreize bieten, wie etwa Reisen, Autos oder Gutscheine. In einem kleinen Rahmen, etwa am eigenen Messestand, könnte man eine Flasche Champagner verlosen. Jeder, der teilnehmen möchte, muss lediglich seine Visitenkarte in eine Lostrommel werfen, aus der anschließend der Gewinner gezogen wird (auf diese Weise kommen Sie nebenbei außerdem an nützliche Adressen). Bringen Sie den Ball ins Rollen, indem Sie schon vorher ein paar Visitenkarten in die Lostrommel legen. Darüber hinaus ziehen Preisausschreiben und Verlosungen neue potenzielle Kunden an, die zu einer Umsatzsteigerung beitragen können. Beachten Sie jedoch die gesetzlichen Vorschriften im Zusammenhang mit Preisausschreiben.

GUTSCHEINE UND TREUERABATT

Gutscheine können beispielsweise als Rabattgutscheine – der Kunde erhält bei Vorlage des Coupons einen entsprechenden Preisnachlass – oder Geschenkgutscheine ausgegeben werden.

Treuerabatt hingegen erhält ein Kunde, der regelmäßig in einem bestimmten Geschäft oder ein bestimmtes Produkt einkauft. Meist wird der Rabatt in Form von Treuepunkten verbucht, die dann gegen Ware eingetauscht werden.

Mit diesen Techniken zur Verkaufsförderung soll der Kunde an ein Geschäft oder an ein Produkt gebunden werden. Sie eignen sich zum Beispiel für den Einzelhandel, aber auch für Unternehmen aus der Dienstleistungsbranche. Gerade große Lebensmittelketten arbeiten häufig mit Rabattangeboten und unterstützen diese Methode zusätzlich mit Werbekampagnen, die für kleine Unternehmen meist zu aufwändig sind. Mithilfe von Treuerabatten lässt sich außerdem ein Profil von den Kaufgewohnheiten der Kunden erstellen, was wiederum eine gezieltere Ausrichtung der verkaufsfördernden Maßnahmen ermöglicht (dies erfordert allerdings eine komplexe Kontrollmethode der Verkäufe über einen längeren Zeitraum hinweg).

MODENSCHAUEN

Bekleidung und Accessoires lassen sich durch eine Modenschau verkaufsfördernd präsentieren. Die Schau kann im eigenen Laden oder an

DAS SPART ZEIT

Bevor Sie sich auf eine verkaufsfördernde Maßnahme festlegen, sollten Sie feststellen, wie viel Zeit die Vorbereitung kostet. Manche Kampagnen sind einmalige Aktionen, andere wiederholbar. Beim zweiten Mal können Sie auf Ihre Erfahrungen zurückgreifen und Zeit sparen.

Instrumente zur Verkaufsförderung im Vergleich		
Verkaufsförderung	Kostenaufwand	Zeitaufwand
Geschäftsessen	Niedrig	Gering
Preisausschreiben/Tombolas	Sehr unterschiedlich	Gering bis mittel
Gutscheine/Treuerabatt	Sehr unterschiedlich	Mittel bis hoch
Modenschau	Mittel (wenn geteilt)	Mittel (wenn geteilt)
Werbegeschenke	Sehr unterschiedlich	Gering
Gratisproben	Niedrig	Gering
Produktvorführungen	Niedrig	Gering bis mittel
Kooperationen	Sehr unterschiedlich	Mittel
Rundschreiben	Niedrig bis mittel	Mittel
Newsletter	Mittel bis hoch	Hoch
Tag der offenen Tür	Mittel bis hoch	Mittel bis hoch
Gratismuster	Niedrig	Gering
Videos/CDs	Mittel bis hoch	Hoch

einem anderen geeigneten Ort stattfinden, wo sie ihr Publikum findet. Wichtig ist der richtige Zeitpunkt. Präsentieren Sie die Frühjahrsmode also mit Beginn der Fühjahrssaison.

Eine Modenschau ist ein aufwändiges Unterfangen. Man braucht Mannequins, Musik und Beleuchtung, einen Laufsteg, Requisiten und eine Choreografie. Außerdem muss man die Werbetrommel rühren und Einladungen, etwa an die Presse, verschicken. Um Geld zu sparen, könnten sich mehrere Einzelhändler zusammentun und eine Schau arrangieren. Bedenken Sie, dass die Zuschauer unterhalten werden und nicht nur eine endlose Kleiderparade sehen wollen. Engagieren Sie also einen professionellen Conférencier. Legen Sie vor Beginn der Veranstaltung Prospekte aus, die weitere Informationen zu Ihren Waren enthalten. Wenn Sie die Show auf Video aufnehmen lassen, könnten Sie dieses zu Werbezwecken später in Ihrem Geschäft laufen lassen.

Werbegeschenke

Auch Werbegeschenke sind ein geläufiges Mittel zur Verkaufsförderung. Es handelt sich dabei nicht notwendigerweise um Muster aus Ihrer

Produktreihe. Meist verteilt man sie zu besonderen Anlässen wie Messen oder bei einer Produktpräsentation. Werbegeschenke können sehr wirkungsvoll sein, müssen dazu aber nach folgenden Richtlinien ausgesucht werden:

- Wählen Sie einen Gegenstand, der für Ihre potenziellen Kunden von Nutzen sein könnte, also nicht als überflüssig empfunden wird.
- Achten Sie darauf, dass Ihr Firmenname auf dem Gegenstand steht, nach Möglichkeit auch die Anschrift oder ein Verkaufsslogan.
- Ein Werbegeschenk sollte im Idealfall eine Verbindung zu Ihrem Produkt oder Ihrer Dienstleistung aufweisen.
- Das Geschenk sollte eine Haltbarkeitsdauer von einigen Monaten haben.

Beachten Sie bei Werbegeschenken die steuerlichen Bestimmungen – fragen Sie im Zweifelsfall Ihren Steuerberater.

TESTBENUTZUNG

Unentgeltliche Tests – wie beispielsweise Testfahrten – sind verkaufsfördernde Maßnahmen, die sich für eine ganze Reihe unterschiedlicher Produkte eignen: für hochpreisige Waren wie Personenkraftwagen und Anlageinvestitionsgüter aber auch für Möbel, Teppiche oder Brillen.

Da die Gewährung von Testbenutzungen kostenintensiv ist, sollten Sie darauf achten, dass sie nur interessierten Kunden gewährt werden. Man muss daher abwägen, ob beim potenziellen Kunden ein tatsächliches Kaufinteresse vorliegt und er sich das Produkt auch leisten kann. Daher sollte das Verkaufspersonal einige gezielte Fragen stellen, bevor es das Angebot einer Probe unterbreitet.

PRODUKTVORFÜHRUNGEN

Wenn Sie Produkte oder Dienstleistungen für Endverbraucher verkaufen, könnten Sie unter Umständen Produktvorführungen in einem größeren Geschäft wie einem Kaufhaus veranstalten, wo Ihre Ware außerdem in Kommission verkauft wird. Will man ein neues Produkt einführen, kann man auf diese Weise zudem nützliche Informationen zur Marktakzeptanz erhalten.

Durch die Vorführungen müssen die Kunden von Ihrem Produkt oder Ihrer Dienstleistung überzeugt werden. Sorgen Sie dafür, das die Propagandisten Ihr Produkt in- und auswendig kennen, damit sie alle Fragen aus dem Publikum beantworten können. Besonders erfolgreich ist die Aktion, wenn ein bekanntes Gesicht die Produkte vorführt. Um den gewünschten Werbeeffekt zu erzielen, sollte man die Produktvorführung durch Pressemitteilungen und Anzeigen rechtzeitig ankündigen.

KOOPERATIONEN

Die Kooperation mit anderen Firmen kann allen Beteiligten Nutzen bringen. So könnten Sie Ihre Broschüren auch von Partnerunternehmen verteilen lassen, oder Sie vermitteln sich gegenseitig Kunden. Ein Brautmodengeschäft könnte etwa mit einer Vermietung von Luxuslimousinen kooperieren. Häufig kann so ein kleines Unternehmen im Kielwasser eines größeren Unternehmens mitschwimmen.

RUNDSCHREIBEN

Zu den geläufigsten Maßnahmen der Verkaufsförderung zählt das gezielte Anschreiben (Direct Mailing). Es eignet sich sowohl für Endverbraucher als auch für Kunden aus Handel und Gewerbe. Das Anschreiben kann aus einem persönlichen Brief oder einem Begleitschreiben zu einem Prospekt oder einem Muster bestehen. Am wirkungsvollsten ist ein persönlicher Brief mit direkter Anrede und einem auf die Bedürfnisse des Empfängers zugeschnittenen Inhalt (siehe S. 53–55).

DAS SPART GELD

Geben Sie für die Verkaufsförderung nur so viel Geld aus, wie unbedingt nötig ist, um Ihr Ziel zu erreichen. Wie bei der Werbung steht die unmittelbare Reaktion auf die Verkaufsförderung, in Form von Umsatzsteigerung und Gewinn, in keinem Verhältnis zu den Kosten.

Newsletter
Newsletter sind ein nützliches Instrument, wenn man über ein breites Produkt- oder Dienstleistungssortiment verfügt. Ein Newsletter verliert allerdings an Glaubwürdigkeit, wenn er sich wie ein langer Anzeigentext liest. Er sollte sich daher nicht nur mit Ihrem Unternehmen, sondern auch mit anderen Themen beschäftigen. Schreiben Sie ein paar interessante Artikel, und berichten Sie von passenden Neuigkeiten. Ihr eigenes Produkt oder Ihre Dienstleistung sollte dabei nicht ausschließlich im Mittelpunkt stehen.

Wie oft Ihr Newsletter erscheinen soll, hängt in erster Linie von den Kosten ab und erst an zweiter Stelle von der Menge an Information, die Sie zu einem bestimmten Zeitpunkt verbreiten wollen. Für den Anfang empfiehlt sich eine vierteljährliche Ausgabe. Die Verteilung erfolgt gewöhnlich auf dem Postweg. Um Kosten zu sparen, legt man den Newsletter am besten der normalen Korrespondenz bei.

Bei Präsentationen sollte es hell genug sein, um sich Notizen machen zu können.

Tag der offenen Tür
Wenn Sie interessante Produktionsstätten besitzen, könnten Sie einen Tag der offenen Tür veranstalten – nur für geladene Gäste (ausgesuchte Kunden und Einkäufer) oder auch für die Allgemeinheit. Sorgen Sie dafür, dass das Ereignis rechtzeitig publik wird, es eine Menge zu sehen gibt, genügend Erfrischungen vorhanden sind, die Mitarbeiter wissen, was sie den Gäste bieten wollen, sowie alle nötigen Sicherheitsmaßnahmen getroffen wurden. Ein Tag der offenen Tür erfordert viel Organisation. Arbeiten Sie gegebenenfalls zwei Programme aus – eines für gutes und eines für schlechtes Wetter –, und klären Sie, ob Ihre Versicherung auch für Gäste auf dem Firmengelände aufkommt. Wenn Sie am Tag der offenen Tür auch Waren oder Dienstleistungen verkaufen wollen, sollte dies eher eine untergeordnete Rolle spielen – Hauptziel sollte es sein, die Kunden durch eine kostenfreie Aktion an sich zu binden.

Gratismuster
Muster sind ein wirkungsvolles Mittel, wenn der Empfänger ein Entscheidungsträger ist, der Aufträge vergibt oder die Meinung anderer prägt (z. B. ein Handelsfachblatt, das andere in ihrer Entscheidung beeinflusst). Fügen Sie dem Muster ein Anschreiben mit einer Produktbeschreibung und einer Preisliste bei. Nach etwa einer Woche könnten Sie telefonisch nachfragen, auf welche Resonanz Ihr Muster gestoßen ist.

Videos und CD-Roms
Wenn man eine visuelle Botschaft vermitteln oder einen Produktablauf zeigen will, eignen sich Videos oder CD-Roms in idealer Weise. Eine gut gemachte, interaktive CD-Rom kann komplizierte Sachverhalte anschaulich darstellen. Ein Video sollte auf keinen Fall laienhaft wirken und darf nicht zu lang sein. Ein paar Minuten sind ideal; alles über zehn oder 15 Minuten ist für eine Verkaufsförderung zu lang. Die Produktion von Videos und CD-Roms ist allerdings nicht ganz billig. Man kann diese Medien außerdem an Kaufinteressenten verschicken – entweder gratis oder gegen eine Gebühr, die bei Auftragserteilung zurückerstattet wird.

Präsentationsveranstaltungen

Präsentationen sind ein nützliches Promotionsinstrument, wenn man sich dabei an die richtigen Leute wendet, nämlich an potenzielle Käufer, und selbst gut präsentieren kann (oder einen professionellen Moderator engagiert). Bei einer Verkaufsveranstaltung hat man die ungeteilte Aufmerksamkeit des Publikums und kann ihm die Verkaufsbotschaft klar vermitteln. Veranstaltungen dieser Art eignen sich besonders für Firmen, die im Produktions- oder Dienstleistungsbereich tätig sind oder mit Facheinkäufern oder Endverbrauchern zu tun haben.

DIE VORBEREITUNG

Eine Verkaufsveranstaltung lohnt sich nur, wenn sie auch höchsten Ansprüchen genügt. Zunächst muss man einen geeigneten Ort auswählen. Der Veranstaltungsraum sollte ausreichend Platz bieten und bequem erreichbar sein. Wenn man an den Fachhandel verkauft, lässt sich die Präsentation eventuell über den Fachverband oder die Handelskammer organisieren. Oft kann man eine Präsentation auch mit einer anderen Veranstaltung verbinden, etwa mit einer Messe – auf diese Weise spart man Kosten.

Kümmern Sie sich rechtzeitig um das nötige Equipment wie Lautsprecher, Videos, Beleuchtung, Vorführgeräte usw. Überlegen Sie, ob Sie ein Mikrofon brauchen. In einem leeren Raum ist die Stimme auch noch in der letzten Reihe zu hören, bei einem gefüllten Saal jedoch nicht.

CHECKLISTE FÜR PRÄSENTATIONEN

Geeigneten Veranstaltungsort buchen	Prüfen Sie Raumgröße, Anzahl der Plätze, Konferenztechnik und Beleuchtung.
Einen oder mehrere Redner engagieren	Ort und Zeit bekannt geben
Sagen Sie den Rednern, worüber sie sprechen sollen und wie lange.	Ausführliche Skripte erstellen
Medien zur Verfügung stellen	Bauen Sie das Bildmaterial zum rechten Moment in den Vortrag ein.
Einladungen rechtzeitig verschicken	Weisen Sie darauf hin, dass es ein Buffet gibt; machen Sie Angaben zu Anreise- und Parkmöglichkeiten.
Für Erfrischungen sorgen	Legen Sie fest, wer das Catering übernimmt und hinterher aufräumt.
Stellen Sie Mitarbeiter ab, die die Gäste begrüßen und bei Ton- und Bildtechnik zur Hand gehen können.	Namensschilder für Mitarbeiter
Halten Sie eine Generalprobe ab.	Letzte Änderungen vornehmen
Richten Sie einen Ausstellungsstand ein.	Klären Sie, wer zu Beginn und nach Beendigung der Präsentation für den Ausstellungsstand verantwortlich ist.

Außerdem verursachen die Gäste einen zusätzlichen Geräuschpegel.

Klären Sie, wer den Vortrag halten soll: Sie selbst, jemand, der sich mit dem jeweiligen Thema gut auskennt, oder ein professioneller Moderator. Wenn Sie die Wahl haben, entscheiden Sie sich besser für eine Person mit guten rhetorischen Fähigkeiten als für jemanden mit viel Fachwissen. Präsentationsveranstaltungen sollen das Publikum begeistern und dürfen nicht langweilen. Fakten und weiterführende Informationen könnten Sie durch Datenblätter oder Broschüren liefern. Arbeiten Sie Inhalt und Länge der Reden und Vorträge aus, und briefen Sie die Redner vorab. Überlegen Sie genau, was wann präsentiert werden soll, und notieren Sie dies auf dem Skript.

Bildmaterial wie Dias, Overhead-Folien, Videos, Computerpräsentationen und Flipcharts sind für das Publikum nur interessant, wenn deren Vorführung reibungslos funktioniert. Eine Kombination aus mehreren Techniken ist nur dann wirkungsvoll, wenn sie sinnvoll und nicht inflationär eingesetzt wird. Fotos, Abbildungen und Grafiken sorgen für ein besseres Verständnis – sie sollen allerdings die Vorträge ergänzen und das Gesagte nicht einfach nur wiederholen.

DIE PRÄSENTATION

In diesem Beispiel hält die Referentin Blickkontakt zu ihrem Publikum und unterstreicht ihre Worte durch eine Geste. Sie steht zwar hinter einem Rednerpult, könnte sich aber aufgrund das Handmikrofons frei im Raum bewegen.

Stellen Sie eine Gästeliste zusammen, und verschicken Sie die Einladungen rechtzeitig. Sorgen Sie für Erfrischungen, und überlegen Sie sich, wer sie liefern soll, wer bedient und wer hinterher wieder aufräumt. Wenn Ihr Etat es erlaubt, beauftragen Sie am besten ein Catering-Unternehmen. Überlegen Sie sich auch, zu welchem Zeitpunkt Sie den Imbiss servieren lassen – entweder in einer Pause oder nach der Präsentation.

Ihre Mitarbeiter und andere Helfer müssen wissen, wie sie die Gäste zu begrüßen haben und wie sie für einen reibungslosen Ablauf sorgen. Ein Informationsstand mit Prospekten, Fotos und Mustern von Ihren Produkten oder Ihrer Dienstleistung ist ebenfalls nützlich. Bei einer reinen Verkaufsveranstaltung erwartet das Publikum auch, dass es direkt im Anschluss die Produkte einkaufen kann. Bei einer Produktpräsentation für den Fachhandel werden die Zuhörer in den seltensten Fällen sofort im Anschluss an die Veranstaltung ordern – hier ist es vor allem wichtig, dass die Produktinformationen professionell vermittelt werden.

Planen Sie nach jedem einzelnen Redebeitrag ausreichend Zeit für Fragen ein.

Es empfiehlt sich, eine Generalprobe abzuhalten, damit gegebenenfalls noch Programmänderungen vorgenommen werden können.

Tipps zur Vortragstechnik

Idealerweise reicht es, den Vortrag in Form von Stichpunkten auf kleinen Kärtchen zu notieren, auf die man im Falle eines Falles einen kurzen Blick werfen kann. Wenn Sie kein erfahrener Redner sind, tun Sie sich eventuell mit einem voll ausformulierten Redemanuskript leichter. Ein chronologischer Aufbau ist meist ideal – so beginnt man etwa mit der Entstehungsgeschichte des Unternehmens (des Produkts oder der Dienstleistung), beschreibt einen Bogen in die Gegenwart, erklärt, was das Unternehmen jetzt anbietet und welche Vorteile damit verbunden sind. Ein Redebeitrag sollte mindestens fünf und maximal 15 Minuten dauern.

Professionelle Moderatoren wissen, wie man ein Publikum fesselt. Halten Sie selbst den Vortrag, sollten Sie die Rede vorab üben. Sprechen Sie nicht zu schnell, und machen Sie Pausen, in denen Sie aufschauen und den Kontakt zum Publikum suchen. Vermeiden Sie es, immer nur eine Person anzusehen – alle sollten sich angesprochen fühlen. Lächeln sie ab und zu. Tragen Sie Ihren Text so vor, dass sich auch die Zuhörer in der letzten Reihe angesprochen fühlen. Vermeiden Sie hektische Bewegungen, doch versäumen Sie es nicht, Ihre Rede durch entsprechende Gesten optisch zu untermalen.

Am Veranstaltungstag

Seien Sie pünktlich am Tagungsort, damit auch in letzter Minute auftretende Probleme noch gelöst werden können. Prüfen Sie anhand einer vorab aufgestellten Checkliste, ob auch alles nach Plan verläuft.

Sie sollten pünktlich mit der Veranstaltung beginnen. Wenn das Publikum zu lange warten muss, könnte Unruhe entstehen. Je nach Art Ihres Unternehmens und der Zielgruppe, kann die Veranstaltung sehr formell oder auch in lockerem Rahmen ablaufen. Auch der Redner nimmt durch seinen Stil und die Vortragstechnik Einfluss auf die Atmosphäre im Saal.

Damit die Redner nicht überziehen, sollten Sie Zeichen vereinbaren, mit denen Sie bestimmte Sachverhalte signalisieren können. Planen Sie auch Zeit für eine Diskussion ein. Meist dauert es etwas, bis die erste Frage gestellt wird. Um diese Zeit der Ruhe zu vermeiden, könnten Sie Freunde oder Kollegen im Publikum bitten, den Anfang zu machen. Aufgrund der akustischen Gegebenheiten in großen Räumen kommt es vor, dass man Fragen aus dem Saalpublikum nur schwer verstehen kann. In diesem Fall sollte der Redner die Publikumsfrage wiederholen, bevor er sie beantwortet. Sollte die Zeit für weitere Fragen nicht ausreichen, kann man dem Publikum anbieten, sich nach der Veranstaltung an die Vortragenden zu wenden.

Preisnachlässe und Ausverkäufe

Preisnachlässe werden eingesetzt, um den Absatz zu fördern oder um für eine möglichst frühe Bezahlung zu sorgen. Sie können bestimmten Kunden dauerhaft gewährt werden (als Skonti oder Rabatte) oder nur vorübergehend in Form von Sonderposten, was vor allem im Einzelhandel vorkommt. Zu den dauerhaften Preisnachlässen zählen auch Sondertarife für bestimmte Kundengruppen wie Rentner oder Studenten. Skonti und Rabatte dagegen werden gewöhnlich im Business-to-Business-Handel gewährt.

Schluss- und Räumungsverkäufe unterliegen gesetzlichen Bestimmungen (siehe S. 137 und S. 179). Preisnachlässe sollte man allerdings nicht zu häufig gewähren. Wenn Sie immer zu bestimmten Zeiten im Jahr Schlussverkäufe abhalten, kann es passieren, dass Ihre Kunden nur noch dann einkaufen. Außerdem verwässert man sich mit Sonderpreisen selbst den Markt – die Kunden werden Ihre regulären Preise bald als zu teuer empfinden.

Erfolg hat ein Ausverkauf nur, wenn kräftig zum Rotstift gegriffen wird.

Saisonale Preisnachlässe

Es gibt verschiedene Anlässe, zu denen zeitlich beschränkte Preisnachlässe angebracht sind:

- **Einführung von Produkten oder Dienstleistungen** Mit günstigen Einführungs- oder »Schnupperpreisen« versucht man, den Verkauf anzuregen.
- **Lagerverkäufe** Befreien von alten Lagerbeständen, erhöhen die Liquidität und bringen die Ware an den Kunden, bevor sie aus der Mode kommt.
- **Verfallsdaten** Verderbliche Güter werden kurz vor Ablauf des Haltbarkeitsdatums günstiger abgegeben.
- **Unterbieten der Konkurrenz** Damit sollte man sehr vorsichtig umgehen, da es zu Lasten Ihrer Gewinnspanne geht und einen Preiskampf auslösen kann (siehe S. 173).
- **Für frühe Zahlung sorgen** Firmenkunden kann man Skonto anbieten, wenn sie innerhalb eines bestimmten Zeitraums bezahlen (zum Beispiel 2,5 Prozent bei Zahlungseingang innerhalb von 30 Tagen).
- **Umsatzsteigerung** Manchmal muss man den Umsatz mit Sonderpreisen ankurbeln, um ein kurzfristiges Liquiditätsproblem zu lösen.
- **Lockangebote** Lockangebote können Produkte oder Dienstleistungen sein, die weit unter dem Einkaufspreis angeboten werden, jedoch mit dem Ziel, dass sie zum Kauf weiterer Produkte oder Dienstleistungen, die zu regulären Preisen verkauft werden, anregen sollen. So kann man auch Neukunden gewinnen.

Rabatte

Nach dem deutschen Handelsrecht sind als Rabatte nur Barzahlungs-, Mengen- und Sondernachlässe zulässig.

Ein Barzahlungsnachlass (maximal bis zu drei Prozent vom Verkaufspreis) wird gewährt, wenn der Kaufpreis oder das Entgelt unverzüglich nach Lieferung der Ware oder Ausführung der Dienstleistung durch Bargeld oder Überweisung erbracht wird.

Beim Absatz einer größeren Menge von Waren in einer Lieferung darf ein Mengennachlass gewährt werden, sofern dieser nach Art und Umfang sowie nach der verkauften Stückzahl oder Menge als handelsüblich anzusehen ist. Derzeit entspricht es z. B. dem Handelsbrauch, bei Zwölfer- oder Fünfzehner-Kartons ein und desselben Produkts Wein fünf Prozent Rabatt oder eine unberechnete 13. bzw. 16. Flasche zu geben. Bei 45 Flaschen in Originalkartons und bei sortierter Lieferung ab etwa 50 Flaschen sind im Allgemeinen zehn Prozent Rabatt üblich.

Bei Großverbraucher-, Verwerter- sowie Mitarbeiternachlässen handel es sich um so genannte Sondernachlässe.

Unzulässig ist es im Hinblick auf das Rabattgesetz jedenfalls, Preissenkungen als »Rabatt«, »Nachlass« oder »Preisnachlass« zu bezeichnen.

SCHLUSSVERKÄUFE

Schlussverkäufe sind eine Sonderform des Preisnachlasses, mit deren Hilfe das Lager von alten Beständen geräumt werden soll, um der neuen Ware Platz zu machen.

In Winter- und Sommerschlussverkäufen dürfen nur Heimtextilien (z. B. Bettwäsche, Matratzen, Teppiche), Bekleidung, Schuhe, Lederwaren und Sportartikel angeboten werden. Fahrräder (ausgenommen Sportfahrräder) dürfen nicht in Schlussverkäufe einbezogen werden. Waren aus Glas, Porzellan und Steingut sind vom Winterschlussverkauf ausgenommen.

Der Winterschlussverkauf beginnt am letzten Montag im Januar, der Sommerschlussverkauf am letzten Montag im Juli. Die Dauer beträgt zwölf Werktage.

Das Gesetz gegen den unlauteren Wettbewerb (UWG) verbietet die Vorwegnahme von Saisonschlussverkäufen. Eine Vorwegnahme liegt bereits vor, wenn ein großer Teil der Kundschaft den Eindruck gewinnt, der Schlussverkauf beginne bereits zu einem früheren Zeitpunkt. Auch massierte Sonderangebote in zeitlicher Nähe des Schlussverkaufs können den Eindruck eines vorweggenommenen Schlussverkaufs erwecken. Ebenso sind Hinweise wie »Schon jetzt radikale Preissenkung« oder der englische Hinweis »Sale« bereits Wochen vor Beginn des Schlussverkaufs verboten.

Wenn Sie Werbung vor Beginn des Schlussverkaufs machen, müssen Sie den Beginn des Schlussverkaufs deutlich angeben, da sonst eine unzulässige Vorwegnahme oder eine Irreführung nach § 3 des Gesetzes gegen den unlauteren Wettbewerb vorliegt. Auch müssen Sie die Preise herabsetzen, sonst liegt Irreführung vor.

SONDERVERKÄUFE

Räumungsverkäufe sind Sonderverkäufe und nur bei der Aufgabe des gesamten Geschäftsbetriebs, bei Beeinträchtigungen aufgrund »höherer Gewalt« und vor Umbauvorhaben zulässig. Sie dürfen höchstens zwölf Werktage dauern.

VERKAUFSTECHNIKEN

Der erfolgreiche Kaufabschluss ist das Endergebnis aller Marketing-Bemühungen. Der Verkaufsprozess besteht aus mehreren Schritten, angefangen beim allgemeinen Verständnis des Verkaufsprozesses, bis hin zum richtigen Umgang mit der jeweiligen Verkaufssituation. Nicht nur das Verkaufspersonal, sondern alle Mitarbeiter, die Kontakt zu Kunden haben, sollten mit den Verkaufstechniken vertraut sein. Zu jedem erfolgreichen Abschluss gehört eine gute Portion Verhandlungsgeschick (siehe S. 157–159). Und wenn auch noch der Service stimmt, kommen die Kunden bestimmt gerne wieder.

Professionelle Verkäufer wenden sich grundsätzlich an alle Interessenten, die als mögliche Käufer Ihrer Produkte in Frage kommen könnten. Die potenziellen Käufer stehen im Mittelpunkt des Verkaufsprozesses. Interessenten, die die Ware oder Dienstleistung tatsächlich kaufen, sind Käufer. Käufer, die immer wiederkehren, sind Stammkunden.

WARUM KUNDEN KAUFEN

Menschen treffen nur aus zwei Gründen eine Kaufentscheidung: entweder um ein notwendiges Bedürfnis zu befriedigen oder um ein nicht notwendiges Bedürfnis zu befriedigen, also, sich einen Wunsch zu erfüllen. Zu den notwendigen Bedürfnissen des Menschen zählen Nahrung, Unterkunft und Bekleidung; im Business-to-Business-Handel sind es Roh- oder Ausgangsstoffe. Bei den notwendigen Gütern des täglichen Bedarfs muss eine Kaufentscheidung fallen – es geht lediglich darum, bei wem man kauft und wie viel. In der Praxis steht den Kunden meist eine Auswahl zur Verfügung. Sie als Händler müssen den Kunden also nur davon überzeugen, bei Ihnen und nicht bei der Konkurrenz zu kaufen.

Bei Waren, die der Kunde nicht notwendig zur Deckung seine Grundbedürfnisse benötigt, muss zunächst ein Kaufanreiz geschaffen werden. Der Verkaufsprozess besteht damit aus zwei Phasen: Zuerst muss das Kaufbedürfnis geweckt werden, sollte der Kunde zum spontanen Kauf animiert werden. Dies wird, vor allem im Einzelhandel, durch auffällige Auslagen oder Waren, die direkt neben der Kasse liegen, versucht.

Heben Sie die Vorteile hervor, um das Interesse des Kunden zu wecken.

VORTEILE VERKAUFEN

Kunden kaufen Vorteile und keine Eigenschaften. Das lässt sich am besten an einem Beispiel erklären: Autos verfügen heute über eine elektrische Zündung. Der Käufer wird sich vermutlich wenig für die technischen Details interessieren, sondern vielmehr für die konkreten Vorteile, die ihm diese Technik bringt, nämlich ein problemloses Starten. Die meisten Autofahrer wissen vermutlich nichts über elektronische Zündsysteme oder interessieren sich nicht dafür – alles, was sie wissen, ist, dass ihr Auto zuverlässig anspringt.

Ein häufiger Fehler, den Unternehmen begehen, besteht darin, dass sie sich in der Entwicklungsphase ausschließlich auf die technisch-innovativen Eigenschaften ihrer Produkte oder Dienstleistungen konzentrieren und dabei vergessen, dass der Kunde nur an den Vorteilen interessiert ist, die diese ihm bringen. Gleichzeitig sind es diese innovativen Eigenschaften Ihrer Produkte oder Dienstleistungen, die Ihnen einen Wettbewerbsvorsprung verschaffen. Aus diesem Grund sollten Sie im Verkaufsgespräch zunächst die Vorteile hervorheben und nebenbei erklären, auf welche einzigartigen Eigenschaften sie sich zurückführen lassen.

ENDVERBRAUCHER ALS KUNDE

Konsumenten unterscheiden sich wesentlich von Firmenkunden. Sobald ihre Grundbedürfnisse gestillt sind, werden die weiteren Kaufentscheidungen von den verschiedensten Gründen beeinflusst.

Häufig werden Produkte oder Dienstleistungen weniger nach dem tatsächlichen Nutzen ausgesucht, sondern wegen eines bestimmten sozialen oder finanziellen Status. Kaufentscheidungen können auch durch das Freizeitverhalten beeinflusst sein, ebenso von Trends, Moden oder dem Wunsch nach Individualität. Unsere Wünsche und Begehrlichkeiten sind das Ergebnis von Erziehung und Sozialisation und werden von den Medien zusätzlich geprägt. Gerade die Werbung spielt beim Kauf von Konsum- und Luxusartikeln eine entscheidende Rolle.

Der Kunde soll sich wichtig fühlen, wenn Sie ihm etwas verkaufen wollen – und er ist es auch!

Auch der Preis wirkt sich auf die Kaufentscheidung aus. Die finanziellen Mittel, die dem Verbraucher zur Verfügung stehen, sind häufig begrenzt oder müssen mit Krediten abgedeckt werden. Außerdem achten Verbraucher zunehmend auf Preisvorteile – häufig entscheiden sie sich nur wegen des Preises für ein bestimmtes Produkt oder eine bestimmte Dienstleistung.

GEWERBLICHE KUNDEN

Gewerbliche Einkäufer stellen ganz andere Ansprüche als Endverbraucher. Ein Einkäufer trifft berufliche Kaufentscheidungen völlig anders, als er dies als privater Kunde tun würde.

Der Einkäufer eines Unternehmens achtet in erster Linie darauf, dass die Ware oder Dienstleistung, die er einkauft, funktioniert, pünktlich geliefert oder fertig gestellt wird und möglichst keine Probleme bereitet. Die Qualität ist dabei meist noch wichtiger als der Preis. Das soll nicht heißen, dass der Preis keine Rolle spielt (er muss natürlich im Rahmen liegen) – ihm kommt nur, neben anderen Faktoren, eine sekundäre Bedeutung zu.

Verglichen mit dem Endverbraucher, ist die Kaufkraft eines Unternehmens um ein Vielfaches höher. Gleichzeitig wird oft ein Zahlungsziel vereinbart, was auch bedeuten kann, dass der Firmenkunde die Rechnung nicht bezahlt. Typisch für den Business-to-Business-Handel ist außerdem, dass man mit anderen Firmen in Form von Ausschreibungen um die Gunst des Kunden wetteifern muss.

KUNDEN FINDEN

Alle Marketing-Bemühungen zielen darauf ab, Kunden zu finden und ihnen etwas zu verkaufen. Werbung und andere Maßnahmen zur Verkaufsförderung sollen dem Unternehmen indirekt Kunden bringen. Man sollte aber auch auf direkterem Weg Kunden akquirieren. Als

FALLSTUDIE: Ein Messeerfolg

DAS EHEPAAR LEWIS hatte seine Firma gerade eröffnet, als es beschloss, auf einer größeren Druckermesse einen Stand zum Verkauf ihrer importierten Drucker zu mieten. Die Messe war gut besucht, doch am Ende des ersten Tags konnten die beiden noch keine Aufträge verzeichnen. Das bereitete ihnen Sorgen, und so analysierten sie am Abend den Tagesablauf. Sie kamen zu dem Schluss, dass aus ihrer Standbeschriftung nicht deutlich hervorging, was sie anboten. Auch hatten sie den Eindruck, dass ihr Stand im Vergleich zu anderen kaum besucht war, was wenig einladend wirkte. Also riefen sie Freunde und Bekannte an und baten sie, ihren Messestand zu besuchen. Nun wirkte der Stand belebt, was zu einer deutlichen Umsatzsteigerung in den nächsten zwei Tagen führte.

Dienstleistungsunternehmen kann man zum Beispiel in Branchenverzeichnissen nach potenziellen Kunden suchen, die in Frage kommenden Firmen kontaktieren und mit den entscheidenden Leuten einen Termin vereinbaren.

Manchmal kommen potenzielle Kunden auch auf Grund der Empfehlung eines anderen zufriedenen Kunden zu Ihnen. Bei diesen Kunden ist die Wahrscheinlichkeit, dass sie etwas kaufen, besonders hoch.

KOMMUNIKATIONSMITTEL IM VERKAUF

METHODE	VOR- UND NACHTEILE
E-MAIL	■ Besonders geeignet für kurze Fragen und Antworten, ebenso für Bestätigungen ■ Schnell geschrieben, schnell verschickt und gewöhnlich schnell beantwortet
BRIEF ODER FAX	■ Formeller als eine E-Mail; muss sehr gut formuliert sein ■ Der Empfänger antwortet meist erst nach ein paar Tagen oder Wochen – bis dahin weiß man nichts von seiner Reaktion auf den Inhalt des Anschreibens.
TELEFONAT	■ Sehr flexibles Kommunikationsmittel, für verschiedenste Situationen geeignet ■ Der Nachteil ist, dass man die gewünschte Person nicht immer erreicht und auch die Reaktion nicht sehen kann.
VERKAUFS-GESPRÄCH	■ Ideal bei einem größeren Geschäft oder zur Besprechung schwieriger Probleme ■ Die beste Methode, um Produkte oder Dienstleistungen vorzustellen und zu erklären ■ Man sieht die Reaktion des Gesprächspartners.

Kommunikation verbessern

Verkaufen bedeutet auch, mit Menschen zu kommunizieren. Kommunikationstalent ist daher für einen Verkäufer eine wichtige Voraussetzung. Kommunikation bezieht sich in diesem Kontext sowohl auf den schriftlichen als auch auf den mündlichen Austausch: Gespräche, Telefonate, Briefe, Faxe und E-Mails. Schriftliche und mündliche Kommunikation sollte unter Berücksichtigung folgender Punkte erfolgen:

- **GENAUIGKEIT** Besonders bei Beschreibungen, Preisen und Zahlungsbedingungen
- **KÜRZE** Kurz und präzise informieren
- **KLARHEIT** Verwirren Sie die andere Partei nicht. Kommunikation ist immer ein Dialog, und manchmal ist Zuhören weitaus wichtiger als Reden.

BEISPIELE FÜR KÖRPERSPRACHE

Bei der Interpretation der Körpersprache sollte man die Gesten und Körperhaltungen nicht isoliert betrachten, sondern immer im Kontext mit den mündlichen Aussagen.

Es gibt mehr als einen guten Grund, warum man als Verkäufer auch zuhören sollte:

- Sie müssen herausfinden, was der Kunde braucht, und das erreichen Sie, indem Sie ihm zuhören. Zur Klärung können Sie anschließend noch ein paar Fragen stellen.
- Manchmal wird der Kunde in die Defensive gehen. Indem Sie ihm zuhören, finden Sie die besten Argumente, wie Sie diese Verteidigunghaltung aufbrechen können.
- Viele Menschen reden gerne – Sie werden die Sympathie Ihrer Kunden gewinnen, wenn Sie Ihnen geduldig zuhören.

Ein Verkaufsgespräch darf nicht konfrontativ geführt werden, sondern sollte als Kooperationsabkommen zwischen dem Verkäufer und seinem Kunden betrachtet werden. Beide Parteien sind aufeinander angewiesen. Der erste Verkaufsabschluss sollte den Anfang einer langen, dauerhaften Geschäftsbeziehung markieren.

KÖRPERSPRACHE

In Gesprächen drücken wir durch Körpersignale unterbewusste Regungen aus. Diese Signale werden Körpersprache genannt. Selbst wenn Sie diese Signale nicht »lesen« können, haben Sie eventuell schon mal erlebt, dass Sie einem Gesprächspartner gegenüber Skepsis entgegenbrachten – vermutlich, weil seine Gesten im Widerspruch zu seinen Worten standen.

Verkäufer sollten die Signale der Körpersprache kennen, damit sie entsprechend darauf reagieren können. Bei welchen Argumenten verliert der Kunde das Interesse, und wann ist es besonders stark? Beachten Sie aber, dass nicht alle Signale immer das Gleiche bedeuten. Überkreuzte Beine werden gerne als Ausdruck von Verschlossenheit interpretiert – für manche Menschen sind sie aber nur eine gewohnte Sitzhaltung. Achten Sie daher auf den Gesamteindruck, den Ihnen Ihr Gegenüber vermittelt.

Sie sollten sich auch Ihrer eigenen Körpersprache bewusst sein. Wenn Sie sich etwa bemühen, zuzuhören, aber gleichzeitig unruhig auf Ihrem Stuhl hin- und herrutschen, weiß Ihr Gesprächspartner, dass Sie ihm nicht wirklich zuhören.

Begeisterung ist ansteckend

Erfolgreiche Verkäufer verstehen es, zu begeistern. Kann sich der Verkäufer mit dem Produkt, der Dienstleistung, der Marke und dem Unternehmen, für das er arbeitet, identifizieren, wird es ihm leicht fallen, Kunden zu überzeugen. Umgekehrt kann das Interesse eines potenziellen Käufers schnell wieder schwinden, sobald er bemerkt, dass der Verkäufer selbst nicht viel von seiner Ware hält.

Der Besuch beim Kunden

Wer ein kleines Unternehmen führt, sollte nur interessierte Kunden besuchen. Versuchen Sie die Zahl der überflüssigen Kundenbesuche einzugrenzen. Vereinbaren Sie für Ihre Verkaufsgespräche vorab Termine. Unangemeldete Besuche haben nur selten Erfolg. Verkaufsprofis vermeiden Besuche ohne Voranmeldung, da sie harte Arbeit, viel Zeit, kaum Erfolg und oft noch eine rüde Abfuhr bedeuten. Wenn ein Kundenbesuch jedoch nur ohne vorausgegangene Anmeldung erfolgen kann, sollte man den Kunden vorab durch ein Anschreiben oder andere Verkaufsunterlagen vorbereitet haben.

Termine vereinbaren

Rufen Sie zunächst bei der jeweiligen Firma an, und erkundigen Sie sich nach dem Namen des Einkäufers. Oft werden Sie dann direkt zum Einkauf durchgestellt. Wenn Sie den Namen des Einkäufers in Erfahrung gebracht haben, schicken Sie ihm einen Brief mit den wichtigsten Verkaufsunterlagen zu. Kündigen Sie an, dass Sie sich in etwa einer Woche telefonisch melden werden, um eventuelle Fragen zu klären oder weitere Informationen zu liefern.

Das spart Zeit

Kontaktieren Sie Einkäufer zunächst telefonisch, um eine Termin zu vereinbaren – so können Sie feststellen, ob echtes Interesse besteht. Vertrauen Sie dabei Ihrem Gefühl, und besuchen Sie nur jene, die sich interessiert zeigen. Da Verkaufsgespräche zeitaufwändig sind, sollten Sie Ihre Energie auf viel versprechende Kunden konzentrieren.

Wenn Sie den Einkäufer schließlich auch zum Zwecke einer Terminvereinbarung anrufen, sollten Sie freundlich und bestimmt sein, ohne aufdringlich zu wirken. Einige Einkäufer werden gerne einen Termin mit Ihnen machen wollen, andere werden Sie abweisen oder lassen gar nicht erst mit sich sprechen. Versuchen Sie es ruhig mehrere Male. Machen Sie sich immer Notizen über den Stand der Dinge, die Gründe für eine Ablehnung usw. Eventuell lohnt es sich, einige Monate später einen erneuten Kontaktversuch zu starten.

Gründliche Vorbereitung

Ein erfolgreiches Verkaufsgespräch muss gründlich vorbereitet sein. Die Verkaufsunterlagen spielen dabei eine entscheidende Rolle. Dazu gehören Visitenkarten, Muster, Preislisten, Broschüren und Prospekte, Bestellformulare und vielleicht sogar ein Laptop, auf dem Sie sofort ein Angebot erstellen können. Informationen zu Ihren Produkten und die Verkaufsargumente müssen Sie im Prinzip auswendig wissen – es macht keinen guten Eindruck, wenn Sie vor der Beantwortung einer Frage jedes Mal in den Produktunterlagen nachsehen müssen. Manche Information können eventuell vom Laptop abgerufen werden. Das kann besonders nützlich sein, wenn Sie die relevanten Daten auch sofort ausdrucken können.

Wenn Sie weder Broschüren noch Muster zum Kundengespräch mitbringen können, wäre ein Fotoalbum oder ein Ordner mit Anschauungsmaterial eventuell eine Alternative. Sie könnten Fotos von Ihrem Geschäftsgebäude, den Räumlichkeiten und Ihren Mitarbeitern präsentieren (das weckt beim Kunden Vertrauen) sowie von Ihren Produkten. Ideal sind auch Aufnahmen, die Ihre Produkte oder Dienstleistungen im Einsatz bei Kunden zeigen. Darüber hinaus können Sie Ihren individuellen Präsentationsordner mit Empfehlungsschreiben, Zertifikaten über bestimmte technische Qualifikationen, Zeitungsartikel über Ihr Unternehmen, Urkunden von Fachverbänden usw. bestücken.

Arbeiten Sie vor dem Termin alle Informationen noch einmal durch, die Sie über diesen potenziellen Kunden haben, und prüfen Sie, ob in der Vergangenheit schon einmal eine Kontaktanbahnung stattgefunden hat. Wenn Sie noch keinen Kontakt mit dem Kunden hatten, wird er bei seiner Einschätzung der Leistungen Ihrer Firma stark von Ihrem Erscheinungsbild und Ihrem Auftreten beeinflusst werden. Achten Sie daher auf ein gepflegtes Äußeres und auf angemessene Kleidung – in den meisten Branchen ist man eher konservativ gekleidet.

Egal, ob Sie mit öffentlichen Verkehrsmitteln oder mit dem Auto anreisen – planen Sie Ihre Route sorgfältig, und kalkulieren Sie vor allem genügend Zeit ein. Wenn Sie öffentliche Verkehrsmittel benutzen, erkundigen Sie sich, wie Sie vom Bahnhof oder von der U-Bahn-Station zum Firmensitz kommen.

Das Verkausgespräch

Atmen Sie vor einem Termin noch einmal tief durch, und lassen Sie die wichtigsten Fakten Revue passieren. Wenn Sie nervös sind, versuchen Sie, sich zu vergegenwärtigen, dass Sie ein ausgezeichnetes Produkt oder eine hervorragende Dienstleistung anbieten. Falls Sie sich verspätet haben, rufen Sie kurz beim Kunden an, und geben Sie Bescheid.

Begrüßen Sie den Kunden mit einem festen Händedruck, und überreichen Sie ihm Ihre Visitenkarte (falls er noch keine haben sollte). Wenn Sie dessen vollen Namen und den Titel nicht kennen, bitten Sie ihn ebenfalls um seine Visitenkarte. Die übliche Etikette verlangt nun etwas Smalltalk, bevor man sich auf das eigentliche Geschäft konzentriert (meist hilft es, ein paar Minuten über ein neutrales Thema wie das Wetter, die Anreise usw. zu reden).

Sehr souverän wirkt es, wenn man gleich zu Beginn in einem kurzen Vortrag erläutert, was man anzubieten hat und welche Vorteile dem Kunden daraus entstehen. Bedenken Sie, dass Sie innerhalb von ein bis zwei Minuten das Interesse Ihres Zuhörers wecken müssen. Möchte der Einkäufer dagegen zuerst das Wort ergreifen, sollten Sie ihm aufmerksam zuhören. Das wichtigste Ziel in der ersten Phase des Verkaufs-

Das erste Verkaufsgespräch
Jetzt zählt der erste Eindruck. Begrüßen Sie den Einkäufer mit einem festen Händedruck, suchen Sie seinen Blickkontakt, und überreichen Sie Ihre Visitenkarte.

gesprächs ist es ja, die exakten Bedürfnisse des Kunden auszumachen. Dadurch können Sie Ihre Präsentation ad hoc auf die Bedürfnisse des Kunden zuschneiden und erläutern, warum Ihre Produkte oder Dienstleistungen ihm nützen können. Vermeiden Sie es, ihr Gegenüber in ein langes Verkaufsgespräch zu verwickeln, ohne vorab zu wissen, was der Kunde eigentlich will.

Ermutigen Sie den Kunden dazu, Ihre Muster in die Hand zu nehmen.

Sobald Sie wissen, was der Kunde erwartet, können Sie mit der Vorführung beginnen. Wenn möglich, sollten Sie Ihr Produkt präsentieren – das wirkt am überzeugendsten. Versuchen Sie, im Lauf des Gesprächs offene Fragen zu stellen – das zeigt dem Kunden, dass Sie an ihm und an seinem Unternehmen interessiert sind, und liefert Ihnen nützliche Informationen. Unter Umständen entdecken Sie dadurch weitere Bedürfnisse, die man zu einem späteren Zeitpunkt besprechen kann.

Macht der Kunde Einwände, kann dies ein Zeichen dafür sein, dass er sich ernsthaft für Ihre Produkte oder Dienstleistungen interessiert. Hören Sie aufmerksam zu, und machen Sie sich Notizen, damit Sie eventuelle Missverständnisse im Vorfeld ausräumen können. Damit sind Sie auch schon in der Verhandlungsphase angelangt. Weitere Tipps zur Verhandlung mit Kunden finden Sie auf den Seiten 157–158.

FORSCH ODER DEZENT?

Verkäufer lassen sich grob in zwei Kategorien einordnen – solche, die aggressiv vorgehen, und andere, die eher zurückhaltend sind.
Zu forsche Verkäufer reden schnell, übertreiben die Lobpreisungen der Produkte, nehmen ständig Bezug auf »äußerst zufriedene« Kunden (man kommt sich dadurch ausgeschlossen vor) und fordern hartnäckig zur Bestellung auf. Doch Einkäufer lassen sich nicht gerne unter Druck setzen. Also sollte man so nicht vorgehen, wenn man weitere Aufträge haben möchte. Diese Technik funktioniert nur bei Kunden mit geringem Selbstbewusstsein.

Die »weiche« Verkaufstechnik dagegen verlangt eine subtilere, zweigleisige Vorgehensweise. Von Anfang an kommt der Kunde zu Wort, und er ist es auch, der die Fragen stellt, die der Verkäufer beantwortet. Auf diese Weise fühlt sich der Kunde oder Einkäufer nicht unter Druck gesetzt, sodass sich das gesamte Verkaufsgespräch für ihn als positive Erfahrung darstellt. Im Allgemeinen ist das die Verkaufstechnik, die in den meisten Situationen unbedingt vorzuziehen ist.

TECHNIKEN, DIE ZUM VERTRAGSABSCHLUSS BEITRAGEN

Es gibt zahlreiche Techniken, durch die man einen Geschäftsabschluss fördern kann. Grundlegend ist ein Gefühl dafür, wann ein Kunde kaufbereit ist.

- **DEN FRAGEN DES KUNDEN FOLGEN** Ab einem gewissen Punkt fängt der Kunde an, nach Einzelheiten zu den Zahlungsbedingungen oder Lieferzeiten zu fragen. Nutzen Sie diesen Augenblick, indem Sie (deutlich sichtbar) Ihren Auftragsblock herausholen und ihn fragen, wie viel Stück er beim ersten Mal ordern möchte oder wann die erste Bestellung ausgeliefert werden soll.
- **JA-NEIN-ENTSCHEIDUNGEN UMGEHEN** Fragen Sie den Kunden konkret, ob er eine bestimmte Sonderanfertigung braucht, und notieren Sie seine individuellen Wünsche.
- **DRITTE MIT EINBEZIEHEN** Wenn der Kunde die Kaufentscheidung nicht alleine treffen kann, weil er erst die Meinung eines Kollegen oder des Chefs einholen muss, bitten Sie darum, diese Person zum Gespräch dazuzuholen. Sorgen Sie möglichst dafür, dass nicht ohne Ihr Beisein entschieden wird.

DER ERFOLGREICHE VERKAUFSABSCHLUSS
Wenn es Ihnen gelungen ist, ein Geschäft erfolgreich abzuschließen, verabschieden Sie sich freundlich vom Kunden. Eine erste Bestellung kann der Beginn einer langjährigen, partnerschaftlichen Geschäftsbeziehung sein.

■ **KONTAKT AUFRECHTHALTEN** Wenn Ihr Kunde die Sache noch überdenken muss, lassen Sie ihm Unterlagen oder Muster da, die Sie später abholen. Damit sollten Sie aber nicht zu lange warten, da sonst eventuell das Interesse des Kunden wieder nachlässt. Sie haben damit die Chance, Ihrem Kunden erneut persönlich gegenüberzutreten und eventuell dann ein Geschäft abzuschließen. In einem Telefongespräch fällt es dem Kunde gewönlich leichter, Sie abzuweisen.

■ **EINWÄNDE AUSRÄUMEN** Oft ist es so, dass der Kunde zwar Interesse zeigt, aber noch unentschieden ist. Dann müssen Sie herausfinden, was ihn zögern lässt – stellen Sie ihm die entsprechenden Fragen. Nur wenn Sie wissen, warum sich der Kunde noch nicht sicher ist, können Sie die Zweifel ausräumen und dann das Geschäft abschließen.

■ **PREISNACHLÄSSE** Oft will der Kunde zwar kaufen, weiß aber nicht, ob er es sich leisten kann. Wenn das das einzige Problem ist, können Sie zum Abschluss gelangen, indem Sie ihm verschiedene Zahlungsmöglichkeiten präsentieren oder ihm einen Preisnachlass anbieten, wenn er sich sofort oder innerhalb kurzer Zeit entscheidet.

- **ZUGESTÄNDNISSE IN LETZTER MINUTE** Erfahrene Einkäufer versuchen oft, Ihnen kurz vor Abschluss des Geschäfts noch ein Zugeständnis zu entlocken, wie eine vorzeitige Lieferung oder eine zusätzliche Leistung (z. B. Gratis-Montage). Angesichts solcher Forderungen sollten Sie versuchen, eine Gegenleistung auszuhandeln. Wenn der Kunde etwa einen Preisnachlass verlangt, könnten Sie unter den Umständen zustimmen, dass sofort bezahlt wird (siehe S. 157–159).
- **ENTSCHEIDUNG HERBEIFÜHREN** Manchmal hat man zwar das Gefühl, dass das Verkaufsgespräch erfolgreich läuft, kann aber beim Einkäufer keine Kaufsignale entdecken. Erinnern Sie den Kunden dezent an den Zweck Ihres Besuchs. Etwa so: »Ich habe Ihnen jetzt unsere gesamte Produktpalette vorgeführt und hatte den Eindruck, dass Artikel X oder Y Ihren Anforderungen entspricht – welchen würden Sie jetzt gerne bestellen?«

Sobald der Kunde sich zum Kauf entschieden hat, lassen Sie ihn das Auftragsformular unterzeichnen, und händigen Sie ihm eine Kopie aus. Das Formular sollte immer Preise, Lieferzeiten und Zahlungsbedingungen enthalten. Wenn Sie erst ein Angebot ausarbeiten müssen, sollten Sie das so schnell wie möglich tun (siehe S. 34).

Wenn es im ersten Gespräch nicht zu einem Abschluss kommt, jedoch in Zukunft Verkaufsmöglichkeiten bestehen, sollten Sie sich eine Tür offen halten. Hinterlassen Sie Ihre Visitenkarte, eine Broschüre oder einen Katalog und versuchen Sie, einen erneuten Termin in nicht allzu ferner Zukunft zu vereinbaren.

DAS SPART ZEIT

Analysieren Sie das Verkaufsgespräch nach einem erfolgreichen Abschluss. Was war für den erfolgreichen Abschluss ausschlaggebend? Auf diese Weise stellen Sie fest, mit welcher Technik Sie in Zukunft am besten vorgehen, und können sie weiter perfektionieren.

Verkaufstechniken für den Einzelhandel

Einzelhandelsgeschäfte lassen sich in zwei Kategorien unterteilen: Geschäfte für Güter des täglichen Bedarfs (z. B. Lebensmittelgeschäfte und Drogerien) und Fachgeschäfte (z. B. Sportgeschäfte, Apotheken und Optiker). Bei Läden der ersten Gruppe weiß der Kunde gewöhnlich schon vor Betreten des Ladens, was er kaufen will, denn er kennt die Produkte. Im Fachgeschäft dagegen trifft er seine Kaufentscheidung, wenn überhaupt, erst im Laden, da die Waren meist erklärungsbedürftig sind. Vor dem Gang zur Kasse steht hier das Beratungsgespräch.

WAREN DES TÄGLICHEN BEDARFS

In diesem Fall bedarf es kaum aktiver Verkaufstechnik, da der Kunde mit seinen Wünschen zu Ihnen kommt. Verkaufstechnik spielt insofern eine Rolle, als man den Kunden zu zusätzlichen Käufen anregen kann. Kommt ein Kunde beispielsweise in einen Zeitungsladen, um eine wöchentlich erscheinende Autozeitschrift zu kaufen, könnte der Händler ihm auch die einmalige Sonderausgabe einer anderen Autozeitschrift zeigen und diese zusätzlich verkaufen.

FACHGESCHÄFTE

Im Fachhandel, wo eine aktivere Vorgehensweise angezeigt ist, haben sich verschiedene Verkaufstechniken bewährt. Begrüßen Sie jeden Kunden, der Ihr Geschäft betritt, auch wenn Sie gerade noch einen anderen Kunden bedienen. Dadurch fühlt sich der Kunde in der für ihn neuen, noch ungewohnten Umgebung willkommen. Außerdem veranlasst ihn Ihre höfliche Aufmerksamkeit auch dazu, so lange im Geschäft zu bleiben, bis Sie Zeit für ihn haben.

Der Kunde sollte sich zunächst in aller Ruhe umsehen dürfen, bevor Sie auf ihn zugehen. Ideal ist der Moment, wenn er eine Ware in die Hand nimmt. Fragen Sie nicht »Kann ich Ihnen helfen?« – darauf werden Sie meist nur mit der Standardantwort »Nein, danke, ich sehe mich nur um« abgewiesen. Stellen Sie lieber eine Frage, die direkt mit der Situation zu tun hat. Wenn etwa eine Kundin mehrere Blusen in die Hand nimmt, könnten Sie sie fragen, ob die Bluse zu einem bestimmten Rock passen soll, welche Farbe es sein soll, ob sie fürs Büro oder für den Abend gedacht ist. In manchen Situationen könnte man auch fragen, ob es sich um ein Geschenk handelt.

Durch Fragen können Sie ein Gespräch einleiten. Das gibt Ihnen die Möglichkeit

- den Kunden davon abzuhalten, sich nur kurz umzusehen, um dann wieder zu gehen;
- die Bedürfnisse des Kunden zu erfragen;
- ihm Artikel anzubieten, die seinen Wünschen entsprechen;
- beim Kunden einen freundlichen, hilfsbereiten Eindruck zu hinterlassen.

Üben Sie keinen Druck auf den potenziellen Kunden aus – das kann Sie das Geschäft kosten.

Geben Sie dem Kunden die Artikel nach Möglichkeit in die Hand – das schafft eine Verbindung zwischen dem zu verkaufenden Produkt und dem interessierten Kunden. Sehen Sie einem erfahrenen Einzelhändler einmal bei der Arbeit zu. Sie werden feststellen, dass er seine Kunden die Waren anfassen lässt.

Kunden betrachten Verkäufer in einem Fachgeschäft immer als Fachleute und fragen um Rat. Aus diesem Grund sollte sich Ihr Verkaufspersonal gut auskennen. Ähnlich wie bei einem Verkaufsgespräch mit Firmen sollte man wissen, welche Waren im Lager vorrätig sind, damit man einem Kunden, der mit einem Artikel auf einen zukommt und fragt, ob man etwas Ähnliches hat, sofort entsprechende Alternativen anbieten kann.

Gerade im Einzelhandel ist der Verkauf ergänzender Produkte von großer Bedeutung. Ein Beispiel wäre die Schuhcreme, die man dem Kunden nach der Kaufentscheidung für ein Paar Schuhe anbieten kann. Wenn ein Kunde in Kauflaune ist, ist er auch offen für weitere, ergänzende Artikel. Zusatzverkäufe können bis zu 50 Prozent des Umsatzes ausmachen.

Wenn Sie einen bestimmten Artikel nicht vorrätig haben, könnten Sie dem Kunden anbieten, diesen für ihn zu bestellen, gegebenenfalls gegen eine Anzahlung. Notieren Sie sich Anschrift und Telefonnummer des Kunden, damit Sie ihn nach Eintreffen der Ware benachrichtigen können.

In kleinen Fachgeschäften fühlen sich Kunden schnell unwohl und beobachtet, wenn sie mit dem Verkäufer alleine sind und dieser offensichtlich nichts zu tun hat. Verkäufer sollten daher immer beschäftigt, aber dennoch nicht unaufmerksam wirken. Sie müssen den Kunden im Auge behalten, schon allein, um zu erkennen, wann der richtige Moment gekommen ist, um auf ihn zuzugehen.

Hintergrundmusik kann ebenfalls nützlich sein, um die Stille in einem leeren Geschäft zu überdecken. Ob Sie Musik in Ihrem Laden laufen lassen, hängt davon ab, um welche Art von Geschäft es sich handelt und welches Image Sie vermitteln wollen.

Wie immer, wenn es ums Verkaufen geht, sollten Sie ein Gespür dafür entwickeln, wann Ihr Kunde kaufbereit ist beziehungsweise, wie Sie seine Kaufentscheidung fördern können.

Tipps für den Einzelhandel

1. Lassen Sie die Eingangstür nach Möglichkeit offen.
2. Locken Sie Passanten durch Ware vor dem Eingang in den Laden.
3. Denken Sie daran, dass Ihr Schaufenster Ihre beste Werbefläche ist.
4. Sorgen Sie für ein gut gefülltes Lager. Reduzieren Sie Ladenhüter, bevor sie sich nicht mehr verkaufen lassen.
5. Ihr Verkaufspersonal muss wissen, wie man erfolgreich verkauft.
6. Vermitteln Sie den Kunden das Gefühl, dass Sie ihnen gerne behilflich sind.

VERKAUFSTECHNIKEN IM EINZELHANDEL

Diese Verkaufstechniken eignen sich hervorragend für den Einzelhandel. Der Kunde wird zum Kauf angeregt und macht dabei eine positive Erfahrung. Die vorgestellten Techniken können auf andere Produkte und Branchen angepasst werden.

Lächelnd und mit Blickkontakt wird der Kunde begrüßt.

1 GESPRÄCHSERÖFFNUNG Die Verkäuferin begrüßt die Kundin, die den Laden betritt, freundlich.

Die Kundin betrachtet die Ware.

2 DEM KUNDEN RAUM BIETEN Die Kundin kann sich die Ware in Ruhe alleine ansehen.

Die Kundin hört aufmerksam zu.

Die Körperhaltung signalisiert Offenheit.

3 ERSTE ANNÄHERUNG Die Verkäuferin fragt freundlich: »Suchen Sie etwas Bestimmtes?«

Die Kundin hält sich einen Pullover an.

4 DIE ANPROBE Die Kundin wählt einen Artikel und bittet die Verkäuferin um ihren Rat.

Die Kundin befühlt die Ware.

Die Verkäuferin gibt Tipps.

5 AUSWAHL ANBIETEN Die Verkäuferin zeigt der Kundin ein zweites Oberteil mit einem anderen Schnitt.

6 ANPROBE Die Verkäuferin führt die Kundin nach der Anprobe zu einem Spiegel.

7 ZUSATZGESCHÄFT Die Verkäuferin bietet eine zweiten Artikel an, der den ersten ergänzt.

8 DEN VERKAUF FÖRDERN Die Verkäuferin hilft der Kundin in die Jacke – das erhöht die Verkaufschancen.

9 DER LETZTE SCHLIFF Die Verkäuferin verpackt jeden Artikel sorgfältig und ohne übertriebene Eile.

10 DIE ÜBERGABE Die Verkäuferin überreicht der Kundin die soeben erworbenen Artikel.

11 KUNDENADRESSEN Die Kundin ist einverstanden, in die Kundenliste aufgenommen zu werden.

SCHAUFENSTER DEKORIEREN

Das Schaufenster eines Fachgeschäfts sollte ein Kundenmagnet sein. Es muss ansprechend gestaltet und gut beleuchtet sein. Die im Fenster ausgestellten Artikel müssen jeweils mit einem Preis versehen sein. Wechseln Sie die Auslage oder die Dekoration oder beides regelmäßig. Passanten wie Stammkunden gewinnen so den Eindruck, dass Sie immer wieder neue Ware anbieten. Reinigen Sie die Schaufensterscheiben mindestens einmal täglich, um Fingerabdrücke zu entfernen. Liegt Ihr Laden an einer Hauptverkehrsstraße oder einem anderen sehr belebten Ort, empfiehlt sich eine Beleuchtung mit Zeitschaltuhr, damit Ihre Schaufenster auch nach Ladenschluss noch hell erleuchtet sind.

Ein Schaufenster attraktiv zu gestalten ist eine Kunst für sich. Dafür benötigt man neben Dekomaterial auch Fantasie und Geschick. Überlegen Sie sich beispielsweise ein Motto, oder dekorieren Sie alles in einer bestimmten Farbe oder gemäß der Saison (Ostern, Weihnachten, Sommer usw.). Sie können Ihr Schaufenster natürlich auch von einem professionellen Schaufensterdekorateur gestalten lassen.

WARENPRÄSENTATION IM LADEN

Die Ladeneinrichtung und die Anordnung der Ware haben großen Einfluss auf den Umsatz und sollten mit einem Innenarchitekten nach folgenden Gesichtspunkten besprochen werden:

- **RUNDGANG** Der Kunde sollte auf seinem Weg vom Ladeneingang durch Ihren Laden bis zu einem Verkaufstresen oder in eine bestimmte Abteilung und zur Kasse idealerweise an fast allen Artikeln Ihres Sortiments vorbeikommen. Vermeiden Sie Sackgassen.
- **AUSLAGE** Werden die Artikel perfekt präsentiert? Der Blick des Kunden ist selektiv – alles, was über Augenhöhe liegt, kann er nur auf

Entfernung erkennen. Sind die Artikel für den Kunden leicht erreichbar? Kostbare Ware sollte aus Sicherheitsgründen nicht in Eingangsnähe liegen. Außerdem erweckt das den Eindruck, ein sehr teures Geschäft betreten zu haben. Verändern Sie die Auslage so oft wie möglich, damit Stammkunden immer Neues entdecken. Rücken Sie attraktive Waren in den Vordergrund.

- **SCHILDER** Auch wenn der Händler seine Produkte gut kennt – dem Kunden fällt die Orientierung meist nicht so leicht. Stellen Sie ähnliche Artikel zusammen aus, und leiten Sie Kunden durch eine Beschilderung.
- **SICHERHEIT** Je nach der Einrichtung haben es Ladendiebe leichter oder schwerer. Achten Sie daher darauf, dass Sie keine toten Winkel in Ihrem Geschäft haben. Die Mitarbeiter sollten jeden Winkel des Ladens im Auge haben – eventuell mithilfe von Sicherheitsspiegeln. In der Nähe des Eingangs ausgelegte Ware wird besonders gern gestohlen, ebenso kleine, aber wertvolle Artikel.
- **WARE IM KASSENBEREICH** Neben der Kasse kann man niedrigpreisige, kleine Artikel platzieren, die den Kunden zu einem spontanen Kauf verleiten.
- **WERBEMATERIAL** Nutzen Sie alle Poster, Prospekte, Flyer und Reklamemittel, die Ihnen Ihre Lieferanten zur Verfügung stellen. Werbematerial belebt den Laden und hebt die Produkte hervor. Das ist besonders nützlich, wenn es zu einer landesweiten Werbekampagne gehört und beim Kunden einen Wiedererkennungseffekt hervorruft.

Lächeln Sie, während sie telefonieren – dann klingt Ihre Stimme noch viel freundlicher.

SCHAUFENSTER
Kaufhäuser und Einzelhandelsketten geben viel Geld für die Dekoration ihrer Schaufenster aus. Holen Sie sich daher bei einem Stadtbummel Anregungen, wie Sie Ihr Schaufenster professionell gestalten können.

Verkauf per Telefon

Verkaufsgespräche am Telefon verlangen großes Geschick. Diese Verkaufstechnik eignet sich vor allem für kleine Betriebe, deren Inhaber sich neben dem Tagesgeschäft auch um die Akquisition kümmern müssen. Gründe für ein Verkaufsgespräch per Telefon können sein:

- Unangemeldete Besuche vermeiden
- Nachhaken, nachdem man ein Anschreiben mit Verkaufsunterlagen oder ein Angebot verschickt hat, zum Zwecke der Terminvereinbarung oder zur Auftragseinholung
- Beantworten von Kundenanfragen (mehr Information zum Produkt, zur Dienstleistung oder zur Bestellannahme).

Verkaufsgespräche per Telefon machen es möglich, potenzielle Kunden bequem vom Schreibtisch aus zu kontaktieren oder auch, mit einem Handy, von unterwegs anzurufen. Außerdem können Sie sehr viele Menschen in relativ kurzer Zeit kontaktieren. Nachteilig ist, dass man dem Kunden die Verkaufsunterlagen oder die Muster nicht zeigen und dessen Reaktion nicht sehen kann. Ebenso wenig hat man irgendwelche schriftlichen Vereinbarungen in der Hand. Wenn Sie Privatkunden unaufgefordert zu Verkaufszwecken anrufen wollen, müssen Sie die gesetzlichen Bestimmungen (siehe S. 181) beachten.

DAS TELEFONGESPRÄCH

Wie bei jedem Verkaufsgespräch ist auch hier die Vorbereitung wichtig. Prüfen Sie genau, wen Sie anrufen, damit Sie Namen, Titel und andere wichtige Einzelheiten parat haben. Eine Kundenkartei macht sich in diesem Fall bezahlt. Sammeln Sie sich einen Moment, bevor Sie zum Telefonhörer greifen, und überlegen Sie, was Sie mit dem Telefonat erreichen wollen.

Nachdem Ihr Gesprächspartner Sie nicht kennt, sollten Sie zunächst sich und Ihre Firma vorstellen und den Grund des Anrufs nennen. Sie haben nur kurz Zeit, um das Interesse Ihres Zuhörers zu wecken. Überlegen Sie sich einige prägnante Einführungssätze, die am Telefon gut klingen. Drücken Sie sich klar aus, damit Ihr Gesprächspartner gleich versteht, um was es geht. Relevante Fragen und Ihre Verkaufsbotschaft sollten Sie sich vor dem Gespräch ebenfalls auf einem Zettel notiert haben.

WENN SIE EINEN KUNDEN ANRUFEN

Beginnen Sie mit einer freundlichen Begrüßung und einer kurzen Einleitung. Sie sollten frisch und begeistert klingen. Lächeln Sie beim Reden – so wirkt Ihre Stimme wärmer.

TIPPS FÜR VERKAUFSGESPRÄCHE AM TELEFON

1. Legen Sie Verkaufs- oder Produktunterlagen vor sich auf den Schreibtisch – das hilft Ihnen, die Produkte zu beschreiben und die Vorteile herauszustreichen.
2. Der potenzielle Kunde denkt permanent »Bringt mir das etwas?« Sie haben ihn eventuell bei der Arbeit unterbrochen, und er könnte daher ungeduldig sein.
3. Nehmen Sie die Bestellung entgegen, oder machen Sie gegebenenfalls einen Termin zu einem Verkaufsgespräch aus.
4. Wiederholen Sie telefonische Vereinbarungen zum Schluss des Gesprächs noch einmal mündlich, und bestätigen Sie diese per Brief, Fax oder E-Mail.
5. Werden Sie nicht ausfallend oder unhöflich, wenn Sie abgewiesen werden.
6. Halten Sie nach Beendigung des Telefonats kurz inne, und legen Sie den Hörer erst nach Ihrem Gesprächspartner auf.

Was führt dazu, dass Ihnen jemand zuhört? Sie müssen dem potenziellen Kunden etwas anbieten, das für ihn wichtig, interessant und nach Möglichkeit neu ist. Zur Geschäftsanbahnung müssen Sie Ihren Gesprächspartner mit einbeziehen. Fragen Sie ihn zum Bedarf seines Unternehmens. Hören Sie ihm aufmerksam zu, und achten Sie auf eventuelle Einwände.

Machen Sie sich nach jedem Anruf eine kurze Gesprächsnotiz. Mit etwas Übung können Sie das bereits während des Gesprächs erledigen. Ein kleiner Tipp: Wenn Sie Karteikarten verwenden, können Sie die Karten der Kunden, die Sie nochmal zurückrufen müssen, hochkant in den Karteikasten stellen.

HÖREN SIE IHREN KUNDEN ZU
Machen Sie sich Notizen von den Wünschen, die der Kunde im Laufe des Telefongesprächs äußert, damit Sie ein entsprechendes Angebot unterbreiten können.

Messen und Verkaufsausstellungen

Messen und Verkaufsausstellungen sind für jedermann zugänglich, Fachmessen oft nur für Fachbesucher. Messen sind für Unternehmen wichtig, die auf regionaler, nationaler und internationaler Ebene Kontakte knüpfen wollen. Außerdem sind Messen gleichzeitig Verkaufsbörsen – viele Firmen verkaufen ihre Produkte direkt auf der Messe oder im Anschluss daran.

Die Teilnahme an einer Messe verlangt viel Vorbereitungsarbeit, einen entsprechenden Etat und eine umfangreiche Nachbereitung, damit sie wirklich zu einem Erfolg wird. Da die Teilnahme an einer Messe einen erheblichen Zeit- und Kostenaufwand mit sich bringt, sollte die Entscheidung wohl überlegt sein. Viele Firmen sind von dem Ergebnis einer ersten Messeteilnahme enttäuscht – das liegt zum einen an der Unerfahrenheit und den zu hohen Erwartungen, zum anderen oft auch daran, dass die angebotenen Produkte oder Dienstleistungen für den Markt nicht von ausreichendem Interesse waren.

DIE RICHTIGE MESSE FINDEN

Vielleicht sind Sie bereits mit den Fachmessen Ihrer Branche vertraut. Im Zweifelsfall erfahren Sie Näheres in Fachpublikationen, bei Ihrem Gewerbeverband oder von Branchenkennern. Auch kleinere Unternehmen können durchaus auf einer großen Messe ausstellen.

Erfragen Sie Einzelheiten zum Messestand (Kosten, Verfügbarkeit, Besucherzahlen usw.) bei den Organisatoren oder der Messegesellschaft. Große Messeveranstalter sind in dieser Hinsicht gut organisiert. Auf den wichtigsten Messen werden die Stände schon Monate im Voraus vergeben; manche Aussteller buchen bereits Jahre im Voraus. Daher sollten Newcomer sofort, nachdem die Entscheidung für eine Messeteilnahme gefallen ist, einen Stand auf der entsprechenden Messe anmieten.

DIE KOSTEN

Der Preis für einen Messestand wird in der Regel nach der Quadratmeterzahl der Ausstellungsfläche berechnet. Meist werden dabei nur normierte Standardgrößen angeboten. Wählen Sie die kleinste Standfläche, die zur Ausstellung Ihrer Produkte genügt – ein größerer Stand sorgt nicht notwendigerweise für mehr Besucher. Denken Sie auch daran, dass Grundausstattung wie Beleuchtung, Steckdosen usw. zusätzlich berechnet werden und unverhältnismäßig teuer sein können.

Neben den Standgebühren und der Standmiete müssen Sie mit weiteren Kosten für die Messeteilnahme rechnen: Unterkünfte (wenn die Messe nicht in Ihrer Stadt stattfindet), Anreise, Transport der Ausstellungsstücke, zusätzliches Werbematerial wie Prospekte, Broschüren usw., Überstunden Ihrer Mitarbeiter, Gehälter für zusätzliches Standpersonal, Catering. Dazu kommen ferner Versicherungen, Kosten für einen eigenen Messestand (Bauten, Teppich, Bestuhlung) sowie Reinigung und Kosten für

EINEN MESSEAUFTRITT VORBEREITEN

Beachten Sie die Vorschriften und Geschäftsbedingungen des Veranstalters.

↓

Das Design des Messestands festlegen

↓

Klären Sie, wer für den Stand verantwortlich ist.

→ Organisieren Sie den Standdienst. Es sollten immer mehrere Personen am Stand anwesend sein.

↓

Sorgen Sie für Unterkünfte in Messenähe. Klären Sie, wie Sie von der Unterkunft zur Messe gelangen und wieder zurück

↓

Beantragen Sie Messeausweise sowie gegebenenfalls Parkscheine für Ihre Fahrzeuge.

↓

Welche Produktunterlagen werden benötigt (Prospekte, Preislisten usw.), welche Muster und Proben?

→ Alle benötigten Druckerzeugnisse müssen zum Messetermin fertig sein.

↓

Wie machen Sie Ihren Messeauftritt am besten bekannt, damit möglichst viele Besucher an Ihren Stand kommen?

← Für eine Fachmesse inseriert man am besten in der entsprechenden Fachpresse. Versenden Sie außerdem Messeeinladungen an potenzielle Kunden.

→ Sorgen Sie bei einer Verbrauchermesse für Publicity in der entsprechenden Presse. Zusätzlich empfehlen sich Anzeigen.

↓

Prüfen Sie, ob Sie auch im offiziellen Messekatalog stehen, damit die Kunden Ihren Stand finden können.

↓

Wenn Sie auf der Messe verkaufen wollen, sorgen Sie dafür, dass Sie sämtliche Zahlungsmittel problemlos entgegennehmen können.

verkaufsfördernde Maßnahmen. Bedenken Sie auch, dass Sie Personal für die Arbeit auf dem Messestand freistellen müssen, das dann aber in Ihrem Unternehmen fehlt.

Was bringt eine Messe?

Bei reinen Fachmessen besteht das Ziel in erster Linie darin, möglichst viele Aufträge zu akquirieren. Daneben erhält man informelle Resonanz und trifft potenzielle Kunden. Mit diesen Interessenten kann man nach der Messe weitere Termine vereinbaren. Ein Aussteller kann die Messe auch nutzen, um Vertreter zu finden – etwa indem er am Stand ein entsprechendes Schild aufstellt. Außerdem bietet die Messe eine Gelegenheit, die Kunden wieder zu treffen, die man schon länger nicht mehr gesehen hat.

Kleine Unternehmen können es sich kaum leisten, an Messen teilzunehmen, nur um Präsenz zu zeigen. Ein erster Messeauftritt bringt gewöhnlich keine umwerfenden Resultate – die Fachhändler sind meist recht konservativ und bleiben ihren gewohnten Lieferanten treu. Nach der zweiten oder dritten Messe sollte es jedoch so sein, dass die auf der Messe und direkt im Anschluss daran getätigten Umsätze die Messekosten auf alle Fälle rechtfertigen.

Bei einer Verbrauchermesse kommt es darauf an, was man anbietet. Wenn man relativ teure Artikel verkauft (z. B. Autos, Boote, Wohnmobile), wird man zwar ein paar Bestellungen auf der Messe bekommen, vorrangig sind jedoch die auf der Messe geknüpften Kontakte. Vertreibt man dagegen preiswerte Produkte, kann man seinen Messeerfolg oft bereits am Umsatz auf der Messe ablesen. Hier gelten dieselben Bedingungen wie im Einzelhandel, daher sind die Verkaufstechniken für den Einzelhandel (siehe S. 146–151) relevant.

Der langfristige Vorteil einer Messeteilnahme ist, dass man seine Firma bekannt macht. Wenn Interessenten Ihren Stand beim ersten Messeauftritt zwar besucht haben, es jedoch nicht zu einer Geschäftsaufnahme gekommen ist, so kann sich dies ändern, wenn Sie durch erneute Präsenz Kontinuität bewiesen haben.

Das spart Geld

Achten Sie darauf, dass Sie einen Messestand in der richtigen Halle bekommen – andernfalls lohnt sich die Teilnahme vielleicht nicht. Vermeiden Sie Sackgassen und dunkle Ecken ebenso wie abgelegene Gänge oder von der Haupthalle ausgelagerte Ausstellungsflächen.

Aktionsplan

Stellen Sie einen Aktionsplan auf, und besprechen Sie ihn rechtzeitig vor der Messe mit Ihren Mitarbeitern – vor allem mit den Vertriebsleuten und dem Standpersonal. Ganz besonders wichtig ist es, sich über die Ziel klar zu werden und die Zuständigkeiten zu verteilen.

Stand-Design

Sie können auf Messen allein die Standfläche mieten, um Ihren eigenen Messestand aufzubauen, oder einen standardisierten Messestand, d. h., dass Wände und Bodenbeläge gestellt werden. Mit Ihrem Messestand repräsentieren Sie Ihr Unternehmen, daher sollte er ansprechend und professionell aussehen. Die Investition in einen eigenen Stand lohnt sich also meist.

Überlegen Sie genau, mit welchen optischen Mitteln Sie Ihre Produkte oder Dienstleistungen auf dem Messestand am besten darstellen können. Wenn Sie zum ersten Mal einen Stand einrichten, sollten Sie sich professionell beraten lassen oder sich vorab auf Messen umsehen, um zu lernen, was gut wirkt und was nicht. Der Stand muss so eingerichtet sein, dass er den Besuchern auffällt und sie zum Betreten einlädt. Auch sollte man auf den ersten Blick erkennen können, was Ihr Unternehmen bietet.

Mitarbeiterschulung

Die Arbeit auf einem Messestand will gelernt sein. Das Standpersonal sollte sowohl die Verkaufstechniken des Einzelhandels (S. 146–149) als auch die des direkten Verkaufsgesprächs (S. 142–146) beherrschen. Zunächst muss man

FACHMESSEN
Dieser Stand auf einer Buchmesse ist gut besucht. Hier gibt es eine Menge zu sehen und anzufassen – viele Bücher, Prospekte, Informationsmaterial und zahlreiche Fotos.

die Messebesucher zu einem Besuch des Stands animieren, um im zweiten Schritt ein Verkaufsgespräch führen zu können.

Messen sind anstrengend – schlechte Luft, grelles Licht, laute Hintergrundgeräusche, Werbung, Besucherrummel, Smalltalk und allgemeine Hektik und Aufregung beherrschen die Szene. Nehmen Sie sich daher Zeit für Pausen, und sorgen Sie auch dafür, dass Ihre Mitarbeiter regelmäßig abgelöst werden können.

Während der Messe

Gerade bei kleinen Messeständen haben Besucher oft Scheu, näher zu treten. Die Hemmschwelle ist am höchsten, wenn sich nur eine Person am Stand befindet und diesen zu bewachen scheint oder in der Mitte sitzt und liest. Sehr ungünstig ist es auch, wenn der Besucher beim Betreten des Messestands das Gefühl bekommt, wie in einer Falle gefangen zu sein. Sorgen Sie also für eine freundliche Atmosphäre und für Transparenz bei der Gestaltung Ihres Messestands.

Vermitteln Sie den Besuchern das Gefühl, willkommen zu sein. Führen Sie keine langen Gespräche untereinander, damit sich die Messegäste nicht wie Eindringlinge fühlen. Versuchen Sie dennoch, geschäftig zu wirken. Seitlich am Stand zu stehen ist immer besser als in der Mitte. Da ein kleiner Messestand meist nur von einer Person besetzt ist, empfiehlt es sich, dass sich diese Person etwas außerhalb des Stands aufhält, damit es nicht wirkt, als würde der Stand unter Bewachung stehen.

Der Messestand sollte Ausstellungsstücke zum Betrachten und zum Anfassen bieten. Lassen Sie dem Besucher Zeit, sich zu orientieren. Wenn er offensichtliches Interesse an etwas zeigt, ist der Moment gekommen, um ihn anzusprechen. Auf Fachmessen tragen fast alle Aussteller und Besucher Namensschilder, und Sie erkennen schnell, mit wem Sie es zu tun haben. Ist dies nicht der Fall, erkundigen Sie sich nach dem Namen, denn potenzielle Kunden bekommen andere Informationen als Mitbewerber.

Wenn Sie einem interessierten Standbesucher einen Prospekt oder eine Broschüre überreichen, sollten Sie sich gleichzeitig dessen Visitenkarte geben lassen, damit Sie den potenziellen Kunden nach der Messe erneut kontaktieren können.

Während der Messe sollten Sie sich und Ihren Mitarbeitern genügend Pausen gönnen. Essen Sie regelmäßig, und setzen Sie sich wann immer möglich hin. Vermeiden Sie es, Alkohol zu trinken, doch nehmen Sie aureichend Wasser zu sich, um den Feuchtigkeitsverlust auszugleichen. Gehen Sie den Tagesablauf abends noch einmal durch, und überlegen, was Sie am nächsten Tag ändern oder verbessern können.

SICHERHEIT

Auch die Sicherheit sollte nicht zu kurz kommen. Vor neugierigen Konkurrenten sind Sie auf einer Messe nie sicher – achten Sie auf Kundenlisten und Bestellformulare, und lassen Sie innovative Produkte nie aus den Augen. Diebstahl ist ebenfalls ein Problem, sowohl tagsüber als auch nachts, und besonders in der Auf- und Abbauphase.

NACH DER MESSE

Bauen Sie den Stand erst ab, wenn auch der letzte Besucher gegangen ist. Nicht selten macht man kurz vor Schluss noch ein gutes Geschäft oder einen nützlichen Kontakt. Sobald Sie wieder zurück im Büro sind, sollten Sie mit der Nacharbeit beginnen und die auf der Messe geknüpften Kontakte weiterverfolgen.

Sorgen Sie dafür, dass an Ihrem Stand geschäftiges Treiben herrscht – das zieht Besucher an.

Geschickt verhandeln

Vielleicht sind Sie in einer Branche tätig, in der Sie die Preise festsetzen und der Kunde diese nicht in Frage stellt – so wie das in der Gastronomie, im Hotelfach oder im Einzelhandel der Fall ist. In diesen Branchen müssen Sie nur mit den Lieferanten verhandeln, aber nicht mit Ihren Kunden. In vielen anderen Branchen ist es dagegen üblich, die Preise mit den Kunden auszuhandeln. Verhandlungsgeschick ist daher die Grundvoraussetzung für ein erfolgreiches Verkaufsgespräch – sei es am Verhandlungstisch oder am Telefon.

Auch hier ist die Vorbereitung entscheidend. Man muss vor allem den Mindestpreis kennen, unter dem man nicht verkaufen darf, bzw. den Höchstpreis, zu dem man innerhalb seines Budgets einkaufen kann.

ALS VERKÄUFER VERHANDELN

Sobald ein Kunde Interesse signalisiert, kommt es darauf an, den Auftrag zu akquirieren, ohne allzu große Konzessionen zu machen. An dieser Stelle haben Sie einen klaren Vorteil: Der Käufer will offensichtlich etwas von Ihnen. Ihre Position ist schwächer, wenn Mitbewerber ähnliche Produkte oder Dienstleistungen zu einem besseren Preis anbieten. Lassen Sie sich dadurch jedoch auf keinen Fall zu übereilten Zugeständnissen hinreißen.

Wenn Sie einen festen Mindestpreis kalkuliert haben, sollten Sie gelassen bleiben und Ihr Gegenüber nicht erkennen lassen, wie sehr Sie den Auftrag wollen. Wenn Ihr Verhandlungspartner Zugeständnisse verlangt, könnten Sie Ihrerseits eine Gegenleistung fordern. Sobald echtes Interesse gezeigt wird und der Kunde Preise erfahren möchte, nennen Sie ihm Ihren Ausgangspreis. Er sollte ganz natürlich in das Gespräch einfließen. Gleichzeitig könnten Sie Ihre Preisliste präsentieren oder ein individuelles Angebot, in dem die Preise für bestimmte Leistungen einzeln aufgeführt werden.

Der Einkäufer wird Ihnen meist zu verstehen geben, dass Ihr Preis zu hoch ist. Sie sollten den Preis zunächst rechtfertigen, indem Sie auf die hervorragende Qualität des Produkts oder der Dienstleistung hinweisen oder die Vorteile noch einmal hervorheben. In der Regel wird der Kunde nochmals versuchen, Ihren Preis zu drücken. Sie sollten Ihren Einstiegspreis daher so kalkuliert haben, dass Sie etwas Spielraum haben. Argumentieren Sie mit Bedacht. Begründen Sie Ihren ursprünglich genannten Preis noch einmal, damit er nicht aus der Luft gegriffen erscheint, und bieten Sie dann beispielsweise einen Preisnachlass an, wenn der Kunde – und das ist die Gegenforderung – innerhalb einer gewissen Frist bezahlt oder eine größere Menge abnimmt. Als Gegenforderung wäre aber auch eine verkürzte Garantiezeit möglich.

Die besten Verhandlungen sind die, bei denen beide Parteien das Gefühl haben, Sieger zu sein. Wenn Sie das erreicht haben, dann könnte dies der Beginn einer fruchtbaren und langen Geschäftsbeziehung werden. Wer in einer Verhandlung droht, schlecht über die Konkurrenz redet oder auf irgendeine Weise die Konfrontation sucht, hat schon verloren.

Vorsicht ist angebracht, wenn man Ihnen einen Preis nennt, der weit unter den von Ihnen angebotenen Konditionen liegt. Ist er niedriger als Ihr Mindestpreis, ist das kein gutes Zeichen. Fragen Sie nochmals nach, was genau benötigt wird, damit Sie sich ein genaues Bild über den tatsächlichen Leistungsumfang machen können. Vielleicht ist der Preis ja doch realistisch, weil beide Parteien von verschiedenen Leistungen ausgegangen sind. Überschlagen Sie jede neu ins Spiel gebrachte Summe, bevor Sie ein verbindliches Angebot abgeben.

Manchmal ist es besser, gänzlich auf einen Auftrag zu verzichten, als eine Geschäftsbeziehung mit einem schwierigen Kunden einzugehen oder gar ein Verlustgeschäft zu machen. Erfahrungsgemäß sind schwierige Kunden auch schlechte Zahler. Wenn Sie also bei der Sache intuitiv ein ungutes Gefühl haben, vertrauen Sie Ihrem »Bauch«, und brechen Sie die Verhandlungen lieber ab.

ALS EINKÄUFER VERHANDELN

Gute Einkäufer zeigen niemals zu viel Interesse am angebotenen Produkt und lassen sich nie zu Begeisterungsstürmen hinreißen. Manchmal

OPTIMALER KUNDENSERVICE

Kunden erinnnern sich genau daran, wo sie gut bedient wurden. In einem Ladengeschäft bedeutet Service zum Beispiel, Ware ordern zu können, die nicht vorrätig ist. Bekleidungsgeschäfte bieten oft einen Änderungsservice an. Wie gut der Service ist, kann darüber entscheiden, ob man den Kunden gewinnt oder verliert.

lassen sie die Namen von Mitbewerbern fallen und geben zu verstehen, dass sie auch diese um ein Angebot gebeten haben. Haben Sie als Einkäufer mit Firmenkunden zu tun, dann ist es günstig, Hintergrundwissen über das jeweilige Unternehmen zu besitzen. Wenn Ihnen zum Beispiel bekannt ist, dass sich die Firma in Liquiditätsschwierigkeiten befindet, können Sie einen besseren Preis herausschlagen, sobald Sie sofortige Bezahlung in Aussicht stellen.

DAS SPART ZEIT

Nutzen Sie das Feedback, das Sie von Ihren Kunden erhalten, um stets auf dem Laufenden zu sein. So können Sie sofort auf Marktveränderungen reagieren und Ihre Produkte oder Dienstleistungen besser den Wünschen und Bedürfnissen Ihrer Kunden anpassen.

Kundenservice als Trumpfkarte

Sind viele Mitbewerber am Markt, liegt der Unterschied zwischen zwei Konkurrenten eventuell alleine beim Service. Der Dienst am Kunden zielt darauf ab, eine langfristige Beziehung zum Kunden aufzubauen. Der Kunde sollte ja nicht nur eine einmalige Bestellung tätigen, sondern immer wieder kommen. Wenn Ihnen ein Fehler unterlaufen ist, korrigieren Sie ihn so schnell wie möglich, und entschuldigen Sie sich für die Panne.

Häufig hat man auch mit Kunden zu tun, die aufbrausend oder wütend reagieren. Wichtig ist in so einer Situation vor allem, dass Sie die Ruhe bewahren. Bleiben Sie immer freundlich, und versuchen Sie, das Problem gütlich zu lösen.

Kundenorientiertheit bedeutet in der Praxis, dass Ihr Unternehmen sich an den Wünschen der Kunden ausrichtet. Versetzen Sie sich zunächst in die Lage Ihrer Kunden, egal ob Sie eine neue Marketing-Strategie, neue Produkte oder neue Dienstleistungen entwickeln, und überlegen Sie, wie Ihre Kunden darauf reagieren werden. Dienst am Kunden bedeutet auch, den Kunden ins Zentrum seiner unternehmerischen Bemühungen zu stellen.

WIE MAN EIN KUNDENORIENTIERTES UNTERNEHMEN WIRD

In der Praxis gibt es eine Reihe von Möglichkeiten, die Ihnen helfen, aus Ihrer Firma ein kundenorientiertes Unternehmen zu machen:

- Erstellen Sie eine Datenbank mit allen Kundendaten, und aktualisieren Sie sie regelmäßig.
- Stellen Sie Regeln auf, wie Anrufe entgegenzunehmen sind und wie viel Information am Telefon weitergegeben werden darf.
- Legen Sie zusammen mit Ihren Mitarbeitern fest, wer für welche Bereiche im Kundendienst zuständig ist.
- Schulen Sie alle Mitarbeiter, die mit Kunden in Kontakt kommen.
- Arbeiten Sie Strategien aus, die besagen, wie mit Ihren Großkunden oder besonders schwierigen Kunden umzugehen ist.
- Informieren Sie Ihre Kunden regelmäßig über neue Produkte und Dienstleistungen sowie über personelle Veränderungen.

FEEDBACK EINHOLEN

Kundenorientierte Unternehmen erhalten ein Feedback von ihren Kunden schon allein durch die kontinuierliche Kommunikation. Wer im Dialog bleibt, kann Meinungen und Vorschläge einholen. Beschwerden und Reklamationen sind ebenfalls hilfreich, vorausgesetzt, man geht konstruktiv mit ihnen um. Betrachten Sie jedes Feedback als eine Möglichkeit, mehr über die Bedürfnisse Ihrer Kunden zu erfahren. Sie können die Kunden auch ganz direkt um ihre Meinung bitten, etwa mittels eines Fragebogens. Natürlich könnten Sie nach der Erledigung eines Auftrags telefonisch nachfragen, ob die Arbeiten wunschgemäß erledigt wurden oder die Lieferung den Vorstellungen entsprach. Ein indirektes Feedback wäre etwa eine erneute Bestellung oder ein Folgeauftrag.

17
17
ZÓNA
TOPI

EXISTENZ-sicherung

Die Tatsache, dass die eigene Firma im Geschäft geblieben ist, liefert den Beweis für den Erfolg Ihrer Marketing-Strategie. Eine regelmäßige Analyse der Umsatzzahlen ist dazu ebenso erforderlich wie das Erkennen von Trends und Gelegenheiten, aber auch Gefahren, die sich auf das Unternehmen auswirken könnten. Schließlich müssen Sie in der Lage und bereit sein, auf jede Veränderung der Situation angemessen zu reagieren.

ANALYSE DER UMSATZZAHLEN

Die Umsatzanalyse gehört zu den wichtigsten Aufgaben einer erfolgreichen Unternehmensführung und bildet einen wesentlichen Bestandteil der Marktforschung. Anhand dieser Analyse können Sie erkennen, wie es um Ihr Unternehmen steht und ob sich Ihre Marketing-Strategie auszahlt. Auch Schwachstellen werden so deutlich. Mithilfe von Grafiken und Tabellen lassen sich die Ergebnisse der einzelnen Geschäftsbereiche darstellen. Wie bei allen Marketing-Aspekten darf man aber auch hier die Resultate nicht isoliert betrachten, sondern muss sie im gesamten Kontext analysieren.

Ihr System zur Erfassung der relevanten Unternehmensdaten sollte so einfach wie möglich sein, aber genügend Information für eine sorgfältige Analyse beinhalten. Jede Branche hat dabei ihre eigenen Informationsprioritäten, und diese Prioritäten sollte man regelmäßig überprüfen, um sicherzugehen, dass man auch die richtigen Informationen erfasst. Folgende Daten sind entscheidend für die Analyse:

- **UMSATZZAHLEN** Ihre monatlichen oder wöchentlichen Umsatzzahlen werden Ihnen zwar bekannt sein, aber haben Sie sie auch analysiert? Wie viel Prozent davon entfallen auf die jeweiligen Geschäftsbereiche, und wie verhalten sich die jetzigen Zahlen im Vergleich zu den Vormonaten oder Vorjahren? Können Sie bestimmte Trends entdecken?
- **KUNDEN** Wer sind Ihre Kunden? Repräsentieren sie einen Querschnitt der Bevölkerung? Was sind ihre Vorlieben? Wären genauere Angaben zu Alter, Geschlecht, Einkommen usw. nützlich? Wer kauft am häufigsten ein? Denken Sie bei der Planung einer neuen Marketing-Strategie an diese Zielgruppe oder an andere Kunden?
- **PRODUKT/DIENSTLEISTUNG** Welche Artikel verkaufen sich am besten? Steigt der Absatz eines bestimmten Artikels, bleibt er gleich,

FALLSTUDIE: Rentabilitätsstudie

HERR MARIO stellt im Familienbetrieb handgefertigte Pralinen her. Inzwischen zeichneten sich jedoch Marktveränderungen ab, und so möchte er wissen, auf welche Bereiche er seine Marketing-Bemühungen konzentrieren sollte. Derzeit verkauft sein Unternehmen große Mengen Schokoladenpralinen zu Discountpreisen an Supermärkte. Andererseits belieferte es zunehmend Geschenkartikelläden und erhält in unregelmäßigen Abständen Großaufträge aus dem Ausland. Seit kurzem verkauft das Unternehmen auch über Internet. Der Online-Vertrieb bingt zwar einen guten Preis, doch die Auftragsabwicklung ist aufwändig, und häufig werden Pralinen beim Versand beschädigt. Herr Mario steht nun vor dem Problem, zu unterschiedlichen Preisen und in unregelmäßigen Abständen getätigte Umsätze vergleichen zu müssen. Die einzige Möglichkeit ist, die Gewinnanteile der jeweiligen Bereiche zu vergleichen. Zu seiner Überraschung entdeckt er, dass er den größten Umsatz mit den Geschenkartikelläden macht, und beschließt, diesen Bereich weiter zu fördern.

oder fällt er gar? Wie rentabel ist jedes einzelne Produkt oder jede Dienstleistung?

- **Verkaufspersonal** Wie gut sind Ihre Verkäufer? Welchen Umsatz machen sie?

Mit einer effizienten Erfassungsmethode lässt sich eine solche Analyse in wenigen Stunden durchführen. Wenn Sie dennoch keine nützlichen Hinweise erhalten, müssen Sie sich überlegen, wie Sie Ihre Analysemethode ändern können. Folgende Fragen sollten Sie sich dabei stellen: »Was wollen meine Kunden von mir?«, »Gebe ich ihnen das, was sie von mir erwarten?« und »Was bringt mir jeder meiner Geschäftsbereiche in Relation zu Zeitaufwand, Investitions- und Lohnkosten ein?«

Jedes Unternehmen hat seine eigenen Anforderungen; es gibt daher keine festen Regeln zur Datenanalyse. Im Nachfolgenden sind beispielhaft vier verschiedene Unternehmen mit ihrem jeweiligen Analysesystem aufgeführt, wobei sich diese Methoden auf fast jeden kleinen bis mittelständischen Betrieb anwenden lassen.

Vergleich der Umsatzzahlen verschiedener Produkte
Dieses Kurvendiagramm zeigt die monatlichen Umsatzzahlen für fünf verschiedene Produkte eines Fast-Food-Restaurants. So sind Trends deutlich erkennbar. Eis verkaufte sich etwa in den Monaten Mai bis Oktober am besten.

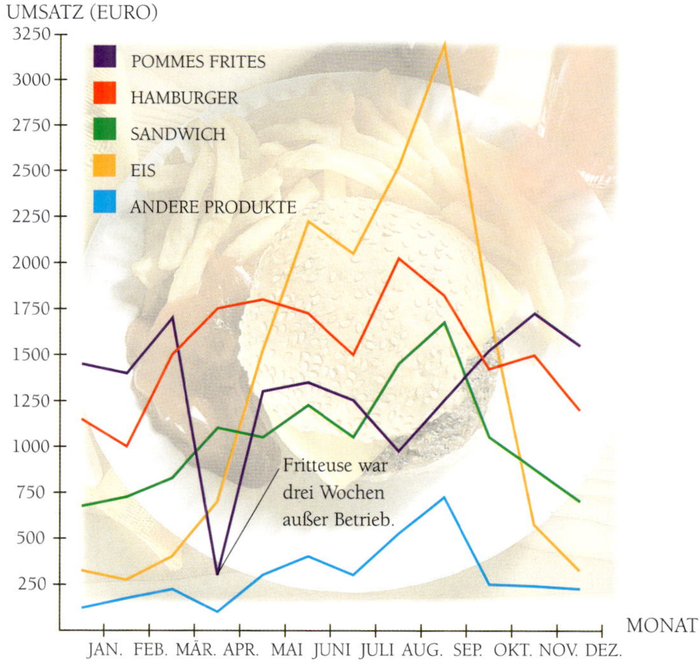

Beispiel 1: Vergleich der Umsätze über die Zeit

Ein Fast-Food-Restaurant möchte seine Umsatzzahlen über einen Zeitraum von einem Jahr analysieren. Auf Grund der zahlreichen Umsätze ist eine manuelle Erfassung unmöglich. Daten aus der Bestandsaufnahme wären schwierig zu interpretieren, sodass man nur nach Kassenregistrierung vorgehen kann. Die Umsätze lassen sich grafisch als Funktion darstellen. Außergewöhnliche Ereignisse fallen hier besonders auf. Diese Umsatz-Zeit-Funktion ist eine beliebte Darstellung zur Umsatzzahlenanalyse, da man auf diese Weise Trends ausmachen kann. Manchmal werden auf der Y-Achse je nach Unternehmen auch die Kundenzahlen oder die verkauften Stückzahlen eingetragen. Anhand dieser Grafik lässt sich feststellen, welche Produktlinien man je nach Saison fallen lassen oder ganz aufgeben sollte und welche man zu bestimmten Jahreszeiten noch durch entsprechende Werbung fördern könnte.

Beispiel 2: Umsätze im Vergleich zum Gesamtbestand

Der Inhaber eines Geschäfts für Damenoberbekleidung (Röcke, Blusen, Strick- und Strumpfwaren sowie Accessoires) möchte herausfinden, welche Artikel sich am besten verkaufen. Diese Information ist außerordentlich wichtig, damit die Ladeninhaber den begrenzten Einkaufsetat für die rentabelsten Produktlinien und Artikel verwenden können. Die zur Analyse notwendigen Daten könnten auf dreierlei Arten erfasst werden:

- über die Kassenregistrierung
- über eine manuelle Umsatzaufzeichnung
- über regelmäßige Inventur.

Die so gesammelten Daten lassen sich unterschiedlich interpretieren. Angenommen, man möchte wissen, welche Preiskategorie einer bestimmten Produktlinie sich am besten verkauft. In der Tabelle (unten) sind dazu die Umsatzzahlen der Röcke aufgeführt. Es wird deutlich, dass sich die Boutique auf Röcke mit einem Preis von bis zu 30 Euro konzentrieren sollte (die 80 Prozent des Umsatzes ausmachen). Dieses Prinzip lässt sich auch auf Größen oder Farben einer Produktlinie anwenden. Anhand dieser Erkenntnisse kann man seine Bestellungen gezielt ausrichten. Die einfachste Art, die Bestände zu ergänzen, ist es, verkaufte Artikel nachzuordern. Wenn man weiß, welche Artikel sich am besten verkaufen, kann man dies bei der Bestellung berücksichtigen. Einkaufen und Lagerbestände ergänzen ist jedoch ein komplizierter Prozess, der sich nicht ausschließlich auf Umsatzdaten der vergangenen Monate oder Jahre stützen darf.

Lernen Sie aus den Umsatzanalysen für die Zukunft Ihres Unternehmens.

Eine weitere Analysemöglichkeit ist die Gliederung in verschiedene Warenkategorien unter Angabe der jeweils verkauften Stückzahlen. Die Verkaufszahlen müssen dabei im Verhältnis zum Gesamtbestand angegeben werden, da ansonsten kein echter Vergleich möglich ist. Zum besseren Überblick empfiehlt es sich, die Daten grafisch darzustellen (das Beispiel eines Säulendiagramms ist auf Seite 165 abgebildet). In der Praxis hat man häufig das Problem, dass ständig neue Ware geliefert wird, also der Lagerbestand kontinuierlich schwankt. Daher sollte man den anfäng-

Welche Ware zu welchem Preis geht am besten

Wie viel die Produkte einer bestimmten Preiskategorie zum Gesamtumsatz beigetragen haben, lässt sich errechnen, indem man den Durchschnittspreis mit dem Gesamtumsatz der jeweiligen Preiskategorie multipliziert. Wenn man dann die Umsätze der einzelnen Kategorien addiert, erhält man den Gesamtumsatz an Röcken und kann ausrechnen, zu wie viel Prozent jede Kategorie zum Gesamtumsatz beigetragen hat.

Preis-kategorie	Gesamtbestand (an Röcken)	Umsatz (Röcke)	Umsatz (in % vom Gesamtbestand)	Umsatz (in % vom Gesamtwert der Röcke)
Unter 15 Euro	10	7	70 %	4 %
16–30 Euro	21	17	81 %	14 %
31–45 Euro	32	24	75 %	32 %
46–60 Euro	28	16	57 %	30 %
61–75 Euro	15	6	40 %	15 %
Über 75 Euro	8	2	25 %	5 %

lichen Bestand zu Grunde legen und die Warenmenge, die während des Analysezeitraums hinzukam, dazuaddieren – das ergibt dann den Gesamtbestand. Besonders aufschlussreich ist es, wenn man diese Analyse in regelmäßigen Abständen wiederholt und dann die Grafiken miteinander vergleicht.

In unserem Beispiel verkaufen sich Accessoires und Strumpfwaren im Vergleich zur Lagermenge besonders gut. Obwohl die Accessoires den kleinsten Anteil am Gesamtumsatz ausmachen, liegt bei ihnen die Gewinnspanne höher als bei den anderen Produkten. In welchem Maß ein Produkt oder eine Produktlinie zum Gesamtgewinn beiträgt, ist ebenfalls ein wichtiger Faktor.

Die Daten lassen sich ebenfalls anhand eines Kreisdiagramms darstellen. Auch hier wird deutlich, in welchem Maß jede Produktlinie zum Gesamtumsatz beiträgt. Über die Zeit ließe sich hiermit genauso verfolgen, welche Produktlinie an Bedeutung zu- oder abgenommen hat. Der Ladenbesitzer könnte dann eine weniger erfolgreiche Produktlinie zu Gunsten einer anderen aufgeben.

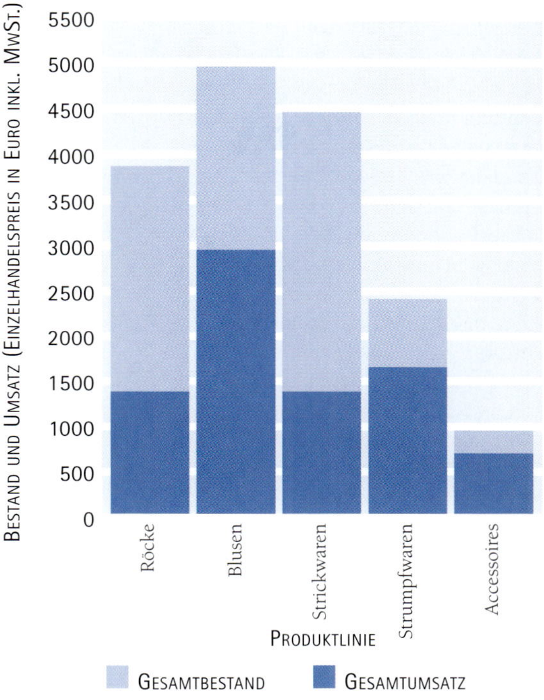

WELCHE PRODUKTLINIE VERKAUFT SICH AM BESTEN
Bei diesem Säulendiagramm ist der Gesamtbestand einer Produktlinie hellblau dargestellt, der Gesamtumsatz, der mit dieser Produktlinie in einem bestimmten Zeitraum (ein Monat, ein Quartal oder eine Saison) erzielt wurde, dagegen dunkelblau.

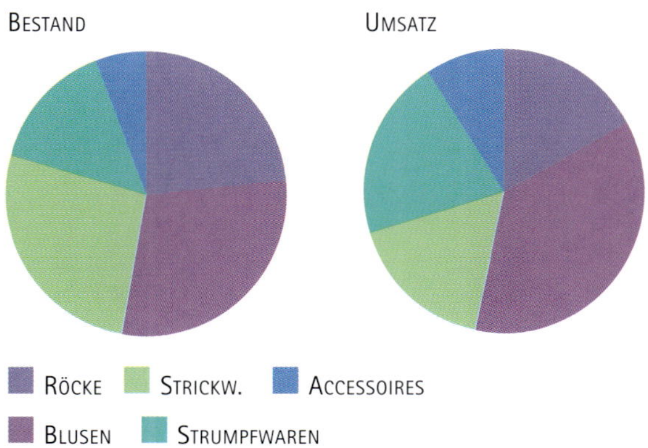

UMSATZANTEILE ANALYSIEREN
Diese Kuchendiagramme liefern die gleiche Information wie das Säulendiagramm und geben darüber hinaus Aufschluss darüber, in welchem Maß jede Produktlinie zum Gesamtbestand bzw. Gesamtumsatz beiträgt. Beim Vergleich beider Diagramme erkennt man, wie gut sich jede Linie verkauft. Blusen und Strumpfwaren erbringen, verglichen mit dem Lagerbestand, beispielsweise den höchsten Umsatz.

BEISPIEL 3: UMSATZ-ANALYSE NACH GEBIET

Wenn man die Umsätze verschiedener Vertriebsgebiete vergleichen will, lassen sich die nötigen Daten anhand der Warenrechnungen und der Provisionen ablesen und können dann in einer Verkaufskurve dargestellt werden. Hierbei wird vorausgesetzt, dass die Vertriebsgebiete je ein etwa gleich großes Kunden- und damit Umsatzpotenzial bieten. Ist dies nicht der Fall, muss man einen Ausgleichsfaktor dazurechnen (man könnte etwa sagen, dass ein Gebiet zwei Drittel eines anderen Gebiets entspricht); dieser Faktor ist allderdings ein Schätzwert.

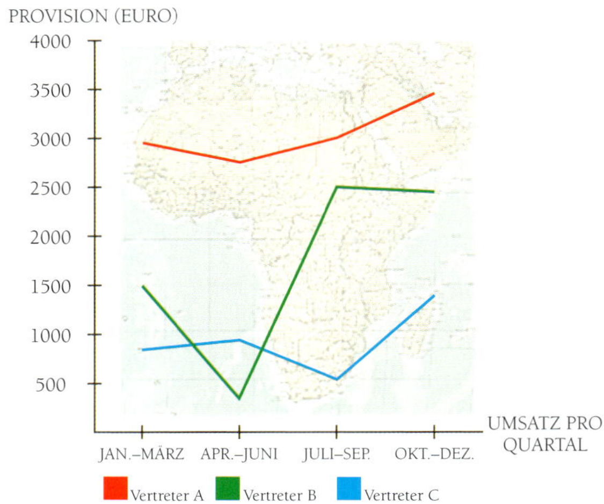

UMSATZZAHLENVERGLEICH BEI VERTRETERN

Hier werden die Umsatzerlöse von drei Vertretern in ihren Vertriebsgebieten dargestellt. A tätigt kontinuierlich hohe Umsätze, während B und C nur sporadisch erfolgreich sind.

BEISPIEL 4: UMSATZ PRO KUNDE

Eine Druckerei, die hauptsächlich für andere Firmen tätig ist, möchte herausfinden, wie viel jeder Kunde zum Umsatz beiträgt. Anhand der Rechnungen aus dem letzten Jahr wurde eine Tabelle erstellt, auf deren Grundlage man erkennen kann, welcher Kunde am meisten einbringt. Nun kann man die Verkaufsbemühungen auf die rentabelsten Bereiche konzentrieren (und nicht wie bisher nach dem Gießkannenprinzip). Diese Daten lassen sich grafisch darstellen. Die Methode funktioniert auch bei Produktionsunternehmen.

WELCHER KUNDE BRINGT WIE VIEL UMSATZ?

Die Tabelle stellt die Umsätze der letzten zwei Jahre dar. Man erkennt, dass die verkauften Stückzahlen im zweiten Jahr um 24 Prozent zurückgegangen sind und auch, welcher Kunde wie viel geordert hat. Vielleicht denkt das Unternehmen auch über die Konsequenzen nach, die ein Verlust seines größten Kunden hätte.

KUNDEN	UMSÄTZE 1999		UMSÄTZE 2000	
	UMSATZ (EINHEITEN)	ANTEIL AM UMSATZ	UMSATZ (EINHEITEN)	ANTEIL AM UMSATZ
ABC-VERLAG	510	66 %	404	65 %
GEMEINDE	26	3 %	33	5 %
LILLIG-VERSAND	84	11 %	75	12 %
EXPORT	126	16 %	105	17 %
ANDERE	28	4 %	8	1 %
GESAMT	774	100 %	625 (-19 %)	100 %

Welche Maßnahmen soll man ergreifen?

Aus der Umsatzanalyse soll nicht nur die Gesamtleistung des Unternehmens hervorgehen, sondern auch die Erfolgsbilanz der einzelnen Geschäftsbereiche. Neben dem Jahresabschluss ist dies die beste Möglichkeit zur Bewertung der Unternehmenssituation. Die Analyse kann zu unterschiedlichen Ergebnissen führen. Sie werden vielleicht feststellen, dass Sie einige Unternehmensbereiche stärker fördern, andere dagegen eventuell sogar aufgeben müssen. Die Daten sollten allerdings nicht isoliert betrachtet werden, sondern in einem breiteren Kontext. So spielen etwa die Analyse von Branchentrends und das Verhalten der Konkurrenz ebenfalls eine wichtige Rolle für die Entscheidungsfindung.

Als Einzelhändler möchte man vielleicht wissen, in welchem Maß die einzelnen Produktlinien zum Gesamtgewinn beitragen. Der Gewinnbeitrag ist abhängig von der Gewinnspanne und dem Umsatz der jeweiligen Produktlinie. Aus diesen Daten kann sich in Verbindung mit einer Umsatzzahlenanalyse eine besonders umsatzträchtige und Gewinn bringende Linie abzeichnen. Diese Linie könnte man dann stärker fördern, indem man sie zum Beispiel an einer auffälligen Stelle in die Auslage stellt oder mehr davon nachbestellt.

Einzelhändler sollten einmal wöchentlich eine Umsatzanalyse machen.

Ein weiterer wichtiger Berechnungsmodus im Einzelhandel ist der Jahresumsatz, bezogen auf die Verkaufsfläche. Das errechnet man, indem man den Jahresumsatz durch die Gesamtverkaufsfläche teilt. Um die eigene Leistung einschätzen zu können, muss man jedoch die branchenüblichen Durchschnittswerte kennen.

Wenn ein Unternehmen im Verkauf mehrere Mitarbeiter beschäftigt, ist ein Vergleich der von den jeweiligen Mitarbeitern erzielten Umsätze und Verkaufstermine sehr nützlich. Dadurch lässt sich auch erkennen, ob zu viel Zeit auf den Verkauf von etablierten Produkten an Altkunden entfällt und zu wenig Neukunden akquiriert werden oder umgekehrt.

Ausschlaggebend für jede Umsatzanalyse ist die Beobachtung langfristiger Trends. Manche Trends sind sehr kurzlebig, andere wiederum zyklisch. Sie geben Aufschluss darüber, welche Produktlinien man unmittelbar fördern muss. Nur die langfristigen Trends, die sich allein durch sorgfältige Beobachtung über einen längeren Zeitraum erfassen lassen, zeigen einem, was in Zukunft aktuell sein wird und was nicht. Auf diese Weise kann man seine Marketing-Strategie auf einer soliden Basis planen oder entsprechend ändern und anpassen.

DAS SPART ZEIT

Versuchen Sie, Ihre Umsatzanalysen direkt am Computer zu erstellen. Mit den meisten Tabellenkalkulationsprogrammen lassen sich Grafiken und Diagramme problemlos erstellen. Auf diese Weise verschaffen Sie sich rasch einen Überblick über die jeweilige Situation.

MARKTVERÄNDERUNGEN UND KONKURRENZ

In jeder Branche kann es vorkommen, dass sich der Markt ganz anders verhält, als man es bei Aufstellung des Marketing-Plans angenommen hatte. Anstelle der geplanten Umsätze kann es zu Umsatzeinbrüchen oder unerwartet hoher Nachfrage kommen. Oder die Konkurrenz bereitet mehr Probleme, als erwartet. Jede Situation verlangt dabei ihren eigenen Lösungsansatz. Und als Unternehmen muss man in der Lage sein, auf jede Situation schnell und flexibel zu reagieren.

Bei der Analyse der Umsatzzahlen (siehe S. 162–167) sollte man mit der Zeit gewisse Tendenzen erkennen können. Zeichnet sich ein unerwünschter Trend ab, sollte man so schnell wie möglich korrigierende Maßnahmen ergreifen. Bei Angriffen der Konkurrenz muss man ebenfalls blitzschnell reagieren.

Rückläufige Umsatzzahlen korrigieren

Selbst erfolgreiche Firmen haben manchmal Einbrüche zu verzeichnen. Um diese, unter Umständen ernste Gefahr rechtzeitig zu erkennen, sollte man regelmäßig Cash-Flow-Prognosen erstellen – wie viel Geld kommt herein und wie viel fließt aus dem Unternehmen wieder heraus. Wenn man eine rückläufige Tendenz entdeckt hat, gilt es, schnell zu reagieren. Zuerst sollte man die Fixkosten auf ein Niveau reduzieren, das man mit den Umsätzen erwirtschaften kann. Zu den Fixkosten zählen beispielsweise Strom, Löhne und Gehälter, Miete und Pacht. Wenn es gelingt, die Fixkosten zurückzuschrauben, hat man etwas Zeit gewonnen.

Jetzt muss man sich überlegen, wie man die Umsätze wieder erhöhen kann. Entscheidend ist, dass man einen kühlen Kopf bewahrt und nicht überstürzt zu falschen Maßnahmen greift. Eine genaue Analyse des Marketing- und Verkaufsprozesses bringt nähere Aufschlüsse:

FALLSTUDIE: Umsatzrückgänge hinterfragen

J. UND M. KRISCHKA führten seit einem Jahr ein gut gehendes Bistro in der Innenstadt, und plötzlich fiel der Umsatz, was beide in keinster Weise für möglich gehalten hatten. Das erste Geschäftsjahr war sehr hektisch, aber gut gelaufen, sodass den beiden keine Zeit für Umsatzanalysen blieb. Jetzt mussten sie ihre Zahlen überprüfen. Daneben sprachen sie auch mit Stamm- und Neukunden. Dabei stellte sich heraus, dass viele ihrer Kunden von einer großen Investmentfirma, die ihren Hauptsitz in einer Nebenstraße hatte, kamen. Diese Firma hatte vor kurzem die Arbeitszeiten umgestellt, um sie den ausländischen Aktienmärkten anzupassen. Das Bistro war aber zu den neuen Pausen- und Feierabendzeiten der Mitarbeiter geschlossen. Die Lösung lag klar auf der Hand: Die Krischkas führten neue Öffnungszeiten ein, und bald stiegen die Umsätze wieder an. Auch hatten sie bei ihren Nachforschungen noch weitere Geschäftsfelder entdeckt, die sie jetzt fördern konnten.

- **KUNDENSUCHE** Sind Werbung und verkaufsfördernde Maßnahmen erfolgreich? Wenn nicht, warum? Stellen Sie sicher, dass die Maßnahmen auch die Zielgruppe erreichen. Fragen Sie Neukunden immer, wie sie von Ihnen erfahren haben. Stimmen Sie Ihre Marketing-Strategie dann gezielt darauf ab.
- **INTERESSE DER KUNDEN WECKEN** Werden Ihre Produkte oder Dienstleistungen nachgefragt? Wird Ihr Angebot wahrgenommen? Werfen Sie einen kritischen Blick auf Ihre Produkte und Dienstleistungen, und fragen Sie Dritte nach ihrer Meinung. Vergleichen Sie Ihre Methoden mit denen der Konkurrenz. Prüfen Sie, ob sich die Marktbedingungen seit Ihrer Marktanalyse verändert haben.
- **BEDÜRFNISSE BEFRIEDIGEN** Warum kaufen die potenziellen Kunden nicht bei Ihnen? Haben Sie Probleme mit Ihren Preisen, oder vermitteln Sie nicht das richtige Image? Sie könnten Ihre Kunden um Verbesserungsvorschläge bitten.
- **VERKAUF** Sind Ihre Verkaufstechniken noch zufriedenstellend? Vielleicht sollten Sie sich und Ihrem Verkaufspersonal eine Schulung oder ein Auffrischungsseminar zur Optimierung Ihrer Verkaufstechniken gönnen.

WAS TUN BEI UMSATZRÜCKGANG?

✓ Es ist existenziell wichtig, genau zu wissen, wie hoch Ihr Umsatz mindestens sein muss.

✓ Informieren Sie Ihre Bank, wenn Sie den Kontokorrentkredit stark beanspruchen müssen.

✓ Legen Sie alle Investitionspläne vorübergehend auf Eis, bis die Umsätze wieder steigen.

✗ Können Sie zyklische oder saisonal bedingte Schwankungen als Ursache ausschließen?

✗ Sorgen Sie dafür, dass Sie mit Ihren Zahlungsverpflichtungen nicht in Rückstand kommen.

✗ Geraten Sie nicht in Panik – denken Sie erst nach, bevor Sie handeln!

Umsatzsteigerung bei Stagnation

Bei Nullwachstum sind die Umsätze gerade so hoch, dass die Fixkosten gedeckt und die Firmeninhaber ihr Salär entnehmen können, aber das Unternehmen selbst ist statisch und zeigt kein Anzeichen von Wachstum. Diese Wachstumsschwäche ist keineswegs gesund. Stagnation macht ein Unternehmen anfällig. Es testet keine neuen Märkte an, entwickelt keine neuen Produkte oder Dienstleistungen und könnte sich bei veränderten Marktbedingungen plötzlich auf dem Abstellgleis wiederfinden. Darüber hinaus reichen die Gewinne nicht für die Bildung von Rücklagen. Wachstumssteigerung muss als solches kein Unternehmensziel darstellen, aber hinter einer Wachstumsschwäche können sich andere Probleme verbergen, etwa eine rückläufige Marktentwicklung oder ein unzulänglicher Kundenstamm, der lediglich aus ein paar wenigen Großkunden besteht.

Stellen Sie genaue Nachforschungen an, bevor Sie eine Entscheidung treffen.

Ein Lösungsansatz bei Nullwachstum wäre folgender: Das laufende Geschäft bleibt relativ unverändert (es ist ja nach wie vor existenzfähig), aber man setzt gleichzeitig Ressourcen (Arbeitszeit und Geld) für eine Diversifizierung ein. Diese könnte aus der Einführung neuer Dienstleistungen oder der Modernisierung von Produkten bestehen. Wichtig ist, dass man zuvor eine gründliche Marktanalyse vornimmt.

Das größte Hindernis, das diesen Maßnahmen im Weg stehen kann, ist das Unvermögen des Managements, Veränderungen einzuleiten. In diesem Fall könnte man für den Übergang neue Führungskräfte einstellen, die frischen Wind in die Firma bringen. So wäre es etwa möglich, einen neuen Gesellschafter aufzunehmen, dessen Fähigkeiten die eigenen ergänzen, oder man lässt sich von einem Unternehmensberater unterstützen.

Kontrolliertes Wachstum optimal nutzen

Die meisten Unternehmen streben nach kontrolliertem Wachstum. Doch wie wächst man am besten? Wenn die Marketing-Strategie erfolgreich war und das Unternehmen gewachsen ist, sollte man diesen Erfolg mit einer soliden Unternehmensstruktur konsolidieren. Der herkömmliche Expansionsweg bestand darin, zunächst immer mehr Mitarbeiter einzustellen und dann Führungskräfte anzuheuern. Damit entstehen aber neue Probleme, da die Führungskräfte wertvolle Zeit mit der Suche und der Ausbildung neuer Arbeitskräfte verlieren. Hier empfehlen sich folgende Alternativen:

OUTSOURCING

Outsourcing bedeutet, firmeninterne Arbeiten nicht von Mitarbeitern, sondern von Dritten erledigen zu lassen. Auf diese Weise kann man kurzfristig reagieren und spart zudem Fixkosten. Beachten Sie dabei aber die neue Gesetzesänderung zu freiberuflichen Mitarbeitern – schnell entsteht eine so genannte Scheinselbstständigkeit. Alternativ dazu könnte man auch einen Teil der Arbeit über einen Subunternehmervertrag an eine andere Firma abtreten.

GESELLSCHAFTER ODER PARTNER AUFNEHMEN

Mit zunehmendem Wachstum werden Kapital und Führungskräfte knapp. In diesem Fall könnten Sie einen Gesellschafter oder Partner aufnehmen. Bevor Sie eine derartige Entscheidung treffen, sollten Sie die fachliche und menschliche Eignung des Kandidaten eingehend prüfen. Ein neuer Gesellschafter oder Partner, der auch finanziell am Unternehmen beteiligt ist, übernimmt damit Verbindlichkeiten und will über die wirtschaftliche Situation des Unternehmens Bescheid wissen. Bevor man jedoch neue Gesellschafter oder Partner mit in die Firma aufnimmt, sollte man sich, wegen der langfristigen Auswirkungen, die eine solche Maßnahme hat, von seinem Steuerberater und Rechtsanwalt ausführlich beraten lassen.

DAS SPART GELD

Holen Sie juristischen und finanziellen Rat ein, und führen Sie eine Marktanalyse durch, bevor Sie tief greifende Änderungen an Ihrer Unternehmensstruktur vornehmen. Große Veränderungen kommen fast einer Neugründung gleich – guter Rat wird Ihnen helfen, weiter auf Erfolgskurs zu bleiben.

FRANCHISING

Franchising kann besonders für Dienstleistungsunternehmen eine interessante Alternative darstellen, vor allem, wenn sie über einen festen Kundenstamm verfügen und ihre Geschäftsidee anderswo gut reproduzierbar ist. Franchising ist eine Lösung, auf die viele schnell wachsende Unternehmen gerne zurückgreifen, verlangt aber einen hohen Zeit- und Kostenaufwand (siehe S. 55–57).

Die Expansion Ihres Unternehmens sollte nicht auf Kosten Ihrer besten Kunden gehen.

EXPANSION DURCH AKQUISITION

Auch kleine Unternehmen können rasch expandieren, indem sie eine andere Firma übernehmen. Damit stehen auf einen Schlag höhere Marktanteile, mehr Verkaufsstellen, vermehrte Kaufkraft und vielleicht auch größere Produktionskapazitäten zur Verfügung. Hier ist Rechtsberatung unabdingbar.

LIZENZVERTRÄGE

Anstatt selbst neue Märkte zu erschließen, kann man über Lizenzverträge andere Unternehmen mit dieser Aufgabe betrauen – und sich an den Lizenzgebühren erfreuen. Lizenzvergabe eignet sich vor allem für die Expansion ins Ausland. Lassen Sie sich von einem Fachanwalt beraten.

Schnelles Wachstum managen

Ein schnelles Wachstum ist das Ergebnis einer erfolgreichen Marketing-Politik, doch es birgt auch Risiken. Wenn die Umsätze sprunghaft ansteigen, steigt gleichzeitig auch der Kapitalbedarf. Man braucht jetzt größere Lagerbestände, muss neue Mitarbeiter einstellen oder mehr Kunden Kredite gewähren. Zusätzlich benötigt das Unternehmen neue Anlagen und Möbel, der Fuhrpark muss erweitert werden, und die Räumlichkeiten sind ebenfalls nicht mehr ausreichend. Dieses zusätzliche Kapital ist in der Regel über einen Bankkredit zu finanzieren, da die Banken ein florierendes Unternehmen gerne unterstützen – solange die finanziellen Kontrollhebel an der richtigen Stelle sitzen. Zu diesen Kontrollmechanismen zählten eine professionelle Buchhaltung, die Erfassung aller aktuellen Unternehmensdaten, regelmäßige Cash-Flow-Prognosen und die Betreuung durch einen Steuerberater.

Eine rasche Umsatzsteigerung lässt sich nicht immer über einen längeren Zeitraum aufrechthalten, und sollten die Umsätze einmal einbrechen, stellt man eventuell fest, dass man zu viele Verpflichtungen eingegangen ist. Seien Sie also vorsichtig mit großen Entscheidungen, die auf Ihrem rasanten Wachstum basieren! Die Umsätze können schnell zurückgehen, wenn Ihre erfolgreiche Idee plötzlich Nachahmer findet, die Ihnen Marktanteile streitig machen.

Auch nach einer schnellen Wachstumsphase muss das Management kritisch geprüft werden. Manche Führungstechniken mögen bisher angebracht gewesen sein, müssten aber auf Grund der veränderten Voraussetzungen in den Bereichen Finanzen und Controlling, Personalführung, Anlageinvestitionen usw. neu überdacht werden. Glücklicherweise gehören Veränderungen im Führungsstil zu den Problemen, die sich relativ leicht lösen lassen – und sei es durch die Einstellung neuer Führungskräfte oder die Beiziehung eines Unternehmensberaters.

Über den Umgang mit den Mitbewerbern

Wenn ein Markt Platz für mehr als ein Unternehmen einer Branche bietet, führt das Erscheinen eines Mitbewerbers zu einem gesunden Wettbewerb. Wenn ein regional begrenzter Markt allerdings keine zusätzliche Konkurrenz verträgt, kommt es zum Kampf. Besonders kritisch wird die Situation, wenn mehrere Firmen um einen zu kleinen Markt wetteifern.

Wettbewerb ist in fast jeder Branche unvermeidlich. Dieser Tatsache muss man in seiner Marketing-Strategie Rechnung tragen (siehe S. 68–73). Nur wenn sich bestehende Mitbewerber verändern oder neue Konkurrenz auf den Markt kommt, muss man zusätzliche Maßnahmen ergreifen. Es gibt kleine und mächtige Mitbewerber, aber besonders schwer ist indirekte Konkurrenz auszumachen. Wenn Sie etwa ein Minibus-Unternehmen leiten, könnten Sie versucht sein, anzunehmen, dass Ihre einzigen

Häufige Fehler im Umgang mit der Konkurrenz

1. Die Reaktion der Mitbewerber über- oder unterschätzen
2. Das Vertrauen darauf, dass einem die Konkurrenz nichts anhaben kann
3. Die Gerissenheit mancher Konkurrenten unterschätzen
4. Mitbewerbern bei öffentlichen Veranstaltungen aus dem Weg gehen
5. Sich die Flexibilität eines kleinen Unternehmens nicht zu Nutze zu machen
6. Davon ausgehen, dass ein großer Konkurrent nicht angreifbar ist
7. Außer Acht lassen, dass Konkurrenten auch übernommen werden können
8. Die Schwächen der Konkurrenz nicht ausnutzen

Konkurrenten andere Minibus-Unternehmen seien. Tatsächlich zählen zu den Mitbewerbern aber sämtliche öffentliche Verkehrsmittel wie Busse, Taxis, U-Bahn oder auch Regionalzüge. Es gibt ganz unterschiedliche Möglichkeiten, um mit Mitbewerbern umzugehen, je nachdem, ob es sich um friedliche oder feindliche Konkurrenz handelt.

»Friedliche« Konkurrenz

Unter »friedlicher« Konkurrenz kann man Unternehmen verstehen, die vorwiegend auf ihrem Gebiet bleiben oder sich mit Ihnen die gleichen Kunden teilen, wobei die Marktanteile jeweils unverändert bleiben. Selbst wenn ein solches Unternehmen expandiert, wächst es nicht auf Ihre Kosten. Es ist meist gut etabliert, stiehlt Ihnen weder Ihre Kunden noch Ihre Ideen und nimmt auch Sie nicht als Bedrohung wahr – ein Status der friedlichen Koexistenz. Sie sind zufrieden mit der Situation, und wenn der Konkurrent mächtiger ist als Sie, vielleicht sogar froh. Es ist aber nicht gesagt, dass die Situation friedlich bleibt – behalten Sie daher Mitbewerber immer im Auge. Als Anzeichen von gefährlicher Veränderung ist zu werten, wenn der Konkurrenzbetrieb:

- einen Managementwechsel vornimmt
- in größere Räumlichkeiten umzieht
- mit einem anderen Unternehmen fusioniert

Strategie für den Umgang mit der Konkurrenz

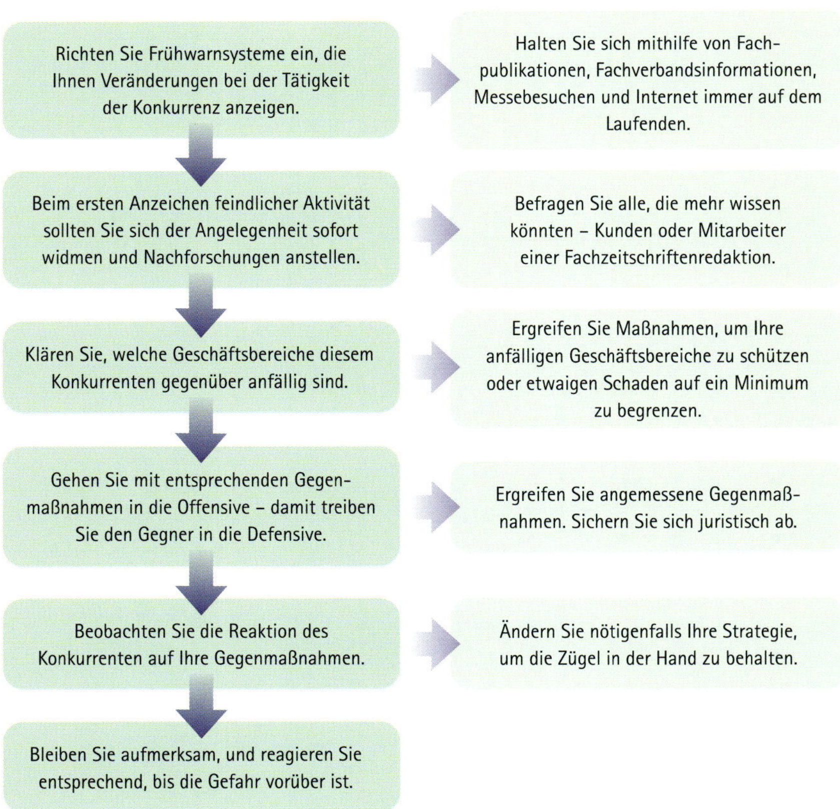

- mehr Personal einstellt
- Kapital erhöht (z.B. durch einen Börsengang)
- plötzlich ähnliche Produkte oder Dienstleistungen auf den Markt bringt wie Sie.

In jedem dieser Fälle sollten Sie Nachforschungen anstellen. Bringt das Konkurrenzunternehmen plötzlich Produkte auf den Markt, die sich von den Ihren kaum unterscheiden, kann es nicht mehr als »friedliche« Konkurrenz bezeichnet werden.

»Feindliche« Konkurrenz

Ein »feindlicher« Konkurrenzbetrieb stellt eine echte Bedrohung für Ihr Unternehmen dar, da er versucht, Ihnen Kunden und damit Marktanteile streitig zu machen. Der Grad der Feindseligkeit reicht dabei von so genanntem »gesunden« Wettbewerb (wenn man selbst betroffen ist, empfindet man diesen Wettbewerb als alles andere als gesund …) bis hin zu sehr aggressivem. Ein Konkurrent aus der letzteren Gruppe wird alles daran setzen, Ihr Unternehmen in den Konkurs zu treiben oder Sie zumindest aus diesem Marktsektor zu verbannen, und dazu wird ihm fast jedes Mittel recht sein.

> *Sichern Sie sich juristisch ab, bevor Sie sich öffentlich über Konkurrenten äußern.*

Ein derart aggressiver Konkurrent wird einen ausgeklügelten Plan ausarbeiten und zu unmoralischen, unter Umständen auch illegalen Maßnahmen greifen. Er könnte Folgendes tun:

- Ihre Firma in einen Preiskampf verwickeln
- Gerüchte über Ihr Unternehmen verbreiten
- Ihnen Kunden abjagen
- Ihre besten Mitarbeiter abwerben
- Ihre Lieferquellen und Vertriebskanäle sabotieren
- Juristische Schritte gegen Sie einleiten.

Sie müssen so viel wie möglich über die Konkurrenz in Erfahrung bringen (siehe S. 21–22). Den Angriffen können Sie so entgegentreten:

- **PREISKRIEG** Ein Preiskrieg kann vernichtend sein. Kommt es zu einem Zermürbungskrieg, kann das für das schwächere Unternehmen mit den begrenzteren Mitteln das Ende bedeuten, aber auch zum Konkurs beider Unternehmen führen. Die größte Gefahr stellt ein Angreifer dar, der Teil eines größeren Konzerns ist, denn dieser kann bestimmte Preise beinahe unbegrenzt niedrig halten (so lange, bis Ihr Unternehmen ruiniert ist), da die Gewinne aus den anderen Bereichen diese Verluste mit Leichtigkeit auffangen. Im Allgemeinen sollte man Preiskriege unbedingt vermeiden. Wird man jedoch durch einen Angreifer in einen solchen Konflikt verwickelt, sollte man wissen, was zu tun ist:

  Zunächst müssen Sie nicht notwendigerweise die Preise senken, um wettbewerbsfähig zu bleiben. Das hängt von folgenden Faktoren ab: der Preisempfindlichkeit Ihrer Ware, der Häufigkeit, mit der ein Kunde auf Sie oder den Konkurrenten zurückgreift (Kommen und gehen die Kunden oder sind es immer die gleichen?), Komfort und besonderen Qualitäten (wenn Ihre Produkte oder Dienstleistungen über Eigenschaften verfügen, die Ihr Mitbewerber nicht hat, müssen Sie Ihre Preise vielleicht gar nicht senken). Konzentrieren Sie sich auf die Eigenschaften, die Ihre Ware von der der Konkurrenz unterscheidet. Wenn Sie jedoch das Gefühl haben, die Preise senken zu müssen, dann senken Sie sie nur auf das Preisniveau des Angreifers, oder bleiben Sie geringfügig darüber, um ihn von einer weiteren Preissenkung abzuhalten.
- **GERÜCHTE VERBREITEN** Das Verbreiten von Unwahrheiten über Ihre Firma ist eine sehr wirkungsvolle Kampagne, der man unbedingt entgegentreten muss. Die Gerüchte, die über Sie ausgestreut werden, sollen irreführen. Oft gibt es keine Zeugen, sodass Sie auch keine gerichtlichen Schritte einleiten können. Ein Konkurrent kann Kunden oder die Medien gezielt desinformieren, und irgendwas davon bleibt sicher haften. Lügenpropaganda lässt sich nur mit Gegenpropaganda bekämpfen. Das kann entweder defensiv erfolgen, indem

man die Falschinformation richtig stellt, oder den Gegner direkt angreift und ihn damit in die Defensive treibt (Holen Sie dazu vorab juristischen Rat ein!). Einen Angriff können Sie erwägen, wenn Sie sicher wissen, dass Ihre Produkte oder Dienstleistungen besser oder günstiger sind als die des Konkurrenten – aber bedenken Sie auch, wie Ihr Konkurrent darauf reagieren wird. Am wirkungsvollsten treten Sie Gerüchten entgegen, indem Sie das Herz Ihrer Kunden, gewinnen. Bemühen Sie sich um Ihre Kunden, und halten Sie sie auf dem Laufenden! Einen Vorteil haben Sie auf jeden Fall – es wird nicht gern gesehen, wenn ein Geschäftspartner schlecht über seine Mitbewerber redet.

- **KUNDEN ABWERBEN** Ein Konkurrent, der die Preise senkt und Gerüchte über Sie verbreitet, will Ihnen ganz offensichtlich Kunden abspenstig machen. Manchmal wird er aber auch noch direkter. Wenn Sie zum Beispiel nur mit wenigen Kunden arbeiten (was im Handel zwischen Unternehmen üblich ist), wird Ihr Konkurrent unter Umständen Ihre Kunden persönlich aufsuchen und ihnen Lockangebote unterbreiten, damit sie zu ihm überwechseln. Pflegen Sie in diesem Fall einen noch engeren Kontakt mit Ihren Kunden. Auf diese Weise erfahren Sie nicht nur Näheres darüber, was Ihr Konkurrent unternimmt, erzählt oder verspricht. Sie vermitteln Ihrem Kunden so gleichzeitig das Gefühl, dass er Ihnen wichtig ist – und nebenbei bleiben Sie ihm im Gedächtnis.
- **MITARBEITER ABWERBEN** Gute Mitarbeiter in Schlüsselfunktionen Ihres Unternehmens zu verlieren birgt zunächst zwei Gefahren: Zum einen könnten sie Ihrem Konkurrenten Insider-Wissen über Ihren Betrieb verraten. Daher sollte man vertrauliche Themen nicht mit Mitarbeitern besprechen (und vertrauliche Unterlagen immer unter Verschluss halten) oder, wenn es sich nicht vermeiden lässt, nur auf das Notwendigste beschränken. Zum anderen verfügt ein guter Mitarbeiter über Fähigkeiten, für die so schnell kein Ersatz zu finden ist. Das ist vor allem in kleinen Betrieben der Fall, wenn ein Mitarbeiter auf eine bestimmte Tätigkeit schon lange spezialisiert ist. Von Vorteil ist es, wenn man für jeden Mitarbeiter in einer Schlüsselposition eine Vertretung hat, die ihn beim Ausscheiden oder im Krankheitsfall ersetzen kann.

  Dass Mitarbeiter abgeworben werden, lässt sich auch vermeiden, indem man für ein angenehmes Betriebsklima sorgt. Würdigen Sie Arbeit Ihrer Mitarbeiter nicht nur verbal, sondern auch finanziell, und übertragen Sie ihnen Verantwortung.
- **SABOTAGE DER LIEFERQUELLEN** Das ist eigentlich nur dann möglich, wenn Ihnen nur eine begrenzte Anzahl von Lieferanten zur Verfügung steht und Ihr Konkurrent wesentlich größere Mengen ordert als Sie. Die Sabotage der Lieferquellen hat gravierende Folgen für Sie. Suchen Sie daher Ihre Lieferanten umgehend auf, und versuchen Sie, den Kontakt wieder herzustellen. Manchmal bleibt einem nur, sich möglichst schnell nach neuen Lieferanten umzusehen, eventuell auch im Ausland. Eine raffinierte Möglichkeit besteht darin, sich einen Verbündeten zu suchen, den der Lieferant schätzt (oder auch fürchtet) und der ein gutes Wort für einen einlegt. Ein Eingriff in die Vertriebsstruktur ist für den Konkurrenten gewöhnlich schwerer. Nichtsdestotrotz sollten Sie sich aber überlegen, wo die Schwachstellen Ihres Ver-

INSIDER-TIPP

Vermeiden Sie Konfrontation, vor allem mit größeren Konkurrenten. Wenn Sie auf deren Territorium eindringen, wird man Sie nicht lange ignorieren. Solange Ihre Firma nicht etabliert ist, sollten Sie sich besser Marktnischen suchen, in denen die Konkurrenz nicht tätig ist. Geben Sie sich bescheiden – ein Mitbewerber wird Sie unbehelligt lassen, wenn er Sie für unbedeutend hält.

triebs liegen, und dann schnell etwas dagegen unternehmen – bevor es Ihr Konkurrent tut.

- **JURISTISCHE SCHRITTE** Um juristisch gegen Sie vorzugehen, genügt auch schon der kleinste Vorwand. Die angebliche Verletzung einer Marke, eines Logos oder eines Firmennamens oder die Nachahmung eines Produkts sind die häufigsten Aufhänger. Es kommt nicht selten vor, dass große Unternehmen gerichtliche Auseinandersetzungen beginnen, die keine Aussicht auf Erfolg haben – zumindest nicht vor Gericht. Ihr Ziel ist es vielmehr, die Streitigkeiten außergerichtlich zu ihren Gunsten zu regeln. Sollte eine Firma juristisch gegen Sie vorgehen, wenden Sie sich sofort an einen erfahrenen Wirtschaftsanwalt, und bilden Sie Rückstellungen für den Fall, dass es zu einem Prozess kommen sollte.

Lassen Sie Ihre Konkurrenten nicht merken, wie sehr deren Maßnahmen Ihnen schaden.

NACHAHMER

Eine besonders lästige Form von Mitbewerbern sind die Nachahmer. Unternehmen, die in einer florierenden Marktnische mit leichtem Zugang tätig sind, haben besonders darunter zu leiden. Die Erfolgsrate dieser Nachahmer ist jedoch relativ niedrig, da ihre Marktkenntnisse meist nicht ausreichen und sie den Nachteil haben, als Nachzügler auf den Markt gekommen zu sein. Kurzfristig gesehen, stellen sie jedoch eine Bedrohung dar, da sie einem Marktanteile streitig machen. Insofern sind sie als feindliche Konkurrenz einzuordnen und wie zuvor beschrieben zu behandeln.

INDIREKTE KONKURRENZ

Leicht konzentriert man sich zu sehr auf die Mitbewerber in der eigenen Branche und übersieht die indirekten Bedrohungen von außen. Wer alles ein indirekter Konkurrent sein könnte, hängt auch davon ab, in welche Richtung ein Unternehmen seine Verkaufsförderung lenkt.

In welcher Branche sind Sie eigentlich tätig? Die Antwort ist oft nicht ganz leicht. Ein Hersteller qualitativ hochwertiger, attraktiv verpackter Marmeladen könnte etwa eine Umsatzanalyse durchführen, um festzustellen, welche Händler sein Produkt vertreiben. Es könnte sich herausstellen, dass er 80 Prozent seiner Umsätze mit Geschenkartikelläden und nur 20 Prozent mit Lebensmittelgeschäften macht. Das bedeutet, dass er in der Geschenkartikelbranche und weniger in der Lebensmittelbranche tätig ist, was bei Marketing-, Umsatz- und Wettbewerbspolitik berücksichtigt werden muss.

Direkte Konkurrenten sind daher andere Marmeladenhersteller, indirekte alle Firmen, die Geschenkartikel in der gleichen Preisklasse fertigen. Indirekte Konkurrenten können sowohl »friedlich« als auch »feindlich« sein, gegen die man entsprechende Maßnahmen ergreifen kann.

WER ÜBERLEBT?

Auf einem umkämpften Markt geht nicht unbedingt das Unternehmen mit den besten Produkten oder mit den moralischsten Grundsätzen als Sieger hervor. Die finanzielle Stärke und die Tatsache, wie gut es seine Produkte anzubieten versteht, sind langfristig entscheidender.

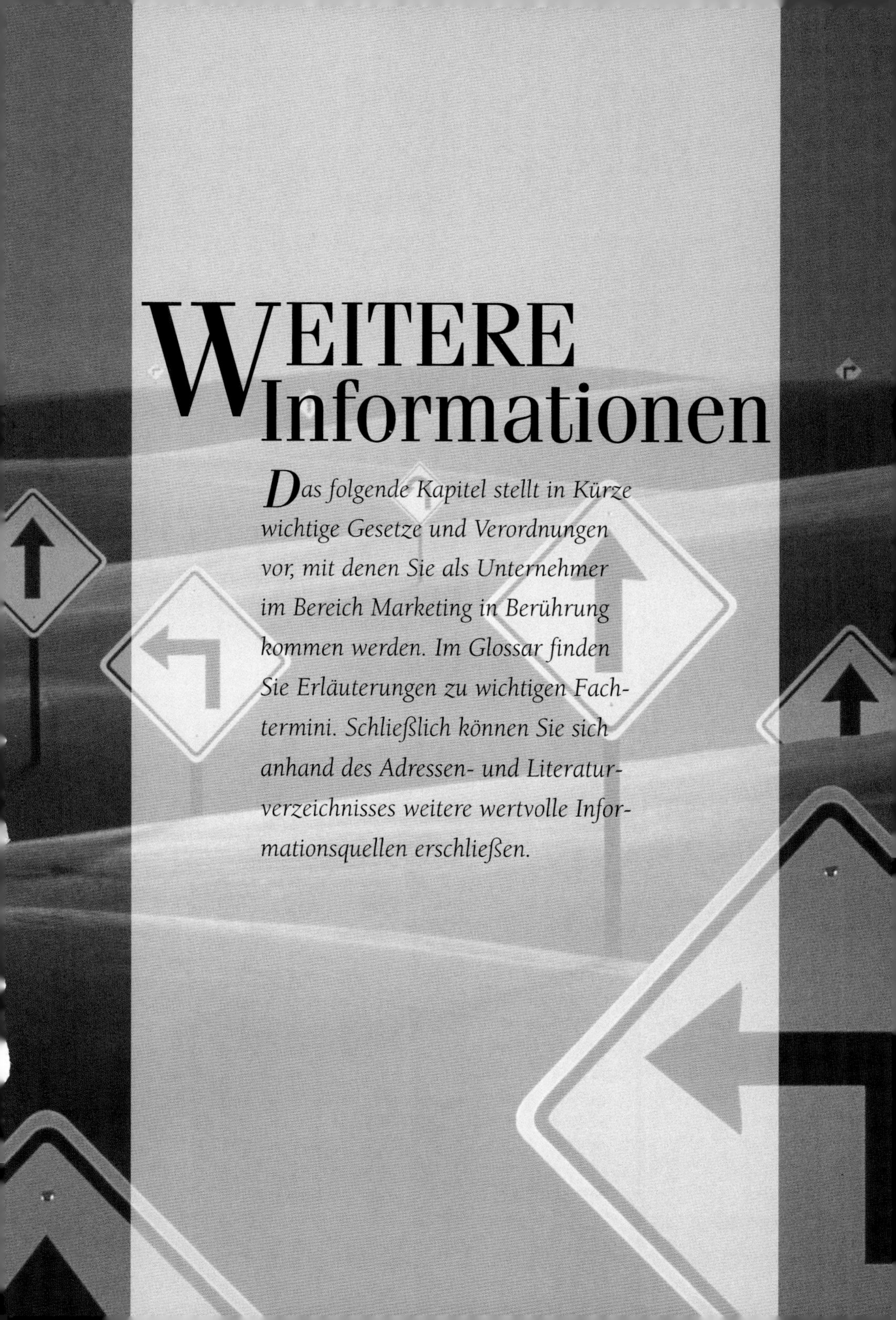

Weitere Informationen

Das folgende Kapitel stellt in Kürze wichtige Gesetze und Verordnungen vor, mit denen Sie als Unternehmer im Bereich Marketing in Berührung kommen werden. Im Glossar finden Sie Erläuterungen zu wichtigen Fachtermini. Schließlich können Sie sich anhand des Adressen- und Literaturverzeichnisses weitere wertvolle Informationsquellen erschließen.

RECHTLICHE FRAGEN

Groß- und Kleinunternehmer sehen sich in Deutschland mit einer Reihe von Gesetzen und Verordnungen konfrontiert, die sie in der Geschäftspraxis beachten müssen. Der folgende Abschnitt bietet hierzu eine allererste Orientierung, ist jedoch nicht als umfassende Rechtsberatung zu verstehen. Detaillierte Information und ausführliche Beratung erhalten Sie bei den entsprechenden Stellen, wichtige Adressen und weitere Informationsquellen finden Sie am Ende des Buchs auf den Seiten 184–187.

Die folgenden Gesetze und Verordnungen sind sowohl für Verkauf und Marketing als auch für die unternehmerische Tätigkeit im Allgemeinen relevant. Der Übersicht halber sind sie alphabetisch aufgeführt. Sie finden sich größtenteils in der Textsammlung »Deutsche Gesetze«, herausgegeben von Heinrich Schönfelder, einer regelmäßig aktualisierten Sammlung des Zivil-, Straf- und Verfahrensrechts.

■ **AGB-GESETZ**

Allgemeine Geschäftsbedingungen sind laut Gesetz »alle für eine Vielzahl von Verträgen vorformulierten Vertragsbedingungen, die eine Vertragspartei (Verwender) der anderen Vertragspartei bei Abschluss eines Vertrags stellt« (§ 1). Sie werden nur Bestandteil eines Vertrags, wenn der Verwender bei Vertragsabschluss deutlich auf die AGB hinweist und der anderen Vertragspartei ermöglicht, von ihrem Inhalt Kenntnis zu nehmen. Das Gesetz nennt zahlreiche Klauseln, die unwirksam sind, wenn sie »den Vertragspartner des Verwenders entgegen den Geboten von Treu und Glauben unangemessen benachteiligen« (§ 9). AGB liegen nicht vor, wenn die Vertragsbedingungen zwischen den Vertragspartnern im Einzelnen ausgehandelt werden.

■ **DATENSCHUTZ**

Personenbezogene Daten sind gesetzlich vor Missbrauch bei ihrer Verarbeitung und Verwendung (Speicherung, Übermittlung, Veränderung, Löschung) geschützt. Betriebe, die personenbezogene Daten verarbeiten, sind zur Ernennung eines betrieblichen Datenschutz-Beauftragten verpflichtet.

■ **E-COMMERCE**

Geschäftsabläufe, die in digitalisierter Form über ein Datennetz abgewickelt werden, bieten nicht nur in puncto Kosten- und Zeitersparnis Vorteile, sondern sie erleichtern auch die Geschäftsanbahnung und -abwicklung erheblich. Im Internet bestehen jedoch eigene vertragsrechtliche Regeln für das Zustandekommen eines Vertrags, die Willenserklärung, den Zugang der Willenserklärung, die Widerrufsmöglichkeiten, den Hinweis auf die Allgemeinen Geschäftsbedingungen usw. So gilt etwa für das Zustandekommen eines Vertrags, dass ein im Internet enthaltenes »Angebot« zum Kauf einer Ware rechtlich nicht als verbindliches Angebot im Sinne des § 145 BGB verstanden wird, sondern nur als Aufforderung an den Kunden zur Abgabe eines Angebots. Erst wenn der Kunde durch Anklicken sein Kaufangebot gemacht und der Internet-Händler dieses angenommen hat, gilt der Vertrag als geschlossen. Auch hier empfiehlt sich zur Orientierung ein Blick in die entsprechenden IHK-Broschüren.

■ **FRANCHISING**

Unter Franchising versteht man ein System vertraglich geregelter Kooperation zwischen juristisch selbstständigen Unternehmen. Der Franchise-Geber, der ein weit reichendes Weisungs- und Kontrollrecht besitzt, überlässt dem Franchise-Nehmer gegen Entgelt bestimmte Rechte wie die Benutzung eines Firmennamens, die Herstellung oder den Vertrieb eines Markenartikels, das Angebot einer Dienstleistung usw. Der Franchise-Nehmer erhält vom Franchise-Geber Unterstützung für die unternehmerische Praxis, profitiert von dessen Know-how und dessen erprobten und erfolgreichen Produkten und trifft damit seine Investitionsentscheidung unter größtmöglicher Sicherheit. Beim Master-Franchise erhält der Franchise-Nehmer eine Lizenz für ein ausländisches Franchise-System, wird jedoch nicht selbst als Franchise-Nehmer aktiv, sondern bemüht sich um die Akquisition weiterer Franchise-Nehmer für ein bestimmtes Gebiet. Vorsicht ist geboten bei Franchise-Systemen, die erst seit kurzem auf dem Markt sind! Das Konzept könnte noch unausgereift und nicht ausreichend erprobt sein. Ein seriöser Franchise-Geber benennt Pilotprojekte, gewährt Einblick in betriebswirtschaftliche Daten und stellt dem Franchise-Nehmer ein Handbuch zur Verfügung, in dem das Unternehmenskonzept ausführlich dokumentiert wird. Er bietet zudem fachliche Schulungen und Serviceleistungen in Bereichen wie Werbung und Marketing an. Informieren Sie sich bei Franchise-Verbänden, Industrie- und Handelskammern, Handwerkskammern, Banken und Wirtschaftsverbänden über den Franchise-Geber Ihrer Wahl. Erkundigen Sie sich bei anderen Franchise-Nehmern über ihre Erfahrungen mit dem Franchise-Unternehmen.

Gesetz gegen den unlauteren Wettbewerb

»Wer im geschäftlichen Verkehr zu Zwecken des Wettbewerbs über geschäftliche Verhältnisse, insbesondere über die Beschaffenheit, den Ursprung, die Herstellungsart oder die Preisbemessung einzelner Waren oder gewerblicher Leistungen oder des gesamten Angebots, über Preislisten, über die Art des Bezugs oder die Bezugsquelle von Waren, über den Besitz von Auszeichnungen, über den Anlass oder den Zweck des Verkaufs oder über die Menge der Vorräte irreführende Angaben macht, kann auf Unterlassung der Angaben in Anspruch genommen werden« (§ 3). Bei unwahren oder irreführenden Werbeangaben kann der Kunde vom Vertrag zurücktreten (§ 13a).

Firmennamen

Wer als Einzelunternehmer nicht ins Handelsregister eingetragen ist, muss im Rechts- und Geschäftsverkehr unter seinem Familiennamen mit wenigstens einem ausgeschriebenen Vornamen auftreten. Er kann einen Hinweis auf seine Tätigkeit und Branche beifügen, sich also zum Beispiel »Jens Hansen Bootsbau« nennen. Lassen Sie Ihr Unternehmen in das Handelsregister eintragen, erwerben Sie das Recht, einen Firmennamen in Form einer Personen-, Sach-, Fantasie- oder Mischfirma zu wählen. Als eingetragener Einzelunternehmer führen Sie dann den Rechtsformzusatz »eingetragener Kaufmann/Kauffrau« oder die Abkürzung »e. K.«, »e. Kfm./Kfr.«.

Auf Geschäftsbriefen, die an einen bestimmten Empfänger gerichtet sind, muss der nicht im Handelsregister eingetragene Gewerbetreibende seinen Familiennamen mit mindestens einem ausgeschriebenen Vornamen angeben. Der eingetragene Gewerbetreibende muss dies nicht, er kann unter seinem Firmennamen Geschäfte betreiben und Unterschriften abgeben. Der Firmenname muss sich von anderen im Handelsregister eingetragenen Firmen am selben Ort bzw. in derselben Gemeinde deutlich unterscheiden und einen Zusatz enthalten, der die Rechtsform der Gesellschaft erkennen lässt. Irreführung ist natürlich verboten.

Prüfen Sie also anhand von Branchenbüchern oder relevanten Fachzeitschriften nach, ob der gewählte oder ein ähnlich klingender Name bereits existiert. Sehen Sie sich auch ein Verzeichnis geschützter Markennamen bzw. Warenzeichen an.

Gesetz gegen Wettbewerbsbeschränkungen

Laut diesem Gesetz sind »Vereinbarungen zwischen miteinander im Wettbewerb stehenden Unternehmen, Beschlüsse von Unternehmensvereinigungen und aufeinander abgestimmte Verhaltensweisen, die eine Verhinderung, Einschränkung oder Verfälschung des Wettbewerbs bezwecken oder bewirken, verboten« (§ 1). Von diesem Verbot freigestellt werden können Vereinbarungen, die die einheitliche Anwendung allgemeiner Geschäfts-, Liefer- und Zahlungsbedingungen einschließlich der Skonti zum Gegenstand haben, soweit die Regelungen sich nicht auf Preise oder Preisbestandteile beziehen. Des Weiteren verbietet das Gesetz unter anderem die missbräuchliche Ausnutzung einer marktbeherrschenden Stellung (§ 19).

Gesetz zur Beschleunigung fälliger Zahlungen

Um der mangelnden Zahlungsmoral im Geschäftsverkehr entgegenzuwirken, sieht der Gesetzgeber seit dem 30.3.2000 ein Bündel neuer Maßnamen vor, die die Verzögerung von Zahlungen für den Schuldner wirtschaftlich unattraktiv machen soll. So kommt der Schuldner 30 Tage nach Fälligkeit und Erhalt einer Rechnung automatisch in Verzug (§ 284 BGB). Verzugszinsen betragen nicht mehr 4 Prozent (bei Kaufleuten 5 Prozent), sondern sind mit 5 Prozentpunkten über dem Basiszinssatz zu verzinsen und erhöhen sich damit auf derzeit 7,68 Prozent (§ 288 BGB). Weitere Punkte beziehen sich auf das Geschäftsverhältnis Hersteller/Besteller und regeln die Modalitäten bei Abnahme, Fristversäumung usw.

Haustürgeschäfte

Die spezifischen Bedingungen, unter denen Haustürgeschäfte abgeschlossen werden, können den Kunden in seiner rechtsgeschäftlichen Entscheidungsfreiheit beeinträchtigen. Um ihn vor Überrumpelung oder Beeinflussung zu schützen, räumt ihm das Haustürwiderrufungsgesetz die Möglichkeit ein, seine Zustimmung zu einem Vertrag über eine entgeltliche Leistung innerhalb der Frist von einer Woche schriftlich zu widerrufen (§ 1). Diese Frist beginnt erst dann zu laufen, wenn dem Kunden eine schriftliche, deutlich lesbare Information über sein Widerrufsrecht ausgehändigt und von ihm unterschrieben worden ist. Zur Wahrung der Frist genügt eine rechtzeitige Absendung des Widerrufs. Wird der Kunde nicht oder nur unvollständig über seine Rechte informiert, so erlischt sein Widerspruchsrecht erst einen Monat nach beiderseits vollständiger Erbringung der Leistung (§ 2).

Lebensmittelrecht

Das Lebensmittel- und Bedarfsgegenstände-Gesetz regelt den Verkehr mit Lebensmitteln, Zusatzstoffen, Tabakerzeugnissen, Kosmetika und Bedarfsgegenständen, die mit dem Körper in Berührung kommen (wie Verpackungen, Reinigungs- und Pflegemittel, Bekleidung, Spielwaren usw.).

Patent-, Marken- und Urheberrecht

Patent- und Markenrecht betreffen den Schutz von so genannten »Geistesgütern« auf gewerblichem Gebiet, durch das Urheberrecht sind Geistesgüter auf kulturellem Gebiet schützbar. Mit Hilfe dieser Gesetze ist es möglich, sich (auf nationaler bzw. internationaler Ebene) für eine festgelegte Schutzdauer die absoluten Verwertungsrechte über ein bestimmtes Geistesgut zu sichern und unberechtigten Dritten dessen Verwertung zu verbieten. Will ein Dritter den Schutzrechtsgegenstand nutzen, muss er einen Lizenzvertrag mit dem Rechtsinhaber schließen.

Preisangaben

Laut Wirtschaftsstrafgesetz kann ein Unternehmer, der in Ausnutzung einer wirtschaftlichen Machtstellung unangemessen hohe Preise für Gegenstände und Leistungen des lebenswichtigen Bedarfs fordert, mit einer Geldbuße belegt werden (§ 4). Die Verordnung zur Regelung von Preisangaben schreibt eindeutige und deutlich sichtbare Preisangaben (Endpreise einschließlich Mehrwertsteuer und sonstiger Preisbestandteile) für alle Waren und Leistungen im Handel, bei Krediten, im Gaststättengewerbe usw. vor. In der Werbung müssen Preise nicht genannt werden. Wird jedoch mit dem Preis geworben, gelten auch hier die Gebote Preisklarheit und Preiswahrheit. Zirka-Preise sind stets unzulässig. Verschiedene Ausnahmeregelungen (etwa bezüglich der Werbung, die sich ausschließlich an Gewerbetreibende richtet) sind in § 7 festgelegt.

- **PROGRESSIVE KUNDENWERBUNG (»SCHNEEBALLSYSTEM«)**
  Das Gesetz gegen den unlauteren Wettbewerb sieht in § 6c Freiheitsstrafe oder Geldstrafe für denjenigen vor, der »es im geschäftlichen Verkehr selbst oder durch andere unternimmt, Nichtkaufleute zur Abnahme von Waren, gewerblichen Leistungen oder Rechten durch das Versprechen zu veranlassen, ihnen besondere Vorteile für den Fall zu gewähren, dass sie andere zum Abschluss gleichartiger Geschäfte veranlassen, denen ihrerseits nach der Art dieser Werbung derartige Vorteile für eine entsprechende Werbung weiterer Abnehmer gewährt werden sollen«. Unter Nichtkaufleuten sind nach dieser Vorschrift auch Minderkaufleute zu verstehen, die als »selbstständige Gewerbetreibende« eingesetzt werden (Vollkaufleute werden von diesem Gesetz hingegen nicht geschützt).
- **RICHTIG WERBEN**
  Das Gesetz gegen den unlauteren Wettbewerb verbietet »im geschäftlichen Verkehr zu Zwecken des Wettbewerbs Handlungen, die gegen die guten Sitten verstoßen« (§ 1). Damit ist die schon erwähnte irreführende Werbung, aber auch progressive Kundenwerbung nach dem »Schneeballsystem«, Telefon-, Telex- und Telefaxwerbung (auch Werbung per E-Mail) oder die Zusendung unbestellter Waren usw. unzulässig. Für Sonderveranstaltungen wie Sonderangebote und Räumungsverkäufe gelten spezielle Regeln. Wer sich nicht daran hält, kann auf Unterlassung und Schadenersatz in Anspruch genommen werden. Bevor Sie also Ihre Werbekampagne starten, ist ein Blick in die Broschüren der Industrie- und Handelskammern und die entsprechenden Gesetzestexte unerlässlich.
- **VERBRAUCHERKREDITGESETZ**
  Bei der Gewährung von Gelddarlehen, Ratenkrediten, finanzierten Kauf-, Werk- und Dienstverträgen steht dem Verbraucher (durch das Gesetz definiert als natürliche Person, die einen Kredit für überwiegend private Zwecke in Anspruch nimmt) ein Kreditgeber bzw. Kreditvermittler gegenüber. Dieser kann ein öffentlich-rechtliches Kreditinstitut, ein Versicherungsunternehmen, aber auch ein Kaufhaus oder eine selbstständiger Unternehmer sein (Rechtsanwalt, Steuerberater, Architekt usw.). Entscheidend ist, dass die Kreditvergabe im Rahmen der beruflichen Tätigkeit erfolgt bzw. mit den gewerblich oder beruflich eingegangenen Verträgen zusammenhängt. Die Unterrichtungspflicht seitens des Kreditgebers, das Widerrufsrecht des Verbrauchers und weitere detailliert geregelte Punkte dienen dem Verbraucherschutz und sind im Einzelnen nachzulesen.
- **VERBRAUCHERSCHUTZ**
  Der Unternehmer hat sich an eine Reihe von Vorschriften zu halten, die die Interessen der Konsumentenseite schützen sollen. Diese Regelungen sind in verschiedensten Gesetzen und Verordnungen niedergelegt. Sie finden sich im Gesetz gegen Wettbewerbsbeschränkungen, im Gesetz gegen den unlauteren Wettbewerb, im Wirtschaftsstrafgesetz, in der Preisangabenverordnung, im Lebensmittel- und Bedarfsgegenständegesetz, im Gesetz zur Regelung des Rechts der Allgemeinen Geschäftsbedingungen, im Verbraucherkredit- und Haustürwiderrufungsgesetz, im Rabattgesetz, in der Gewerbeordnung, der Zugabeverordnung, dem Datenschutzgesetz usw. Natürlich sind für den Unternehmer auch Patent-, Marken- und Urheberrecht, Außenwirtschaftsgesetz, Handelsrecht, Ladenschlussgesetz usw. relevant. Sonderpflichten gelten für Kaufleute und Freiberufler.

GLOSSAR

Angebot
Der ungefähre Preis, der einem Kunden vorab für eine Leistung genannt wird

Anzeigenpreisliste
Die Anzeigenkosten, technischen Daten und Geschäftsbedingungen einer Zeitung oder einer Medienanstalt, die von deren Werbeabteilung herausgegeben wird

Auflage
Die Anzahl von Exemplaren, die ein Printmedium pro Ausgabe verkauft oder vertreibt. Die Zahl der Personen, die die Veröffentlichung lesen, kann dagegen weit größer sein.

Aufschlag/Gewinnzuschlag
Die Differenz zwischen Herstellungs- und Verkaufspreis, wird meist in Prozent ausgedrückt. Innerhalb einer Branche bewegt sich der Gewinnaufschlag auf gleichem Niveau. *Siehe auch* **Gewinnspanne**.

Betriebsmittel
Der Bedarf an Betriebsmitteln, beispielsweise Kosten für Miete, Werbung, Personal und Auftragsvorfinanzierung, wird häufig unterschätzt. Betriebsmittel können im Rahmen von Förderprogrammen nicht mitfinanziert werden.

Bürgschaftsbanken
Bürgschaftsbanken sind Selbsthilfeeinrichtungen für den Mittelstand. Sie übernehmen Ausfallbürgschaften für kurz-, mittel- und langfristige Kredite. Anteilseigner der Bürgschaftsbanken sind Geschäftsbanken, Handwerks-, Industrie- und Handelskammern, Wirtschaftsverbände und Innungen. Gewerbliche Unternehmen und Freiberufler, denen etwa für ein betriebswirtschaftlich sinnvolles Investitionsvorhaben wegen fehlender Sicherheiten kein oder kein ausreichender Kredit gewährt würde, können Ausfallbürgschaften beantragen.

Direct Mailing
Persönlich adressierte Produkt- oder Dienstleistungsinformation, die über den Postweg versandt wird

Direktabsatz (Direct Selling)
Direktverkauf an den Kunden durch persönlichen Kontakt

Direkt-Marketing
Beim Direkt-Marketing verkauft ein Hersteller oder Importeur direkt an den Endverbraucher. Das geschieht entweder über Direktabsatz, Katalogversand oder Direct Mailing.

E-Business
Elektronischer Handel über das Internet zwischen Unternehmen und Unternehmen

E-Commerce
Elektronischer Handel über das Internet zwischen Unternehmen und Kunden

Festangebot
Der Festpreis, der einem Kunden vorab für eine Leistung genannt wird. Geht der Kunde darauf ein, ist die Preisangabe für Käufer und Verkäufer verbindlich. *Siehe auch* **Angebot**.

Fixkosten (Gemeinkosten)
Die regelmäßig (oft monatlich) fälligen Betriebsausgaben wie Strom, Telefon, Versicherungen sowie Löhne und Gehälter für Mitarbeiter

Franchising
Das durch einen Lizenzvertrag garantierte Recht, mit der erfolgreichen Geschäftsidee eines anderen Unternehmens unter Verwendung seines Namens, seiner Produkte und seines Image Handel zu treiben

Gewinnspanne
Der Gewinn, den man beim Verkauf von Gütern oder Dienstleistungen erzielt. Wird gewöhnlich in Prozent ausgedrückt. *Siehe auch* **Aufschlag**.

Investitionsrentabilität
Der Gewinn, den eine Marketing-Kampagne erzielt hat, ausgedrückt in Prozent des dafür investierten Kapitals

Kapitalbeteiligungsgesellschaften
Das sind Unternehmen, deren Geschäftszweck darin besteht, sich gegen eine Vergütung befris-

tet an anderen Unternehmen zu beteiligen. Die Beteiligungen können durch Existenzgründerdarlehen refinanziert und durch Bürgschaften der Bürgschaftsbanken abgesichert werden.

Kundenprofil
Einzelheiten über einen Kunden aus einem bestimmten Marktsegment

Marketing-Mix
Neudeutscher Begriff, der die These beschreibt, dass man mit dem richtigen Produkt oder mit der richtigen Dienstleistung am richtigen Ort zum richtigen Preis und mit der richtigen Verkaufstechnik Erfolg haben wird

Marketing-Plan
Ein schriftliches Dokument, auf dem die Marketing-Ziele eines Unternehmens und wie sie erreicht werden sollen, festgehalten sind. Dazu gehören ein Budget-Plan, ein Absatzplan und eine Cash-Flow-Prognose.

Marktsegmentierung
Die Untergliederung des möglichen Gesamtmarkts in eine Reihe von Segmenten oder Teilen. Ein Segment besteht aus einer Gruppe von Konsumenten mit ähnlichen Bedürfnissen.

Media-Daten *siehe* **Anzeigenpreisliste**.

Network-Marketing
Ein Begriff aus dem Direktabsatz, beschreibt ein mehrschichtiges System, bei dem ein Verkäufer an der Leistung der von ihm rekrutierten Verkäufer mitverdient

Pressemitteilung
Ein Anschreiben, das Informationen zu Ihrer Firma, deren Produkten oder Dienstleistungen enthält und zu Zwecken der Öffentlichkeitsarbeit an verschiedene Presseorgane verschickt wird. Alle in einer Pressemitteilung enthaltenen Informationen sind ausdrücklich zur Veröffentlichung gedacht, auch im Wortlaut.

Public Relations (PR, Öffentlichkeitsarbeit)
Die Kommunikation eines Unternehmens mit der Öffentlicheit, erfolgt meist in Form von Pressemitteilungen

Rücklaufquote
Die Anzahl der Rückantworten auf ein Rundschreiben oder eine Anzeigenkampagne, ausgedrückt in Prozent der insgesamt ausgesandten Schreiben

Rundschreiben
Brief oder anderes Dokument, das in identischer Kopie und gewöhnlich mit einer Verkaufsabsicht verbunden an zahlreiche Personen versandt wird und nicht an eine bestimmte Bezugsperson adressiert ist. *Siehe auch* **Direct Mailing**.

Telefonverkauf
Kundenakquisition und das Verkaufsgespräch finden haupsächlich per Telefon statt.

Variable Kosten
Die unregelmäßig auftretenden, schwankenden Betriebskosten. Sie variieren gewöhnlich je nach Umfang der Geschäftstätigkeit bzw. der Auftragslage des Unternehmens.

Verkaufsargument
Der entscheidende Faktor, durch den sich ein bestimmtes Produkt oder eine Dienstleistung von den anderen auf dem Markt abhebt

Werbebeilage
Flugblatt oder Prospekt, der lose oder eingebunden einer Veröffentlichung beigelegt wird

Wertminderung/Abschreibung
Der Wertverlust eines Gegenstands über die Zeit. Die Wertminderung für steuerliche Zwecke (Abschreibung) ist gesetzlich festgelegt.

Zielmarkt
Der Teil der Bevölkerung, der ein Produkt oder eine Dienstleistung nutzen könnte

ADRESSEN

AUSSENHANDEL

Bundesstelle für Außenhandelsinformation
Agrippastraße 87-93
50445 Köln
Tel.: 02 21/20 57 0
Fax: 02 21/20 57 21 2

BEHÖRDEN

Bundesamt für Wirtschaft (BAW)
Frankfurterstraße 29-31
65760 Eschborn
Tel.: 0 61 96/40 40
Fax: 0 61 96/94 22 6

Bundesaufsichtsamt für das Kreditwesen
Gardeschützenweg 71-101
12203 Berlin
Tel.: 0 30/95 95 20

Bundesministerium für Finanzen
Himmelpfortgasse 8
A-1015 Wien
Tel.: 00 43/1/51 43 3-0
www.bmf.gv.at/

Bundesministerium für Wirtschaft und Arbeit
Stubenring 1
A-1010 Wien
Tel.: 00 43/1/71 10 0-0
E-Mail: service@bmwa.gv.at
www.bmwa.gv.at

Bundesministerium für Wirtschaft und Technologie
Referat Öffentlichkeitsarbeit:
11019 Berlin
Tel.: 0 18 88/61 5-41 71 oder 6 15-9 (Zentrale)
Fax: 0 18 88/61 5-34 78
www.bmwi.de
buero-li@bmwi.bund.de

Eidgenössisches Finanzdepartement
Bundesgasse 3
CH-3003 Bern
Tel.: 00 41/31/32 26 03 3
www.efd.admin.ch

Eidgenössische Volkswirtschaftsdepartement
Bundeshaus Ost
CH-3003 Bern
Tel.: 00 41/31/32 22 01 1
www.evd.admin.ch

BERUFSVERBÄNDE

Deutscher Industrie- und Handelstag (DIHT)
Breite Straße 29
10178 Berlin
Tel.: 0 30/20 30 8-0
Fax: 0 30/20 30 8-10 00
www.diht.de
diht@berlin.diht.de

Schweizer Industrie- und Handelskammern
47, avenue d'Ouchy
Postfach 205
CH-1000 Lausanne 13
Tel.: 00 41/21/61 33 55 8
E-Mail: infoch@cci.ch
www.cci.ch/ccis/

Wirtschaftskammer Österreich
Wiedner Hauptstraße 63
A-1050 Wien
Tel.: 00 43/1/50 10 5-0
Fax: 00 43/1/50 10 5-250
www.wk.or.at

Zentralverband des Deutschen Handwerks (ZDH)
Mohrenstraße 19-21
10117 Berlin
Tel.: 0 30/20 61 9-0
Fax: 0 30/20 61 9-460
www.zdh.de
Hier erfahren Sie die Adressen der lokalen Handwerkskammern.

DIREKTMARKETING

Deutscher Direkt Marketing Verband e.V. (DDV)
Hasengartenstraße 14
65189 Wiesbaden

Tel.: 06 11/94 49 3-0
Fax: 06 11/94 49 3-99
www.ddv.de

Existenzgründung

Arbeitsgemeinschaft Deutscher Technologie- und Gründungszentren (ADT)
Rudower Chaussee 5
12489 Berlin
Tel.: 0 30/63 92-62 21

Existenzgründer-Institut Berlin e.V.
Spichernstraße 2
10777 Berlin
Tel.: 0 30/21 25 28 01

Rationalisierungs- und Innovationszentrum der Deutschen Wirtschaft e.V. (RKW)
Düsseldorferstraße 40
65760 Eschborn
Tel.: 0 61 96/49 5-1
www.rkw.de

Finanzierung

Bundesverband Deutscher Kapitalbeteiligungsgesellschaften (BVK)
Karolinger Platz 10-11
14052 Berlin
Tel.: 0 30/30 69 82-0
www.bvk-ev.de

Deutsche Ausgleichsbank (DtA)
Ludwig-Erhard-Platz 1-3
53170 Bonn
Tel.: 02 28/83 1-24 00
Fax: 0228/83 1-22 55
www.dta.de und www.gruenderzentrum.de

Kreditanstalt für Wiederaufbau (KfW)
Palmengartenstraße 5-9
60325 Frankfurt/Main
Tel.: 0 69/74 31-0
Fax: 0 69/74 31-29 44
Niederlassung Berlin
(Produktmarketing & Beratung)
Taubenstraße 10
10104 Berlin
Tel.: 0 30/20 26 4-316
Fax: 0 30/20 26 4-192
www.kfw.de

Verband der Bürgschaftsbanken
Kapuzinertraße 8
53111 Bonn
Tel.: 02 28/97 68 88 6
Fax: 02 28/97 68 88 2
www.vdb-info.de

Franchise

Deutscher Franchise-Nehmer-Verband
Celsiusstr. 43
53125 Bonn
Tel.: 02 28/25 03 00
Fax: 02 28/25 05 86
www.franchiserecht.de

Deutscher Franchise-Verband e.V. (DFV)
Paul-Heyse-Straße 33-35
80336 München
Tel.: 0 89/53 07 14-0
Fax: 0 89/53 13 23
www.dfv-franchise.de

Informationstechnologie

Bundesverband Informations Technologien (BVIT)
Adenauerallee 18-22
53113 Bonn
Tel.: 02 28/20 13 6-0
Fax: 02 28/20 13 6-99
www.bvit.de

Bundesverband Informationswirtschaft, Telekommunikation und neue Medien (Bitkom)
Ansprechpartner:
Fachverband Informationstechnik
im VDMA und ZVEI
Lyoner Straße 18
60528 Frankfurt/Main
Tel.: 0 69/66 03-0
Fax: 0 69/66 03-1510
www.bitkom.org

Multimedia

Deutscher Multimedia Verband e.V. (dmmv)
Kaistraße 14
40221 Düsseldorf
Tel.: 02 11/85 28 6-0

Fax: 02 11/85 28 6-18
www.dmmv.de

PATENTE

Deutsches Patent- und Markenamt
80297 München
Tel.: 0 89/21 95-3402
www.dpma.de
Patentanwaltskammer
Tal 29
80331 München
Tel.: 0 89/24 22 78-0
www.patentanwalt.de
Patentstelle der Deutschen Fraunhofer-Gesellschaft (FhG)
Leonrodstraße 54
80636 München
Tel.: 0 89/12 05-0

UNTERNEHMENSBERATUNG

Bundesverband Deutscher Unternehmensberater BDU e.V
Geschäftsstelle Bonn
Zitelmannstraße 22
53113 Bonn
Tel.: 02 28/91 61-0
Fax: 02 28/91 61-26
www.bdu.de
Business Angels Netzwerk
Deutschland (BAND)
Bundesallee 210
10719 Berlin
Tel.: 0 30/21 00 95-231
Fax: 0 30/21 00 95-234
www.business-angels.de

UNTERNEHMERVERBÄNDE

Arbeitsgemeinschaft Selbstständiger Unternehmer e.V. (ASU)
Reichsstraße 17
14052 Berlin
Tel.: 0 30/30 06 5-0
Fax: 0 30/30 06 5-490
www.asu.de
Bundesverband der Deutschen Industrie (BDI)
Breite Straße 29
10178 Berlin
Tel.: 0 30/20 28-0
Fax: 0 30/20 28-2650
www.bdi.de
Bundesverband der Selbstständigen Deutscher Gewerbeverband e.V.
Platz vor dem Neuen Tor 4
10115 Berlin
Tel.: 0 30/28 04 91 0
Fax: 0 30/28 04 91 1
www.bds-dgv.de
Bundesverband Junger Unternehmer der ASU e.V. (BJU)
Reichsstraße 17
14052 Berlin
Tel.: 0 30/30 06 5-0
Fax: 0 30/30 06 5-490
www.bju.de
Institut der Deutschen Wirtschaft e.V.
Gustav-Heinemann-Ufer 84-88
50968 Köln
Tel.: 02 21/49 81-1
www.iwkoeln.de

NÜTZLICHE WEB SITES

www.ec-net.de Infos und Links zu allen Kompetenzzentren für den E-Commerce
www.emar.de Webmagazin für Online-Marketing und E-Commerce
www.gruenderlinx.de Kommentierte Link-Sammlung für Existenzgründer
www.gwa.de Gesamtverband der Werbeagenturen, Termine, Suchfunktion
www.horizont.net Branchentreffpunkt für Werbung, Marketing, Medien, aktuelle Branchennachrichten usw.
www.marketing-webguide.de ausgesuchte Links zu Marketing, Werbung, PR
www.wuv.de Nachrichten aus Medienbranche und Medienbereich
www.m-k.ch Marketing-Web-Site mit Suchmaschine »Toplinks«, kommentierte Literaturtipps usw.

LITERATUR

Bäumler, H.; Breinlinger, A.; Schrader, H.-H. (Hrsg.): Datenschutz von A–Z, Loseblattsammlung, Luchterhand, Neuwied 2001

Bayrischer Industrie- und Handelskammertag (Hrsg.): Ich mache mich selbstständig – Wirtschaftliche und rechtliche Überlegungen, Finanzierungshilfen, Einstellung von Arbeitnehmern, 1999

Becker, J.: Marketing-Strategien, Loseblattsammlung, Luchterhand, Verlag Franz Vahlen, München 2000

Bundesministerium für Wirtschaft und Technologie (Hrsg.): Elektronischer Geschäftsverkehr – Ratgeber für kleine und mittlere Unternehmen, Berlin 2000

Bundesministerium für Wirtschaft und Technologie (Hrsg.): Gründer Zeiten. BMWi-Nachrichten zur Existenzgründung und -sicherung Nr. 20, Thema: Marketing, Bonn 1999

Cichon, C.: Internetverträge – Verträge über Internet-Leistungen und E-Commerce, Otto Schmidt Verlag, Köln 2000

Deutscher Industrie- und Handelstag (Hrsg.): Existenzsicherung. Die wichtigsten Bausteine für das eigene Unternehmen, Bonn 1998

Deutscher Franchise-Verband e.V. (Hrsg.): Jahrbuch Franchising 1999/2000, Deutscher Fachverlag, Frankfurt a. M. 1999

Francke, L.: Erlaubtes und Unerlaubtes in der Verkaufsförderung und in der Werbung von A–Z, dtv, München 1992

Groß, R.: Presserecht, Hüthig Fachverlage, Heidelberg 1999

Grothe, E.: Telekommunikations-Kundenschutzverordnung, Hüthig, Heidelberg 2000

Hanisch, D.; Kröner, S.; Schulten, D.: Recht für Existenzgründer (Rechtsform, Haftung, Verträge, Steuern), Falken, Niedernhausen 2000

Hempelmann, B.: Optimales Franchising, Eine ökonomische Analyse der Vertragsgestaltung in Franchise-Beziehungen, Physica Verlag, Heidelberg 2000

Hubmann, F.; Götting, H.: Gewerblicher Rechtsschutz (Patent-, Gebrauchsmuster-, Geschmacksmuster-, Marken- und Wettbewerbsrecht), C.H. Beck, München 1998

Industrie- und Handelskammer für München und Oberbayern (Hrsg.): Richtig werben: Ratschläge für den Kaufmann (Zulässige und unzulässige Werbung, Fallgruppen von A–Z, Abmahnungen vermeiden), München 1998

Köhler, M.; Arndt, H. W.: Recht des Internet, Hüting Fachverlage, Heidelberg 2000

Krause, J.: E-Commerce und Online-Marketing. Chancen, Risiken und Strategien, Hanser, München 2000

Lötters, C.: Grundlagen des Marketing, Fortis, Köln 1998

Lewinson, J. C.: Die 100 besten Guerilla-Marketing-Ideen, Campus, Frankfurt a.M. 2000

Loffler, M.; Ricker, R.: Handbuch des Presserechts, C.H. Beck, München 2000

Müller-Hagedorn, L.: Kundenbindung im Handel, Deutscher Fachverlag, Frankfurt a.M. 2001

Müller-Hagedorn, L.: Zukunftsperspektiven des E-Commerce im Handel, Deutscher Fachverlag, Frankfurt am Main 2000

Schmoeckel, R.: Meine Rechte und Pflichten als junger Unternehmer, dtv, Nördlingen 1998

Schönfelder, H.: Deutsche Gesetze. Sammlung des Zivil-, Straf- und Verfahrensrechts, 97. Auflage, C.H. Beck, München 1999

Verlag Edition ZAW: Werbung in Deutschland, Zentralverband der deutschen Werbewirtschaft, Bonn 2000

Weis, H. C.: Marketing, Friedrich Kiehl Verlag, Ludwigshafen 1999

ZEITSCHRIFTEN

w & v werben und verkaufen: Fachzeitschrift zu Werbung, Kommunikation und Marketing, www.wuv.de

Horizont: Zeitschrift für Marketing, Werbung und Medien, www.horizont.net

REGISTER

A

B

C

D

E

F

G

H

V

W

Z

DANK

DANK DES AUTORS

Mein Dank gilt zuerst Charlotte Hingston, die das Manuskript gelesen und zahlreiche sehr hilfreiche Vorschläge gemacht hat. Außerdem möchte ich mich bei allen beteiligten Redakteuren, Bildredakteuren und Grafikern sowie bei Julie Servante und Stuart Ramsden für ihr Engagement bedanken.

DANK DES VERLAGS

Grant Laing Partnership bedankt sich bei folgenden Personen für ihre
Unterstützung bei der Herstellung dieses Titels:
Fotograf: Mark Hamilton
Web-Site-Beratung: Caroline Marklew
Models: Nicole Kacajynski, Christine Lacey, Jane Laing, Augustin Luneau, Francis Ritter, Natasha Robertson, Ben Roston, Mario de Souza

Dorling Kindersley bedankt sich bei folgenden Personen für ihre
Unterstützung bei der Herstellung dieses Titels:
Redaktion: Mary Lindsay, Daphne Richardson, Mark Wallace
Gestaltung: Sarah Cowley
DTP-Gestaltung: Jason Little, Amanda Peers

Die Illustration auf Seite 103 wurde gedruckt mit freundlicher Genehmigung von amazon.com.
Bekleidung, abgebildet auf den Seiten 148–149, von Charlotte Danziger
Dank auch an Goug Wilcox, die uns erlaubte in ihrer Boutique – Keturah Brown,
85 Regents Park Road, London NW1 8UY – zu fotografieren.

BILDNACHWEIS

2: Rex Features; 5 oben: The Stock Market; 5 mitte oben & mitte unten: Powerstock/Zefa Photo Library; 5 unten: The Image Bank; 8–9: The Stock Market; 13: Rex Features; 18: The Image Bank; 19 Robert Harding Picture Library; 25: The Image Bank; 28: Sally und Richard Greenhill; 33 unten: gettyone stone; 38: mit Genehmigung von Mercedes-Benz; 48: Robert Harding Picture Library; 51: The Stock Market; 56: Rex Features; 58: The Image Bank; 61: Environmental Images; 64: Rex Features; 68: gettyone stone; 74: Barry Lewis/Corbis Images; 76–7: Powerstock/Zefa Photo Library; 83: Rex features; 89: Advertising Archives; 91: Robert Harding Picture Library; 93: Garden Picture Library/Ron Sutherland; 98: gettyone stone; 107: gettyone stone; 111: Garden Picture Library/Ron Sutherland; 112: Robert Harding Picture Library; 113: gettyone stone; 118: The Image Bank; 119: Courtesy of BBC Radio Derby; 129: The Stock Market; 134: Powerstock/Zefa Photo Library; 137: Rex Features; 139: The Image Bank; 145: The Stock Market; 156: Rex Features; 158: Rex Features; 160-161: Powerstock/Zefa Photo Library; 163: Robert Harding Picture Library; 168: The Image Bank; 176-7: The Image Bank.

ÜBER DEN AUTOR

Nach seinem Dienst bei der Royal Air Force gründete Peter Hingston 1979 sein erstes Unternehmen in der Nähe von Oxford. Es hatte mit Autos zu tun. Nachdem er es verkauft hatte, baute er einen Fertigungsbetrieb für elektronische Bauteile in Barbados auf. Mit seiner Frau gründete er ein Modegeschäft in Edinburgh, ein Modemagazin und einen Buchverlag. Alle Unternehmen liefen Gewinn bringend und wurden verkauft, bis auf den Verlag, der noch heute in seinem Besitz ist. Bis heute hat er sechs Bücher zum Thema Kleingewerbe geschrieben, von denen einige Bestseller und in mehrere Sprachen übersetzt wurden. Peter Hingston ist außerdem nicht geschäftsführendes Mitglied des Direktoriums eines großen Einzelhandelunternehmens in Barbados.